BIBLIOTHÈQUE
DE PHILOSOPHIE CONTEMPORAINE

ÉTUDES
D'HISTOIRE DES SCIENCES
ET
D'HISTOIRE DE LA PHILOSOPHIE

PAR

A. HANNEQUIN
Correspondant de l'Institut
Professeur à la Faculté des lettres de l'Université de Lyon

TOME SECOND

PARIS
FÉLIX ALCAN, ÉDITEUR
LIBRAIRIES FÉLIX ALCAN ET GUILLAUMIN RÉUNIES
108, BOULEVARD SAINT-GERMAIN, 108
1908

ÉTUDES
D'HISTOIRE DES SCIENCES
ET
D'HISTOIRE DE LA PHILOSOPHIE

ÉTUDES
'HISTOIRE DES SCIENCES
ET
D'HISTOIRE DE LA PHILOSOPHIE

PAR

A. HANNEQUIN
Correspondant de l'Institut
Professeur à la Faculté des lettres de l'Université de Lyon

TOME SECOND

PARIS
FÉLIX ALCAN, ÉDITEUR
LIBRAIRIES FÉLIX ALCAN ET GUILLAUMIN RÉUNIES
108, BOULEVARD SAINT-GERMAIN, 108
—
1908

Tous droits de traduction et de reproduction réservés

TABLE DES MATIÈRES
DU TOME SECOND

ÉTUDES D'HISTOIRE DE LA PHILOSOPHIE

Pages.

FRAGMENT D'UNE ÉTUDE SUR SPINOZA 1

LA PREMIÈRE PHILOSOPHIE DE LEIBNITZ

Introduction. 17

PREMIÈRE PARTIE. — LE MOUVEMENT

Chapitre I. — Atomisme (1661-1668) 21
    II. — Mécanisme corpusculaire ou dynamisme géométrique (1668-1669) 41
    III. — L'Hypothesis physica nova et les deux traités du mouvement 59
        I. 59
        II. 63
        III. — Theoria motus abstracti 74
            A. — *De indivisibilibus*. 75
            B. — *De conatu et motu*. 79
            C. — *La composition des mouvements* 85
            D. — *Du choc* 87
            E. — *Les conséquences de la doctrine du choc et le problème de la cohésion (Descartes, Hobbes et Leibnitz)*. 93
        IV. — Theoria motus concreti 107
        V. — Conclusion 135

DEUXIÈME PARTIE. — L'ESPRIT

I. 149
II. — La Doctrine à l'époque de l'hypothesis 153
III. 172

TROISIÈME PARTIE. — DIEU

	Pages
I. (1661-1668)	180
II. (1668-1669)	186
III.	189
IV.	190
Conclusion	199

LA PHILOSOPHIE DE LEIBNITZ ET LES LOIS DU MOUVEMENT

Préface	225
Première leçon	227
Deuxième leçon	244

LES PRINCIPES DE L'ENTENDEMENT PUR DE LEUR FONDEMENT ET DE LEUR IMPORTANCE DANS LA CRITIQUE DE LA RAISON PURE.. 251

UN NOUVEL ORGANE DU NÉO-CRITICISME. L'ANNÉE PHILOSOPHIQUE (1890). 281

ÉTUDES DE PHILOSOPHIE MORALE

Notre détresse morale et le problème de la moralité. 301

FRAGMENT

D'UNE

ÉTUDE SUR SPINOZA

Parmi les questions délicates auxquelles donne lieu l'interprétation de la philosophie de Spinoza, il en est deux qui nous paraissent mériter une attention particulière, tant à cause des difficultés techniques qu'elles soulèvent et que la critique n'est point parvenue, autant du moins qu'il nous semble, à résoudre entièrement, qu'à cause des preuves très décisives que, bien comprises et bien résolues, elles nous paraissent apporter à la thèse de la filiation cartésienne de la philosophie de Spinoza, si souvent contestée de nos jours. De ces deux questions la première est celle de la dérivation des modes finis de la nature, en partant des attributs infinis de la substance ; la seconde, celle des essences des choses, ou des essences formelles de ces mêmes modes finis, que Spinoza déclare à la fois éternelles, immuables et fixes, en quoi il fait songer à Platon, mais aussi particulières, singulières et même individuelles, en quoi il ferait songer, a-t-on dit, toutes différences gardées, plutôt à Aristote, et en quoi même il tomberait, par une répugnance excessive pour les idées générales et les universaux, dans un nominalisme étrange, bien fait pour étonner chez ce grand dogmatique intellectualiste. L'importance de ces deux problèmes est considérable dans la philosophie de Spinoza ; car bien qu'on se soit avisé fort justement que le titre de son grand ouvrage n'est pas trompeur et que l'objet principal, sinon unique, de ses spéculations est de découvrir à l'homme les voies du salut et de la béatitude, encore ne doit-on jamais oublier, lorsqu'il s'agit de Spinoza, qu'un système métaphysique où se trouvent établies les preuves de l'existence et de la toute-puissance de Dieu, la nature de l'âme et la nature du corps et les lois de leur union, enfin les principes de la connaissance et de l'action, n'est point une bagatelle qu'il eût sacrifiée volontiers ou à son exégèse, ou à sa foi morale et religieuse, mais la base essentielle de toute spéculation et de toute vie morales, le foyer d'où rayonne pour le philosophe la lumière qui en rend les principes évidents et qui éclaire jusque dans ses profondeurs la conscience des humbles. De la métaphysique de Spinoza, on peut dire qu'elle remplit sa doctrine et sa vie, qu'elle est liée à ses yeux comme une vérité irrécusable, ou mieux encore comme *la Vérité*, à cet autre aspect d'elle-même qui est l'action, l'affranchissement et la régénération, et qu'ainsi si l'on s'est longtemps trompé en faisant de l'Éthique une Métaphysique, l'erreur ne serait pas moins grossière à feindre de tenir pour nulle et non avenue, ou au moins pour négligeable et accessoire, cette Métaphysique, au profit d'une Éthique affranchie, vivant de sa vie propre, comme si elle fût déjà fondée sur le primat de la Raison pratique ou sur le secret entraînement d'une foi inavouée.

L'intérêt des questions que nous nous proposons de traiter reste donc, pour l'historien, et du point de vue même de Spinoza, entier : il est exclusivement métaphysique ; il est le même que celui qui s'attache, dans l'esprit de Spinoza, à la solution du problème de l'Éthique, puisque rien n'est plus important, pour lui, que de définir les rapports de la nature naturée à la nature naturante, qui enveloppent ceux de l'homme à Dieu. Or si l'on a bien vu l'importance des modes éternels et infinis pour expliquer le passage de la substance et de ses attributs aux modes finis de la nature, on n'a le plus souvent ni défini ces modes éternels, ni surtout montré dans le détail comment ils entraînent en effet la détermination, en dehors de Dieu, d'une nature à la fois séparée et dépendante de Dieu. Là est pourtant, on en conviendra, le problème capital de la métaphysique spinoziste : nul sans doute n'a affirmé plus énergiquement que Spinoza l'immanence de Dieu à la nature ; mais nul non plus ne distingue plus nettement la nature ou le monde des choses finies et périssables du Dieu infini et éternel qui en est le soutien.

Cette distinction est-elle légitime ? Est-elle suffisamment fondée pour justifier d'une part l'existence d'une nature, au sens que nous donnons à ce mot, et conséquemment d'une expérience et d'une science, choses que l'on néglige d'ordinaire d'examiner chez Spinoza, et d'autre part l'existence indépendante d'individus réels, de personnes morales, capables d'accomplir ou non leur destinée ? Nous voudrions montrer non seulement que la solution de ce problème dépend de la question des modes éternels, et de la question connexe des rapports des existences finies à leurs essences singulières, mais qu'elle en dépend de telle sorte qu'elle est strictement composée d'éléments cartésiens, et que ces éléments ne sont pas des éléments de hasard, ou de peu d'importance, mais ceux précisément qui appartiennent le plus proprement à Descartes dans la révolution qu'il accomplit en Physique et en Mathématiques. Et si nous y réussissions, nous aurions du même coup démontré, sur deux points essentiels, dont on peut dire hardiment que s'ils étaient ébranlés, toute la structure métaphysique de l'Éthique, et l'Éthique elle-même s'écroulerait, que tout ce qu'on peut dire de moins de l'influence de Descartes sur Spinoza, c'est qu'elle prime toutes les autres, au point que nul ne peut soupçonner quelle forme eût prise ce que, dans ses préoccupations morales et religieuses, Spinoza doit à sa race, à l'éducation des rabbins qui l'excommunièrent, et aux méditations de son génie personnel, si l'on tentait d'abstraire de sa philosophie tout ce qui la pénètre de doctrine cartésienne et d'esprit cartésien.

I

La manière dont Spinoza établit la doctrine de la substance dans la première partie de l'Éthique a fait souvent illusion sur la véritable origine, dans sa pensée, de ce concept primordial, et explique en partie les tentatives diverses de la critique pour la rapporter à l'influence de doctrines panthéistiques antérieures et notamment à celle de Giordano Bruno. La vérité est qu'elle sort en droite ligne de la manière dont Descartes établissait et démontrait la preuve ontologique de l'existence de Dieu, et qu'elle n'en est que l'illustration et que le strict développement. Pour s'en apercevoir, il faut, sans doute, dans la preuve cartésienne, pénétrer plus avant qu'on ne le fait d'ordinaire.

Si elle avait la forme qu'on lui donne le plus souvent : « J'ai l'idée de Dieu, c'est-à-dire d'un être qui possède toutes les perfections ; or l'existence est une perfection, donc Dieu est », elle ne serait qu'une puérilité ; mais elle repose sur deux postulats qui suffisent à orienter et à définir une philosophie, et qui, en effet, définissent dans l'histoire la philosophie cartésienne : c'est d'abord qu'à toute idée claire et distincte, et notamment à l'idée de l'infini, si riche en réalité objective qu'elle exclut toute négation, et par suite toute contradiction comme toute compréhension, correspond un objet, un intelligible, une essence réelle, bref une *realitas*, au sens très précis et scolastique du mot. Et de ce premier postulat il découle d'abord que mon idée de Dieu est une idée vraie. Mais l'idée du triangle aussi est une idée vraie ; et pourtant il ne s'ensuit nullement que le triangle existe. Par conséquent, pour démontrer l'existence de l'objet d'une idée, il ne suffit pas que cette idée soit vraie, lors même que cette idée serait l'idée de Dieu. D'où la nécessité d'un second postulat, qui, à vrai dire, constitue le vrai fond de la preuve ontologique : Descartes, dans les Réponses aux secondes objections, le considère comme un axiome, et en donne la formule suivante : « Dans l'idée ou le concept de chaque chose, l'existence y est contenue, parce que nous ne pouvons rien concevoir que sous la forme d'une chose qui existe ; mais avec cette différence que, dans le concept d'une chose limitée, l'existence possible ou contingente est seulement contenue, et dans le concept d'un être souverainement parfait, la parfaite et nécessaire y est comprise. » Si l'on observe que dans ce passage le « concept de la chose » ne saurait être pris que comme le substitut « objectif » de la nature de la chose, c'est-à-dire de son « essence formelle », il en résulte que toute essence enveloppe sans doute l'existence, mais toujours dans la mesure de sa richesse interne, ce qui ne saurait se comprendre que si l'on dit, comme Leibnitz, qu'elle y tend, et qu'elle y tend d'autant plus qu'elle est, en tant qu'essence, plus riche ou plus parfaite. Et de l'axiome de Descartes suivent immédiatement deux conséquences, qui ont donné dans l'histoire deux formes principales de la preuve *a priori* de l'existence de Dieu : l'une, que de la richesse infinie de la nature de l'Être tout parfait dérive sa tendance à être, également infinie, ou que Dieu est, comme dit Descartes, par « l'immensité de sa puissance », laquelle se confond avec « l'immensité de son essence », ou encore par « la surabondance de sa propre puissance », formule qui donne directement la preuve ontologique, classique, déduite de cette définition de Dieu, qu'il est l'être *de cujus essentia sequitur existentia*. L'autre conséquence, conduisant à une autre formule, où Kant a le premier, en dépit des préjugés les plus tenaces, dépisté la preuve ontologique, sort du postulat même qui en est le fondement ; car ce fondement n'est pas d'ordre logique, par où nous entendons qu'on ne saurait le justifier par une identité : rien ne lie identiquement l'essence à l'existence, ni dans l'être infini, ni à plus forte raison dans les êtres finis ; et les formules de Descartes expriment d'une manière saisissante que ce qui les lie, à ses yeux, c'est la perfection ou absolue ou relative de l'essence infinie ou des essences finies. Il faut donc dire que rien n'est si, dans la perfection, il n'a une raison d'être, et qu'il manquerait à l'être, quel qu'il soit, fini ou infini, toujours quelque raison d'exister, s'il n'avait soit en lui, soit en dehors de lui, dans une pleine perfection, une pleine raison d'être. Qu'on parte du fini, plus proche de nous, ou qu'on s'adresse directement à l'infini, on est donc sûr d'avance de ne trouver la pleine raison d'une existence quelconque qu'à la condition de remonter jusqu'à l'être tout parfait. Ainsi faisait saint Thomas qui croyait éviter la preuve ontologique. La vérité est que son argument, qu'il prétendait plus humble, et où Spinoza croit voir aussi après lui un argument *a posteriori*, parce qu'il part du fini donné dans l'expérience, ne conclut que par la vertu de la preuve ontologique, comme Kant l'a démontré d'une manière péremptoire.

Des deux postulats que nous venons de relever dans la preuve cartésienne de l'existence de Dieu, le premier assurément a une haute importance, puisqu'il est l'application au cas le plus éminent qui se puisse rencontrer, du principe de la clarté et de la distinction des idées, c'est-à-dire de la théorie de la connaissance de Descartes ; et on sait que ce principe est adopté pleinement par Spinoza. Mais c'est le second postulat qui marque dans l'histoire une époque toute nouvelle : l'idée de distinguer l'essence de l'existence, la *realitas* de l'*existentia*, le possible de l'être, n'est pas une idée neuve, et ce n'est qu'un emprunt fait à la scolastique ; mais ce qui est original, ce à quoi n'avait jamais songé la scolastique, c'est de lier par un lien de *puissance* et par un lien d'*action* l'essence à l'existence. De même avant Descartes, plus d'un esprit avait été frappé de l'infinie grandeur et de l'infinie petitesse qui se révèlent partout dans la nature et qui semblaient appelées à en donner le secret ; mais nul n'avait songé à faire de l'infini et de la puissance idéale qu'il renferme la raison première et pour ainsi dire intérieure de son existence propre et de toute existence. Or ce qui est nouveau dans le cartésianisme, c'est cette vue qui lui est si particulière, et qui est en si grand désaccord avec les tendances nécessaires de la logique des universaux, qu'à l'idée la plus riche appartient la puissance la plus haute, et qu'au sommet des choses l'identification de l'essence et de la puissance, d'où suit d'abord et immédiatement l'existence de Dieu, fonde du même coup sur l'action non moins que sur la pensée, ou mieux sur l'action même qu'enveloppe toute pensée, la raison d'être universelle des choses. Et l'originalité de la preuve ontologique chez Descartes est précisément de réunir toutes ces vues en démontrant que Dieu n'est l'être dont l'essence enveloppe l'existence qu'autant qu'un lien supralogique de perfection et de puissance identifie en lui l'essence et l'existence.

La doctrine de Spinoza tout entière, et notamment celle que renferme la première partie de l'Éthique, est pleine de ces pensées. Ce qui peut faire un instant illusion, c'est la forme abstraite qu'il s'efforce de donner à la théorie de la substance.

Et, en effet, c'est de la substance seule, terme aussi dépouillé que possible, et réduisant le problème, on peut le dire, à sa plus simple expression, qu'il est d'abord question dans la première partie de l'Éthique ; ce que les dix premières propositions de cette première partie s'efforcent très expressément d'établir, ce sont les propriétés de la substance, à partir des plus simples, jusqu'à celles qui comportent les conséquences les plus graves, comme qu' « une substance ne saurait être produite par une autre substance » (prop. 6), et que « toute substance est nécessairement infinie » (prop. 8) : propositions qui préparent le passage à l'identification de la substance et de Dieu. Et ainsi se trouverait démontrée la nécessité de la subtance (prop. 7 : « L'existence appartient à la nature de la substance ») avant la propriété qu'elle a d'être infinie, loin qu'on puisse dire que la nécessité de l'*ens necessarium* soit fondée sur l'infinitude ou sur la perfection de son essence. Mais, ainsi que Kant l'a remarqué avec pénétration, lorsqu'on se dispense de prouver directement que la nature de l'*ens realissimum* fonde la nécessité de son existence, on n'en a pas moins la charge, si l'on préfère partir de la notion plus nue de l'*ens necessarium*, de dire pourquoi il n'existe qu'un seul être à qui convienne cette dénomination, à savoir l'*ens realissimum* ou le Dieu tout parfait; et la seule explication qu'on en puisse donner, c'est qu'il n'y a que la toute perfection qui soit la pleine raison de l'existence nécessaire. Directe ou indirecte, la preuve qui va de l'*ens realissimum* à l'*ens necessarium*, ou celle qui va au contraire de l'*ens necessarium* à l'*ens realissimum* est donc bien, sous deux formes, une seule et unique preuve, et c'est la preuve ontologique. Spinoza, comme Leibnitz un peu plus tard, a préféré dans la première partie de l'Éthique la forme indirecte de la preuve : il est parti de l'*ens necessarium* pour aller à l'*ens realissimum* ; car la substance n'est rien d'autre en effet que l'être nécessaire ; et il convenait au plan de son ouvrage qu'il procédât ainsi : aller, en effet, comme Descartes, de l'idée de l'infini, qui est en nous, à l'affirmation d'une « nature » correspondante, et de l'affirmation de cette « nature » à la nécessité de son existence, c'est aller du connu à l'inconnu, c'est procéder analytiquement ; et il est arrivé aussi à Spinoza sur ce sujet, de procéder, dans le *Tractatus brevis*, analytiquement, et de partir de l'idée de Dieu pour établir ensuite l'unité de la substance ; mais dans l'*Éthique*, composée *more geometrico*, une méthode synthétique s'imposait ; et c'est pourquoi il part, à la faveur d'une définition, de la notion la plus élémentaire possible, de celle où il entre, au moins en apparence, le plus petit nombre de données, pour aller, comme les géomètres, à des propositions de plus en plus compréhensives, et finalement de la substance à Dieu. Mais la disposition qu'il donne ainsi à ses propositions ne dissimule qu'à peine la vertu opérante de l'idée de perfection et, par conséquent, l'esprit cartésien de toute sa déduction.

La substance, pour Spinoza, c'est ce qui possède, au

degré suprême, l'existence ; c'est ce qui ne peut se concevoir sans l'existence ; bref, c'est l'*ens de cujus essentia sequitur existentia*, c'est l'être nécessaire. La définition que Spinoza en donne ne laisse aucun doute sur ce point : c'est, dit-il, ce qui est *en soi*, énonciation qui dans son langage signifie déjà l'indépendance de la substance à l'égard de toute autre existence et de toute autre essence ; et, insistant sur cette seconde condition, qui emporte la première, il ajoute : « C'est ce qui est conçu par soi, c'est-à-dire ce dont le concept peut être formé sans avoir besoin du concept d'une autre chose. » Pour qui dès lors admet avec Spinoza que « la connaissance de l'effet dépend de la connaissance de la cause », et qu' « elle l'enveloppe », il suit immédiatement que la substance, si elle existe, ne saurait avoir d'autre cause qu'elle-même, et qu'elle est cause de soi. Mais en vertu de la définition première, on entend « par cause de soi ce dont l'essence enveloppe l'existence, ou ce dont la nature ne peut être connue que comme existante » : la substance est donc bien l'être nécessaire, ainsi que l'établit la proposition 7 en s'appuyant, ainsi que nous venons de le faire, sur deux définitions, la troisième et la première, et sur un axiome, le quatrième.

Cependant, à y regarder de près, la proposition 7 ne met en jeu que des définitions ; et tout ce qu'on peut dire, c'est que s'il existe une substance, digne de la définition qu'en donne Spinoza, elle ne peut être assurément que « cause de soi » et par conséquent un être nécessaire. Mais existe-t-il une telle substance ? Et si elle existe, comment et en vertu de quel privilège a-t-elle ce pouvoir unique d'exister par soi, et d'être une substance ? Leibnitz demandera, après les auteurs des deuxièmes Objections, que de l'être nécessaire, on démontre d'abord qu'il est possible ; mais ce n'était pas assez demander : ce qu'il faut qu'on démontre, pour qu'il soit vraiment l'être de l'essence duquel suit l'existence, c'est non seulement qu'il est possible, mais c'est que son essence enveloppe la plus haute et la plus absolue possibilité qui se puisse concevoir, ou, d'un mot, la souveraine perfection. Aussi le premier soin de Spinoza, dans la proposition 8, est-il de démontrer que la substance ne peut qu'être infinie. Mais après en avoir tenté la démonstration directe (ou synthétique), en s'appuyant sur ce que, finie, elle devrait donc être bornée par une autre substance également finie et de même attribut, ce qui est impossible, il est remarquable que dans le scholie I il en donne la vraie raison, qui est que « le fini étant au fond la négation partielle d'une nature donnée, et l'infini l'absolue affirmation de cette existence », la substance ne peut être qu'autant qu'elle enveloppe cette absolue affirmation, ou par l'infini qui la contient : il peut donc dire synthétiquement que si l'existence appartient à la nature de la substance (proposition 7), il suit de cette proposition que toute substance doit être infinie, mais c'est parce qu'il est vrai en sens inverse, ou analytiquement, que l'infini, qui renferme « l'absolue affirmation de l'existence », est la seule raison qui fonde l'existence de la substance et la rende « cause de soi ».

La seule et véritable raison de la nécessité de l'être (*existentia*) de la substance est si bien, pour Spinoza comme pour Descartes, la plénitude ou la perfection de sa réalité (*realitas = essentia*), qu'un infini qui ne serait pas absolument infini, ou qui ne serait, comme il dit, infini qu'en son genre, lui apparaît, à la fin du scholie de la proposition 10, comme impropre à fonder l'existence nécessaire. Ce qui la fonde, c'est l'infini suprême, auquel décidément nous ne pouvons concevoir qu'on puisse rien ajouter ; et en langue cartésienne, si tous les infinis ou toutes les perfections singulières sont compatibles entre elles, c'est l'infini qui les réunit toutes ou l'être absolument infini, et par conséquent unique, qui seul est en état d'en donner la *plena ratio*. Et c'est donc cet infini ou cette absolue perfection qu'il faut d'abord poser pour pouvoir démontrer qu'il n'y a qu'une substance, au sens où la substance est l'être nécessaire. Peut-être n'a-t-on pas assez remarqué que la définition abstraite de la substance ne permettait pas à Spinoza d'en établir avec rigueur l'unité ; poser, sans plus, la nécessité de l'être, Kant l'a très justement observé, ce n'est pas exclure la possibilité de plusieurs êtres nécessaires : l'unique raison qui l'exclut, c'est l'unité intégrale de l'absolue perfection ; une précisément parce qu'elle est intégrale, et élevant à un degré qui ne peut être surpassé la *possibilité* d'être, laquelle à ce degré s'élève à la limite de la *nécessité*. Et c'est pourquoi sans doute l'unité de la substance et en définitive sa nécessité ne pouvaient être solidement établies que si l'on évoquait enfin la souveraine perfection de l'être absolument infini, de l'*ens realissimum*, ou, par définition, de Dieu. Des substances, en un sens, en vertu du scholie I de la proposition 8, il en pouvait exister autant que d'infinis singuliers ; et c'est comme des substances que, dans la proposition 10, Spinoza traite en effet les attributs infinis de la substance, en concluant qu'ils sont « conçus par soi » et, partant, nécessaires. Un peu plus tard seulement nous comprendrons comment ils sont toute la substance, qu'ils expriment tout entière, et comment cependant sous un autre rapport ils ne la sont pas toute, attendu qu'ils ne l'expriment qu'en un seul genre. Pour établir en définitive l'unité de la substance, il fallait donc faire intervenir le concept de l'être qui réunit en soi toutes les perfections, l'*ens realissimum* ; et c'est pourquoi Spinoza, introduisant soudain (proposition 11) le concept de Dieu, démontre tout d'abord qu'il existe nécessairement, ensuite (proposition 14) qu'il est le seul être nécessaire et l'unique substance, puisqu'il enveloppe tous les infinis, et exclut par là même leur existence séparée. La raison auxiliaire qu'il en donne est qu'il n'existe pas deux substances de même attribut ; la raison profonde qui est au fond de sa pensée et qui, d'ailleurs, justifie seule cette raison auxiliaire, est que la nécessité qui, dans l'ordre de l'existence, est, à parler rigoureusement, un *maximum* d'être, exige de l'essence appelée à l'existence le *maximum* de réalité ou de possibilité, en sorte qu'à la limite coïncident dans l'être nécessaire la possibilité au degré unique de sa limite supérieure, et la nécessité. Ainsi s'explique, croyons-nous, que Spinoza n'ait pu décidément prouver l'unité de la substance qu'en introduisant, par une définition, l'être souverainement infini ou Dieu. On a parfois expliqué la suite des propositions du premier livre de l'Éthique, en disant qu'il démontrait d'abord l'existence de la substance, puis l'existence de Dieu : il nous semble plus vrai de dire qu'il a voulu d'abord, comme s'il était plus simple, poser le concept de nécessaire, et en déduire le concept plus complexe de la toute perfection. Mais ramené à la véritable voie par les conditions mêmes de sa démonstration, c'est, en définitive, dans l'*ens realissimum*, et en lui seul, qu'il trouve la suprême raison d'être de l'*ens necessarium*. De là tant de retours remarquables, dans les diverses démonstrations qu'il donne de l'existence de Dieu et dans les scholies, à l'ordre qui subordonne à la perfection la nécessité, et justifie enfin la seconde par la première : « Pouvoir ne pas exister, dit-il dans la troisième démonstration de la proposition 11, c'est évidemment une impuissance ; et c'est une puissance, au contraire, que de pouvoir exister. Si donc l'ensemble des choses qui ont déjà nécessairement l'existence ne comprend que des êtres finis, il s'ensuit que des être finis sont plus puissants que l'être absolument infini, ce qui est de soi parfaitement absurde » ; notons avec soin que le texte suppose la quantité de la puissance mesurée sur celle de l'essence ; et voici alors la conclusion de Spinoza, sous la forme de la preuve de l'existence de Dieu appelée par Kant cosmologique, mais qui ne dissimule qu'à peine la preuve ontologique : « Il faut donc, de deux choses l'une, ou qu'il n'existe rien, ou, s'il existe quelque chose, que l'être absolument infini existe aussi. Or, nous existons, nous, ou bien en nous-mêmes, ou bien en un autre être qui existe nécessairement... Donc l'Être absolument infini, en d'autres termes (par la définition 6) Dieu, existe nécessairement. » L'appel à l'expérience que contient cette démonstration (« or, nous existons, nous... »)

ne saurait un seul instant faire illusion : la force de l'argument est dans la raison *a priori* qu'il renferme, et qui fait de l'existence une suite de la perfection. Spinoza ne s'y est point trompé : et, dans le scholie suivant, en termes identiques à ceux dont s'était servi Descartes dans les réponses aux premières objections [1], il expose la doctrine fondamentale qui soutient toute la métaphysique de l'Éthique : « Dans cette dernière démonstration, dit-il, j'ai voulu établir l'existence de Dieu *a posteriori* ; ...mais ce n'est pas à dire pour cela que l'existence de Dieu ne découle *a priori* du principe même qui a été posé *(ex hoc eodem fundamento)*, car puisque c'est une puissance que de pouvoir exister, il s'ensuit qu'à mesure qu'une réalité plus grande convient à la nature d'une chose, elle a de soi d'autant plus de force pour exister ; et par conséquent l'Être absolument infini, ou Dieu, a de soi une puissance infinie d'exister, c'est-à-dire existe absolument. » Et vers la fin du scholie, la pensée de Spinoza s'exprime en termes d'une précision qu'on ne peut surpasser : « Ainsi donc la perfection n'ôte pas l'existence, elle la fonde ; c'est l'imperfection qui la détruit, et il n'y a pas d'existence dont nous puissions être plus certains que de celle d'un être souverainement infini ou parfait, savoir : Dieu. »

Si l'on voulait exprimer en une formule concise le principe qui domine toute la doctrine de Spinoza sur Dieu et par conséquent toute sa métaphysique, on devrait dire qu'il soutient, comme son maître et inspirateur Descartes, la primauté de la perfection sur la nécessité, de la perfection qui est puissance et vie, et à laquelle convient vraiment le nom de Dieu, sur la nécessité qui, venant d'une telle source, n'a point chez Spinoza, comme on s'est plu trop souvent à le soutenir, l'aspect d'une implacable fatalité. Lorsque Spinoza affirme la liberté de Dieu, bien qu'il la définisse, d'une façon négative, l'absence de toute contrainte extérieure, la liberté qu'il attribue à Dieu n'est nul-

---

1. Cousin, I, p. 394.

lement négative, mais au contraire est à ses yeux la plus positive qui se puisse concevoir : « Une chose est *libre* (définition 7) quand elle existe par la seule nécessité de sa nature et n'est déterminée à agir que par soi-même » ; ce qui s'oppose à *nécessité*, pour Spinoza, au sens métaphysique du mot que nous avons rencontré jusqu'ici, ce n'est point *liberté*, c'est *contingence* : l'être *nécessaire* est *libre*, dans toute la force du terme, et il n'y a de *non libre* que l'être *contingent* : contingence et déterminisme, qui ne laissent au libre arbitre qu'une pure apparence, appartiennent au domaine des choses périssables ; nécessité et liberté sont, au contraire, de l'ordre des choses éternelles ; et par là Spinoza s'affirme lui-même beaucoup plus près de Descartes que de ceux qui, comme Leibnitz, seraient tentés de soumettre la volonté de Dieu à la raison du bien : « Je l'avouerai, écrit-il à la fin du scholie 2 de la proposition 33, cette opinion qui soumet toutes choses à une *certaine volonté indifférente*, et les fait dépendre du bon plaisir de Dieu, *s'éloigne moins du vrai*, à mon avis, que celle qui fait agir Dieu en toutes choses par la raison du bien. Les philosophes qui pensent de la sorte semblent, en effet, poser hors de Dieu quelque chose qui ne dépend pas de Dieu, espèce de modèle que Dieu contemple dans ses opérations, ou de terme auquel il s'efforce péniblement d'aboutir. Or ce n'est là rien autre chose que soumettre Dieu à la fatalité, *doctrine absurde, s'il en fut jamais*, puisque nous avons montré que Dieu est la cause première, la cause libre et unique, non seulement de l'existence, mais même de l'essence de toutes choses. »

Premier résultat mémorable, et qui jette sur l'intellectualisme de Spinoza et les trois dernières parties de l'Éthique une lumière singulière, d'une doctrine qui subordonne en Dieu la nécessité à la perfection. Il y en a un autre, que nous voudrions indiquer brièvement : on s'est demandé si Spinoza avait le droit, ne posant qu'une seule substance, de lui donner, sans la diviser, plus d'un attribut. Et on sait qu'il lui donne un nombre infini d'attributs infinis.

On se l'est demandé avec d'autant plus d'apparence de raison qu'il définit l'attribut en un sens tout cartésien, « ce que la raison conçoit dans la substance comme constituant son essence (définition 4) » ; qu'il distingue comme Descartes l'attribut de la pensée de l'attribut de l'étendue, au point de proclamer dans la proposition 6 de la partie II le principe de leur absolue séparation avec non moins de netteté que, dans la proposition 7, celui de la correspondance rigoureuse de leurs modes respectifs. Autant d'attributs, autant d'essences. Spinoza va jusqu'à dire (proposition 10, partie I) : autant de choses « conçues par soi » ; et comme il établit l'existence d'un nombre infini d'attributs infinis, la conséquence serait-elle donc qu'il existerait autant de substances que d'attributs infinis, c'est-à-dire une infinité ? Et comme telle n'est point la pensée de Spinoza, mais qu'au contraire il proclame énergiquement l'unité de la substance [1], on a cherché une solution à cette question délicate en faisant de la seule substance une réalité absolue, et de ses attributs des choses relatives, des aspects multiples sous lesquels la substance unique apparaîtrait à l'entendement qui en prend connaissance. Des textes dignes d'attention pouvaient d'ailleurs être allégués à l'appui de cette opinion : voici d'abord dans les *Cogitata metaphysica* (liv. I, chap. III)[2], c'est-à-dire à l'époque la plus ancienne des méditations de Spinoza, comment il entend les rapports de la substance et de ses attributs : *Ens, quatenus ens est, per se solum, ut substantia, nos non afficit ; quare per aliquod attributum explicandum est, a quo tamen non nisi Ratione distinguitur ;* et un peu plus loin, à la fin du chapitre V : *Atque hinc jam clare possumus concludere, omnes distinctiones, quas inter Dei attributa facimus, non alias esse quam Rationis, nec illa* REVERA *inter se distingui* [1]. Si la distinction des attributs n'est point *réelle*, il semble bien en effet qu'elle ne puisse être qu'une

---

1. V. *Cogitata metaphysica*, « Deum esse ens simplicissimum », Van Vloten, p. 485. (F. Alcan.)
2. *Id.*, p. 468.

distinction de raison, mais qu'elle soit due alors à une vue de l'esprit, ou à l'aspect multiple que prend au regard de l'entendement l'unité de la substance. Et voici maintenant dans une lettre à Simon de Vries, de la fin de février 1663, un texte qui semble ne laisser aucun doute sur ce point : *Idem* (à savoir, *id, quod in se est et per se concipitur,* comme la substance) *per attributum intelligo, nisi quod attributum dicatur respectu intellectus, substantiae certam talem naturam tribuentis.*

1. P. 486.

LA PREMIÈRE PHILOSOPHIE DE LEIBNITZ [1]

INTRODUCTION [2]

Nous nous proposons, dans les pages qui vont suivre, d'étudier la doctrine de Leibnitz sur le mouvement, sur l'esprit et sur Dieu, telle qu'elle ressort d'un certain nombre de lettres et de petits traités qui en marquent l'origine et le développement, et telle surtout qu'il l'avait arrêtée dans les deux *Théories* du mouvement réunies sous le titre d'*Hypothesis physica nova*, vers 1670. Nous croyons que cette doctrine constitue un ensemble suffisamment complet et systématique, et que, d'ailleurs, elle se distingue assez de sa doctrine future, pour qu'on l'étudie en elle-même, et pour elle-même, comme une première philosophie de Leibnitz ; et d'un autre côté, les problèmes qu'il y pose et même

---

1. [Rédaction française de la thèse latine de Hannequin.]
2. Nous nous servirons, pour les principales références, des abréviations suivantes :
Guhr. = Guhrauer, *Gottfried Wilhelm Freiherr von Leibnitz*, eine Biographie (2 vol., 1846) ; Gerh. Phil. = Gerhardt, *die philosophischen Schriften von G. W. Leibnitz* (7 vol., 1875-1890) ; Gerh. Math. = *Leibnizens Mathematische Schriften* (7 vol., 1849-1863) ; Erdm. = Erdmann, *God. Guil. Leibnitii Opera philosophica*, 1840 ; Selver = David Selver, *Der Entwickelungsgang der Leibniz'schen Monadenlehre bis 1695*, in *Philos. Studien*, vol. III, 1886 ; Toennies = Toennies, *Leibnitz und Hobbes*, in *Philos. Monatshefte*, XXIII, 1887 ; Archiv. = *Archiv für Geschichte der Philosophie*. Les lettres à Thomasius, à Foucher, etc., sont désignées par le chiffre que porte chacune d'elles dans l'édition Gerhardt.

les solutions qu'il en donne préparent à tant d'égards les problèmes et les solutions de la doctrine future, et, sauf les développements, y reparaissent de telle sorte, qu'étudier la première, c'est en quelque manière étudier l'origine et l'ébauche de l'autre.

On a dit de Leibnitz, par une vue infiniment juste, que sa pensée progresse non par une suite d'additions successives et par une sorte d'extension linéaire, mais par évolution et comme en profondeur ; il ne faudrait pas croire pourtant que cette évolution ait été continue, au point qu'on n'y pourrait marquer, comme dans tout vivant, des crises décisives. Mais tandis que l'embarras ordinaire, pour l'historien d'un philosophe, est de discerner ces crises et d'en assigner, parmi tant d'influences dont le philosophe lui-même n'eut pas toujours conscience, les causes véritables, une circonstance notable, et en quelque sorte matérielle, de la vie de Leibnitz partage l'histoire de sa pensée en deux parties qui s'opposent nettement et comme en deux tronçons ; nous voulons parler de son départ pour Paris en 1672, du séjour de quatre ans qu'il y fit, interrompu seulement par un voyage à Londres dans les premiers mois de 1673, et de son retour en Allemagne par l'Angleterre et la Hollande à la fin de l'année 1676. Ce séjour à Paris marque un moment décisif dans la vie de Leibnitz et explique les différences notables de ses deux philosophies, malgré l'analogie profonde, si l'on ne peut même dire, malgré l'identité de leur inspiration.

Après, comme avant 1672, le point de départ, on le sait, de sa philosophie est que tout dans la nature se fait mécaniquement. Dès l'âge de 15 ans, il donne une adhésion si ferme et si entière à ce premier postulat de la philosophie des novateurs, ou, comme nous dirions aujourd'hui, à ce principe vital de toute science de la nature, qu'il ne laisse d'autre soin à la philosophie que de s'y appuyer et de le justifier. Mais ce qui en doit sortir, ce n'est, pour qui l'entend et pour qui sait remonter au principe de ce principe, ni la négation de Dieu, si fréquente au xvii° siècle, ni celle de l'esprit ; c'est, au contraire, une doctrine si forte de Dieu et de l'esprit qu'elle en est en fin de compte le plus solide soutien, en même temps qu'elle y trouve sa preuve la plus sûre. Point de philosophie de l'esprit, dirait volontiers Leibnitz, qu'on puisse déduire d'ailleurs que d'une philosophie du mouvement ; mais, en revanche, point de mouvement qui ne témoigne de l'existence de l'esprit et qui ne nous oblige à y chercher son fondement et son principe substantiel. Et cette idée, qui restera comme la pensée maîtresse de la maturité de Leibnitz, apparaît dès ses premiers essais philosophiques, quoique confusément, mais se dégage nettement dès 1670 dans l'*Hypothesis physica nova*.

Dans un système ainsi conçu, on comprend de quelle importance devait être, pour établir la doctrine de l'esprit, l'exactitude plus ou moins grande des connaissances du philosophe relatives au mouvement. Tout le monde sait notamment quelle influence semble avoir exercée sur la doctrine des monades et sur ce qu'on appelle très justement le dynamisme de Leibnitz, la substitution des principes de la conservation des quantités de force vive et de progrès ou de direction au principe cartésien de la conservation des quantités de mouvement, ou du moins à l'usage incorrect qu'en avait fait Descartes.

Or il n'est pas douteux que ce qui le mit en état d'accomplir un jour cette substitution, c'est d'une manière générale l'étude approfondie qu'il fit des mathématiques durant son séjour de quatre ans à Paris. L'enseignement des Universités allemandes, à l'époque où il les fréquentait, paraît avoir été sur ce point tout à fait arriéré [1] ; et on en jugera par ce seul trait que, vers 1660, un quart de siècle après la publication de la géométrie de Descartes, on n'y enseignait pas l'analyse cartésienne ; du moins ni à Leipzig, ni même à Iéna où il avait suivi les cours de Ehrard Weigel, dont il faisait un si grand cas, Leibnitz n'en avait rien

---

1. Neque enim illis in locis mathematica excolebantur. Cf. Gerh., *Phil.*, vii, p. 186.

appris[1]. Et au savoir acquis en mathématiques durant cinq années d'études universitaires, il n'avait guère ajouté que ce qu'il avait tiré un peu plus tard d'une lecture, qu'il faut d'ailleurs relever en passant, de la Géométrie des indivisibles de Cavalieri et de l'algèbre de Léotaud. Il ne fut initié qu'à Paris à toutes les ressources de l'analyse cartésienne ; mais il y fut initié par un maître incomparable[2], et de telle sorte qu'avant de quitter Paris, il avait découvert les principes du calcul différentiel.

Ces progrès en mathématiques étaient, on le conçoit sans peine, la condition nécessaire d'une étude sérieuse des lois du mouvement. Leibnitz a dit lui-même que s'il eût eu, comme Pascal, la chance de passer son enfance à Paris, forte maturius ipsas scientias auxisset[3] ; et il n'est pas douteux que ce qu'il dit en songeant à l'art des combinaisons et au calcul différentiel, il eût pu le dire aussi justement en songeant aux lois du mouvement. Nul n'a donc vu mieux que lui tout ce que doit sa philosophie aux progrès accomplis à Paris dans le domaine des sciences mathématiques. Il y a plus : s'il est tout à fait invraisemblable qu'avec l'auteur du mémoire sur la force du choc[4], il ne se soit jamais entretenu des lois du mouvement, ce qu'il doit à Huygens, ce n'est sans doute pas seulement l'instrument mathématique nécessaire pour les approfondir, c'est en outre une notion toute nouvelle de ces lois mêmes, et notamment de celle en vertu de laquelle, dans le choc des corps élastiques, ce n'est pas uniquement la somme des produits des masses par les vitesses qui se conserve, mais aussi celle des produits des masses par le carré des vitesses.

Pour mesurer toute la portée de ces notions nouvelles et pour apprécier les amendements notables qu'elles allaient provoquer dans la pensée de Leibnitz, notre premier soin ne doit-il donc pas être de définir avec précision ce qu'était

1. V. Guhrauer, I, p. 26.
2. Par Huygens. V. Guhrauer, I, page 171. Documents.
3. Gerh., *Phil.*, VII, p. 186.
4. Présenté en 1668 à la Société Royale de Londres.

cette pensée avant 1672 ? Pour mesurer tout le chemin parcouru, il faut en assurer d'abord le point de départ. Et nous le trouverons dans une philosophie déjà très arrêtée en 1670. La pensée qui domine cette philosophie est la même que celle qui dominera l'autre : c'est à savoir qu'il faut, pour établir une doctrine de l'esprit, établir d'abord une doctrine du mouvement, et qu'on ne peut établir une doctrine du mouvement qu'avec l'aide et le secours de la géométrie. Mais cette géométrie et cette mécanique, quelles étaient-elles donc avant les amendements qu'elles devaient recevoir d'une étude plus complète et surtout plus exacte ? Si vraiment la doctrine de l'esprit en dépend, il est d'un intérêt capital de savoir quelle doctrine de l'esprit Leibnitz avait tirée d'une mécanique fausse, quelle autre d'une mécanique exacte ou corrigée. Outre que dans l'histoire de la pensée de Leibnitz ses écrits de jeunesse ne sont point négligeables, ils nous offrent ainsi le seul moyen de vérifier ce qu'il a de vrai dans cette appréciation que le degré de perfection de sa métaphysique a toujours dépendu d'une manière étroite du degré de perfection de ses notions mécaniques. Cette vérification, nous voudrions la faire d'une manière complète pour la première période de la vie de Leibnitz, et l'esquisser seulement pour la période suivante, dans la mesure où nous devrons mesurer les progrès de la seconde sur la première. Et ainsi nous rendrons ses proportions exactes à la philosophie de sa jeunesse, en même temps que nous verrons ce qui en a subsisté dans la philosophie de sa maturité.

Notre sujet se trouve par là même très nettement circonscrit : nous ne nous proposons d'étudier, sous le nom de première philosophie de Leibnitz, que la métaphysique ou la philosophie première de Leibnitz jusqu'au moment de son départ pour Paris : nous n'étudierons en d'autres termes que sa doctrine sur le mouvement, sur l'esprit et sur Dieu ; et nous laisserons de côté, de propos délibéré, sa morale et même sa théorie de la connaissance, quel que soit l'intérêt qu'elles offrent en elles-mêmes, parce qu'elles n'ont avec sa doctrine du mouvement et de l'esprit, non seulement dans cette première période de sa vie, mais peut-être dans l'autre, que des liens peu étroits.

Ce qui nous préoccupera d'abord, c'est de savoir comment et sous quelles influences s'est formée cette foi, si ferme chez Leibnitz, que tout dans la nature se fait mécaniquement, puis de chercher quelles formes successives il donne au mécanisme ; on sait, par son propre témoignage, qu'il donna tout d'abord dans le vide et les atomes ; nous étudierons par quel développement de sa pensée il en sortit, pour aboutir, vers 1669, à une philosophie corpusculaire très semblable à celle de la physique cartésienne. Mais le souci de trouver et de suivre dans leurs dernières conséquences les lois du mouvement, au lieu de se contenter d'une croyance vague au principe que tout s'y réduit dans la nature, l'amène vers la fin de 1669 à la résolution d'établir une sorte de mécanique rationnelle ou de géométrie du mouvement. C'est l'œuvre capitale de ses années de jeunesse, dont l'étude attentive constituera le fond et le terme de ce travail. Nous y verrons Leibnitz s'inspirer, pour la partie géométrique, de la Géométrie des indivisibles de Cavalieri, pour la partie mécanique, non des *Principes* de Descartes, qu'il n'a pas encore lus, mais du *De Corpore* de Hobbes, comme l'a montré Tönnies [1], et comme la comparaison des textes le prouve avec évidence. Et là nous surprendrons comment, guidé par Hobbes pour ainsi dire pas à pas dans l'analyse du mouvement, non seulement il passe, par une réflexion qui lui est propre et par laquelle il s'affranchit de toute influence, de l'élément du mouvement à l'élément de l'esprit, mais comment il rencontre pour la première fois dans le principe incorporel du mouvement la monade future, avec toute sa nature et tous ses caractères. L'*Hypothesis physica nova* n'est donc point, comme l'a dit Guhrauer [2], une œuvre médiocre ;

---

1. Tönnies, *Leibnitz und Hobbes* in *Philosophische Monatshefte*, vol. XXIII, 1887, p. 557.
2. Guhr., p. 73.

ce ne serait même point assez de dire d'elle seulement qu'elle est le couronnement d'une pensée de sa jeunesse ; elle appartient déjà à la philosophie définitive de Leibnitz dont elle pose toutes les bases, et dont elle prépare, sauf la correction d'une mécanique inexacte, ou plutôt incomplète, tous les développements.

PREMIÈRE PARTIE

LE MOUVEMENT

CHAPITRE PREMIER

Atomisme (1661-1668)

S'il est vrai que, quand on entreprend d'expliquer la genèse et le développement progressif de la doctrine d'un philosophe, rien ne soit en général plus important, mais aussi plus laborieux que de démêler, parmi ses devanciers ou ses contemporains, ceux dont l'exemple ou l'autorité ont formé sa pensée, jamais peut-être l'historien n'a éprouvé plus d'embarras qu'à rechercher les sources de la philosophie leibnitzienne, et à suivre, pour ainsi dire à la trace, les maîtres de Leibnitz. Ici, en effet, la difficulté est grande : d'une part, lui-même s'est souvent proclamé autodidacte, libre de toute obligation de disciple ; de l'autre, poussé par une curiosité passionnée à s'informer des enseignements ou découvertes d'autrui, il lut beaucoup dès l'enfance, et, dans sa maturité, il entretint une correspondance suivie avec les hommes les plus savants de son temps. Et cet autodidacte était ainsi fait que, plus disposé à approuver la pensée des autres qu'à la critiquer, il ne se contentait pas d'effleurer une doctrine, il s'en pénétrait à fond. Dans son esprit se reflétaient, comme les objets dans un miroir, les images et, pour ainsi dire, les rayons de la vérité, d'où qu'elle vînt. Aussi est-il malaisé de discerner ce qu'il a tiré de lui-même et ce qu'il a reçu d'autrui, d'autant qu'il n'a rien emprunté sans le transformer et y mettre sa marque. A dire vrai, il n'a été ni indépendant de toute école ni asservi à aucune, et ceux-là se trompent qui prétendent voir en lui un partisan de Descartes ou de tout autre. Mais quels sont, parmi les penseurs qui l'ont précédé, ceux qu'il a le plus estimés, et comment, suivant l'objet de sa recherche, s'est-il tantôt rapproché, tantôt éloigné d'eux, voilà ce qu'il vaut à notre avis la peine d'étudier et ce que nous voudrions autant que possible déterminer.

Leibnitz raconte qu'après avoir lu avant l'âge de 12 ans, dans la bibliothèque de son père, la plupart des anciens, Cicéron, Quintilien, Sénèque, Pline, Hérodote, Xénophon, Platon, les écrivains de l'Histoire auguste et beaucoup de Pères de l'Église, tant grecs que latins, après s'être enchanté de la variété même de ces lectures, amené à l'étude de la Logique, il se joua si commodément et avec une telle ardeur à travers cette science « dont les épines faisaient horreur à tout le monde » qu'il ne trouvait pas, à peine âgé de plus de treize ans, moins d'agrément dans Zabarella, Rubius, Fonseca et les autres scolastiques qu'il n'en avait trouvé chez les historiens, et qu'il lisait avec autant de facilité Suarès que les Contes Milésiens [1]. Et pourtant, dit-il, il ne s'arrêta pas longtemps « aux subtilités scolastiques ». Lorsqu'il entra à la Faculté de Leipzig (1661), réveillé des songes scolastiques par les ouvrages des modernes, il paraît avoir abordé une philosophie « meilleure » et plus haute. Lui-même s'exprime ainsi : « Interea feliciter accidit ut consilia magni viri Francisci Baconi, Angliae Cancellarii, de Augmentis scientiarum et Cogitata excitatissima Cardani et Campanellae et specimina melioris philosophiae Kepleri, et Galilaei et Cartesii ad manus adolescentis pervenirent [2]. » Quelle fut cette philosophie meilleure, on le reconnaîtra sans peine si on examine les noms cités dans ce passage. Ce sont ceux des hommes qui, d'une part, ramenant, d'un commun accord et par une sorte de conspiration, l'esprit humain du verbiage péripatétique à la nature, mettaient

1. *Vita Leibnitii...* Guhr. II. Beilage, pp. 54, 55.
2. *Guilhelmi Pacidii plus ultra.* Gerh., *Phil.*, VII, p. 52.

tout l'espoir de la science nouvelle, soit dans l'observation de la nature ou l'expérimentation, soit dans les spéculations mathématiques, soit dans cette double méthode d'investigation ; et qui, d'autre part, ne voyant dans le monde que des corps et dans les corps que grandeur, figure et mouvement, s'accordaient tous à dire, avec Galilée, que tout dans la nature se fait mécaniquement.

Que cette influence des modernes sur la pensée de Leibnitz se soit exercée au moment même où il quittait l'école pour entrer à l'Université de Leipzig, où il ne serait point étrange qu'il eût pour la première fois mis la main sur leurs ouvrages, cela ressort de son propre témoignage : « Par après, m'étant émancipé des écoles triviales, je tombai sur les modernes. » Et ailleurs, dans une lettre à Burnett : « Je n'avais pas encore 15 ans, quand je me promenois des journées entières dans un bois pour prendre parti entre Aristote et Démocrite [1] », ce qui démontre mieux encore qu'avant l'accomplissement de sa quinzième année et dès les premiers mois de son séjour à l'Université (il est né le 21 juin 1646, et est entré à l'Université à Pâques de l'année 1661) il a lu quelques-uns des livres dont il parle, et en a été remué au point d'abandonner Aristote et les formes substantielles. Le doit-il à une simple lecture, ou à l'enseignement d'un maître tel que Thomasius, versé, selon son propre témoignage, aussi bien dans la connaissance des modernes que dans celle des anciens, cela est difficile à décider, quoique la première hypothèse soit la plus vraisemblable [2], s'il est vrai qu'il n'ait entendu Thomasius que l'année suivante [3].

Quoi qu'il en soit, il n'est pas douteux qu'il ait à ce moment abandonné la philosophie d'Aristote pour celle des modernes et que de toutes les formes du mécanisme il ait adopté la plus simple, la plus géométrique, et en tout cas celle qu'il était par ses études des anciens le mieux

1. Gerh., *Phil.*, III, p. 606 et 205.
2. Voir Selver, p. 225.
3. Guhr. II. Beilage, p. 58.

préparé à comprendre : à savoir, l'atomisme. De là vient qu'il caractérise la lutte qui se livre dans son esprit non pas comme une lutte entre la doctrine des formes substantielles et la doctrine moderne du mécanisme, mais comme une lutte entre Aristote et Démocrite [1].

A cette époque de sa vie, ce n'est donc point Descartes, ce n'est même point Galilée qui exercèrent une influence décisive sur son esprit; c'est Bacon, qui, l'un des premiers, a relevé contre les partisans d'Aristote la doctrine de Démocrite [2], et c'est Gassendi qui l'a restaurée en même temps que la doctrine d'Épicure. Il écrit, en effet : « Bacon et Gassendi me sont tombés les premiers entre les mains ; leur style familier et aisé était plus conforme à un homme qui veut tout lire [3]. » Et la raison qui les fait prévaloir dans son esprit est précisément la même qui le fait renoncer à la lecture de Descartes et de Galilée, à cause des efforts d'esprit et de la connaissance des mathématiques qu'exigeait la lecture de ces derniers ; aussi ne les a-t-il lus que beaucoup plus tard : « J'avoue que je n'ay pas pu lire encor ses écrits (de Descartes) avec tout le soin que je me suis proposé d'y apporter ; et mes amis sçavent qu'il s'est rencontré que j'ai leu presque tous les nouveaux philosophes plus tost que luy..... Il est vray que j'ay jetté souvent les yeux sur Galilée et des Cartes, mais comme je ne suis géomètre que depuis peu, j'estois bientost rebuté de leur manière d'écrire qui avoit besoin d'une forte méditation..... J'aimois tousjours des livres qui contenoient quelques belles pensées, mais qu'on pouvait parcourir sans s'arrêter, car ils excitoient en moy des idées, que je suivois à ma fantaisie et que je poussois où bon me sembloit. Cela m'a encore empêché de lire avec soin les livres de géométrie, et j'ose bien avouer que je n'ay pas encor pu gagner sur moy de lire Euclide autrement qu'on a coustume de

---

1. Cf. Auerbach, *Zur Entwickelungsgeschichte der Leibnitzschen Monadenlehre*, 1884, p. 8.
2. Cf. Ch. Adam, *La philosophie de F. Bacon*. Paris, F. Alcan, 1890, pp. 152, sqq.
3. *Ep. Ad. Foucher*, Gerh., Phil., I, p. 371.

lire les histoires. J'ay reconnu par l'expérience que cette méthode, en général, est bonne ; mais j'ay bien reconnu néantmoins qu'il y a des auteurs qu'il en faut excepter, comme sont parmi les anciens philosophes Platon et Aristote, et des nostres Galilée et Mons. des Cartes. Cependant ce que je sçay des méditations métaphysiques et physiques de Mons. des Cartes, n'est presque venu que de la lecture de quantité de livres écrits un peu plus familièrement, qui rapportent ses opinions. Et il peut arriver que je ne l'aye pas encor bien compris [1]. » Il a écrit aussi à Malebranche en 1679 : « Comme j'ay commencé à méditer alors que je n'estois pas encore imbu des opinions cartésiennes, cela m'a fait entrer dans l'intérieur des choses par une autre porte [2]. » On voit combien Guhrauer [3] se trompe quand il attribue à l'influence de Descartes la révolution qui s'opère dans l'esprit de Leibnitz, d'autant que Descartes qui condamne l'atomisme et le vide n'eût pu y incliner Leibnitz. Guhrauer a eu le tort de prendre au pied de la lettre le texte des *Initia Pacidii* [4], alors que ce texte marque seulement les noms de ceux qu'on pourrait appeler les patrons de la philosophie moderne ou des novateurs.

Sous l'influence de Bacon et de Gassendi, le jeune Leibnitz commença donc par donner dans le vuide et les atomes, comme il l'a souvent rappelé dans la suite [5].

1. Gerh.
2. *Ibid.*, I, p. 332. — Cf. ep. ad. P. Hon. Fabri. *Ibid.*, IV, p. 247 : « Ego vero tunc in multa distractus nondum a me impetrare potueram ut unius hominis, utcumque ingeniosi scriptis tantam operam impenderem. » — Cf. Dutens, VI, p. 364 : « Je ne sais si ce ne fut pas un bonheur pour moi d'être arrivé si tard à la lecture de cet auteur renommé ; je l'ai lu pour la première fois avec attention à une époque où j'avais la tête pleine d'idées personnelles. »
3. Guhrauer, I, p. 25.
4. Gerh., *Phil.*, VI, p. 52.
5. V. *Système nouveau de la nature*, etc., Gerh., *Phil.*, IV, p. 478 : « Au commencement, lorsque je m'étais affranchi du joug d'Aristote, j'avais donné dans le vuide et dans les atomes, car c'est ce qui remplit le mieux l'imagination. » Cf. *Lettre à un ami en France*. Erdm., p. 699. *Ep. ad Burnett*, Gerh., *Phil.*, III, p. 205. — *Ep. ad Clarke*, VII, p. 377.

Ce qui le séduit dans l'hypothèse des atomes, c'est qu'elle donne le moyen de ramener toutes les qualités des corps à la figure et au mouvement de leurs plus petites parties, c'est-à-dire à des propriétés qui relèvent uniquement de la mécanique et en dernière analyse de la géométrie, dans la mesure où la mécanique n'est elle-même qu'une extension de la géométrie ; et c'est ce qu'il faut entendre lorsqu'il dit et répète que l'atomisme donne une pleine satisfaction à l'*imagination*.

Rien ne pouvait donc lui paraître si propre à résoudre le problème général posé par Galilée, à savoir traiter tous les phénomènes de la nature comme des mouvements, et en rendre compte par les lois du mouvement, que l'hypothèse selon laquelle on remonte jusqu'aux éléments des corps, définis quant à leur grandeur et quant à leur figure, pour leur donner ensuite les mouvements convenables, dérivant à la fois de cette grandeur et de cette figure et des lois générales de l'échange du mouvement. Et de même qu'il a connu par Gassendi surtout cette position générale du problème de la nature par Galilée, beaucoup plus qu'il ne l'a connue par Galilée lui-même, de même il a reçu du même Gassendi la connaissance de l'hypothèse fondamentale des atomes qui permet de résoudre simplement ce problème général. Il reconnaît encore en 1714 la valeur scientifique de l'atomisme, considéré comme méthode de recherche ou comme hypothèse auxiliaire, très utile sinon indispensable aux physiciens : « Il est vrai que cette hypothèse peut contenter de simples physiciens..... Ainsi on pourrait se servir de la philosophie de M. Gassendi [1]..... »

Toutefois, la manière dont il conçoit le problème à résoudre et dont il l'énonce dans le *De arte combinatoria* rappelle plus la manière d'Epicure qui faisait avant tout dépendre le caractère du composé, phénomène ou corps, de la *position* et de la *figure* des atomes composants, que la manière des modernes, qui le faisaient dépendre avant tout du mouvement et des combinaisons ou échanges de

---

1. Erdm., 699.

mouvement et qui, de plus en plus, allaient ne voir dans l'atome qu'une masse élémentaire, abstraction faite de sa figure : s'il fallait rapprocher l'atomisme de Leibnitz de l'atomisme des modernes, il faudrait le mettre plus près de l'atomisme de nos chimistes que de l'atomisme de nos mathématiciens : qu'on en juge par le texte suivant tiré du *De arte combinatoria* : « Siquidem verum est grandia ex parvis, sive hacc atomos, sive hæc atomos siva moleculas voces, componi, unica ista via est in arcam naturae penetrandi, quando eo quisque perfectius rem cognoscere dicitur, quo magis rei partes et partium partes, earumque figuras positusque percepit. Haec figurarum ratio primum abstracte in geometria ac stereotomia pervestiganda ; inde ubi ad historiam naturalem existentiamque, seu id quod revera invenitur in corporibus, accesseris, patebit Physicae porta ingens, et mixturae origo et mixtura mixturarum, et quicquid hactenus in natura stupebamus [1]. »

On voit par ce passage quelle importance il attache à la figure des atomes, sur laquelle semblent devoir porter avant tout les spéculations du géomètre, en quoi il rappelle l'importance excessive attachée aux figures des atomes par l'atomisme antique, c'est-à-dire par Démocrite, par Épicure, et même par Gassendi. Et c'est de ce point de vue qu'il résout l'unique problème spécial qu'il ait traité, à notre connaissance, en partant des principes de l'atomisme. Il s'agissait d'expliquer pourquoi, d'après le témoignage de Sextus Empiricus [2], Anaxagore a pu dire que la neige est noire ; et Leibnitz s'efforce de donner cette explication [3] en marquant le rapport de toute qualité sensible, qui est toute subjective, avec la position et la figure des atomes qui est la seule réalité correspondant à la sensation. Il établit d'abord que la couleur, de même qu'en général toute qualité sensible, est un état de la conscience, une image :

1. *De arte comb.*, 1665. Gerh., *Phil.*, VII, p. 56 sq.
2. *Pyrrh. Hypot.* I, 33. — Ritter et Preller, p. 87.
3. A la fin d'une lettre à Thomasius, du 16 février 1666. Gerh., *Phil.*, I, p. 8.

« Omnis color est impressio in sensorium, non qualitas quaedam in rebus, sed extrinseca denominatio, seu, ut Th. Hobbes appellat, phantasma. » Quant au noir, il n'est qu'une privation de couleur, en sorte qu'il se produit quand nulle couleur n'est sentie : « Nigredo est non tam color, quam coloris privatio, seu nigrum videre nos dicimus, cum nihil videmus. » Or des trois éléments ou principes optiques, le feu, dont les atomes sont pyramidaux, la terre, dont les atomes sont cubiques, l'eau, dont les atomes sont sphériques, ceux du feu produisent sur l'œil l'impression de la couleur, quand ils sont réfléchis sur les faces des corps opaques, ou des éléments cubiques ou terreux de ces corps ; « nam atomi cubicae sibi ita jungi possunt, ne quid intercedat vacui. Sunt igitur causa, cur reflectantur atomi igneae, id est per hypoth. 5, coloris. » Quum autem « inter sphaericas » (id est aquae) « plurimum est vacui, sunt igitur causa non reflexionis, seu non coloris, id est, per hypoth. 3, nigredinis ». Et comme ce qui est vrai de l'eau l'est encore bien plus de la neige qui est de l'eau condensée (« quicquid rarum tale est, id condensatum magis est tale ; quia vis unita fortior ») « nix igitur quam maxime nigra etiam apparere debet ...Q. E. D. » Si l'on fait abstraction du raisonnement faux qui conclut *a fortiori* des propriétés de l'eau aux propriétés de la neige, parce que celle-ci est de l'eau condensée [1], on remarquera outre la réduction capitale des qualités sensibles à de pures images, qui est conforme à l'esprit de l'atomisme et du mécanisme, la méthode *philosophique* qui les ramène aux positions respectives et en dernière analyse aux figures des atomes : sur l'un et l'autre point, Leibnitz ne fait que suivre fidèlement Gassendi [2].

Ainsi en février 1666, c'est-à-dire l'année même où il allait quitter l'Université de Leipzig pour conquérir à l'Uni

---

[1]. Leibnitz n'a pas tardé lui-même à relever cette erreur, dans une lettre d'avril 1669 à Thomasius, Gerh., *Phil.*, I, p. 19.
[2]. Notamment en ce qui regarde l'explication de la couleur par la réflexion et du noir par la privation de la lumière. V. Gassendi, *Syntagma philosophicum*, pars II, lib. VI, § 12. *De colore*.

versité d'Altdorf le grade de docteur en droit (5 nov. 1666), Leibnitz était resté fidèle aux principes de la philosophie atomistique, qui n'avait point cessé de lui paraître la plus propre à résoudre tous les problèmes de la philosophie de la nature (quæstiones naturales).

Mais il semble que vers cette époque, s'il ne cesse point pour cela de croire que la grandeur, la figure et le mouvement des atomes suffisent et doivent être invoqués pour rendre compte de toutes les propriétés des corps et de tous les phénomènes, l'idée ait dû lui venir qu'il faut rendre raison de ces propriétés premières des atomes, attendu qu'elles ne sauraient ni s'expliquer elles-mêmes, ni dériver purement et simplement du concept d'une matière primitive qui pourrait tout au plus leur donner la grandeur et la mobilité, mais non pas telle grandeur, ni non plus telle figure, encore moins le mouvement actuel.

Quant aux raisons qui l'amenèrent à faire cette réflexion, il semble qu'elles lui aient été inspirées par ses aspirations *morales* et *religieuses* : en tout cas, c'est dans une dissertation dirigée contre l'athéisme qu'elles ont pris corps et qu'elles ont été développées par Leibnitz [1]. Il n'est pas douteux, en effet, que l'atomisme, et même que le mécanisme en général tendent, pour qui suppose l'éternité de la matière ou de la masse et l'inflexibilité des lois du mouvement, à mettre hors de la nature Dieu, comme inutile, et la liberté comme incapable de s'exercer sans violer les lois de la mécanique : de l'atomisme, cela a été remarqué dès l'antiquité par Aristote, Cicéron et Plutarque ; et tel avait été le fruit de la philosophie nouvelle que le P. Mersenne dénonçait, en 1623, l'existence à Paris de 50 000 athées et que Leibnitz lui-même s'étonnait de leur nombre ; « Ego quantulacunque mihi fuit ab exiguo tempore virorum doctorum notitia, horresco tamen, quoties cogito, in quot simul et ingeniosos et prorsus atheos inciderim [2]. »

---

1. *Confessio naturae contra atheistas* (1668), Gerh., *Phil.*, IV, p. 105 sqq.
2. *Ep. ad Thom.*, Gerh., *Phil.*, I, p. 26. — Cf. *Confessio...*, *ibid.*

Or tandis que Gassendi, en adoptant la physique d'Épicure, mettait sa conscience de chrétien et de prêtre à l'abri de tout scrupule en supposant que Dieu avait tout à la fois créé les atomes tels qu'ils sont et ordonné les lois du mouvement, sans soumettre d'ailleurs à la critique ni les uns ni les autres, Leibnitz avec plus de profondeur s'efforce de tirer de la nature intime de l'atome et des propriétés premières qu'il n'a pas pu se donner, des raisons qui postulent l'existence de Dieu et son intervention comme créateur du monde. Et par là il était amené non seulement à établir l'existence de Dieu et l'immortalité de l'âme, mais à faire pour la première fois, ce qui est beaucoup plus important, la critique du concept de l'atome, qui le conduira à chercher le principe de la nature au delà de la nature, comme la critique du mouvement le conduira plus tard à chercher le principe du mouvement au delà du mouvement.

Mais de même aussi que, plus tard, il ne niera point que tout dans la nature se fasse mécaniquement, quoique le mécanisme ne puisse par lui-même justifier ses principes, de même dans la question présente il ne répudie point l'atomisme, bien qu'il ne puisse dériver de l'essence de l'atome ses propriétés fondamentales, et qu'il doive en conséquence les chercher en dehors et au-dessus de l'atome, c'est-à-dire en Dieu.

Que Leibnitz, en effet, dans la *Confessio* persiste non seulement à reconnaître d'une manière générale l'existence des atomes, comme éléments derniers de tous les corps, mais même à leur prêter une grandeur finie et une figure finie, cela est mis hors de doute par l'adhésion qu'il donne une fois de plus aux doctrines de Démocrite, d'Épicure et de Gassendi, même dans ce qu'elles ont pour nous de plus étrange et de moins acceptable : citons, pour le prouver, ce passage décisif : « Sane verum est et rationem habet, quod olim Democritus, Leucippus, Epicurus et Lucretius, hodie sectatores corum Petrus Gassendus et Joh. Chrysost. Magnenus prodiderunt : Omnem in corporibus cohaerentiae causam dare naturaliter figuras quasdam implicatorias, nempe hamos, uncos, annulos, eminentias, breviter omnes duorum corporum curvitates vel flexiones sibi invicem insertas[1]. » Les atomes ont donc une figure définie et un volume fini, puisqu'ils ont des « hamos », des « uncos » et des « annulos », et puisqu'ils ont un relief, des courbures et des flexions.

A vrai dire, Leibnitz, dans la *Confessio*, ne soumet à une critique directe la notion de l'atome que quand il se demande d'où vient la cohésion à ces figurae implicatoriae, à ces hami, à ces unci, par lesquels l'atomisme prétendait expliquer la cohésion des corps composés. Jusque-là il avait prétendu démontrer l'existence de Dieu en prouvant en général qu'un corps quelconque, et non point un atome, ne saurait avoir la *figure qu'il a* et la *grandeur qu'il a* sans l'intervention d'un principe différent de la simple matière, et qui la détermine. L'atomisme, en un sens, paraît donc hors de cause, jusqu'au moment où se pose la question de l'origine de la cohésion des corps. Mais n'est-il point trop clair que si l'atome aussi a une grandeur finie et une figure finie, il ne saurait pas plus les tenir de lui-même qu'un autre corps quelconque, et que l'argument qui vaut des corps visibles et tangibles, devait valoir aussi, pour que la preuve de l'existence de Dieu fût complète, des éléments derniers où se résolvent les corps ?

Or cet argument, qui marque dans la pensée de Leibnitz le point de départ d'une évolution importante et qui ruine la notion démocritéenne de l'éternité des atomes figurés (σχήματα), mérite d'être relevé : il consiste à prouver que, de la définition et de l'essence du corps, qui est d'exister, (inexistere) dans l'espace et qui est, on le voit, constituée par deux termes, l'espace et l'existence, on ne saurait tirer ces qualités premières qu'en général les mécanistes reconnaissent aux corps et en particulier les atomistes aux atomes, à savoir la figure, la grandeur et le mouvement. Si ni le corps ni l'atome ne tiennent de leur essence leurs

---

1. *Confessio naturae.* Gerh., *Phil.*, IV, p. 108.

qualités premières, il reste donc qu'ils la tiennent d'un principe extrinsèque qui ne peut être que Dieu, et ainsi ils ne peuvent plus prétendre au rang de principes qui se suffisent à eux-mêmes comme ils suffisent à tout.

L'examen des deux termes de la définition, l'un, l'espace, qui donne aux corps l'extension, mais qui ne peut leur donner une figure définie, l'autre, l'*inexistence*, qui leur vient du mouvement, conduit Leibnitz non seulement à prouver ce qu'il prétend prouver, mais déjà à donner au mouvement le privilège d'être le véritable agent des déterminations de l'espace ; et cette observation, qui ne prend dans la *Confessio* qu'une forme indécise, y doit être cependant d'autant plus remarquée qu'elle annonce le passage à une manière de voir qui ne s'accorde plus avec l'atomisme et qui pousse Leibnitz vers une philosophie que nous exposerons dans le chapitre suivant.

Suivons donc à présent Leibnitz dans la critique qu'il fait de chacun de ces termes, et voyons, d'une part ce qu'ils donnent au corps, de l'autre ce qui leur manque ou pour lui tout donner ou pour être à eux-mêmes leur propre raison d'être.

Et d'abord l'espace :

« Ex spatii termino, oritur in corpore magnitudo et figura. Corpus enim eadem statim magnitudinem et figuram habet cum spatio quod implet. Sed restat dubium cur tantum potius et tale spatium impleat, quam aliud et ita cur exempli causa sit potius tripedale quam bipedale, et cur quadratum potius quam rotundum. Cujus rei ratio ex corporum natura reddi non potest, eadem enim materia ad quamcunque figuram sive quadratam sive rotundam indeterminata est. Duo igitur tantum responderi possunt, vel corpus propositum quadratum fuisse ab æterno vel ab alterius corporis impactu quadratum factum esse, siquidem ad causam incorpoream confugere nolis. Si dicis, ab æterno fuisse quadratum, eo ipso rationem non assignas, quidni enim potuerat ab æterno esse sphaericum ? æternitas quippe nullius rei causa intelligi potest. Sin dicis :

alterius corporis motu quadratum factum esse, restat dubium cur figuram talem vel talem ante motum illum habuerit ; et si iterum rationem refers in motum alterius, et sic in infinitum, tum per omne infinitum responsiones tuas novis quaestionibus prosequendo, apparebit nunquam materiam deesse quaerenti rationem rationis, et ita rationem plenam redditam nunquam esse. Apparebit igitur ex natura corporum rationem certae in iis figurae et magnitudinis reddi non posse [1]. »

Voilà pour l'espace. Mais nous avons dit que la définition se compose de deux parties.

Examinons maintenant le terme de l'inexistentia :

« Ad terminum inexistentiae in illo spatio pertinet motus, dum enim corpus incipit existere in alio spatio quam prius, ex ipso movetur. Sed re accuratius perpensa apparebit ex natura quidem corporis oriri mobilitatem, sed non ipsum motum. Eo ipso enim dum corpus propositum est in spatio hoc, etiam esse potest in alio aequali et simili prioris, id est potest moveri. Nam posse esse in alio spatio quam prius, est posse mutare spatium, posse mutare spatium est posse moveri. Motus enim est mutatio spatii. Actualis autem motus ab inexistentia in spatio non oritur, sed potius corpore relicto sibi contrarium ejus, nempe permansio in eodem, seu quies. Ratio igitur motus in corporibus sibi relictis reperiri non potest. Frustraneum igitur est illorum effugium, qui rationem motus sic reddunt ; omne corpus vel motum esse ab aeterno, vel moveri ab alio corpore contiguo et moto. Nam si dicunt corpus propositum motum esse ab aeterno, non apparet cur non potius quieverit ab aeterno, tempus enim, etiam infinitum, causa motus intelligi non potest. Sin dicunt corpus propositum moveri ab alio contiguo et moto, idque iterum ab alio, sine fine ; nihilo magis rationem reddiderunt, cur moveatur primum et secundum et tertium vel quotumcunque, quamdiu non reddidere rationem cur moveatur sequens, a quo omnia antecedentia moventur. Ratio enim

---

1. *Confessio naturae.* Gerh., *Phil.*, IV, p. 100.

conclusionis tamdiu plane reddita non est, quamdiu reddita non est ratio rationis, praesertim cum hoc loco idem dubium sine fine restet[1]. »

Ce qui est vrai du corps qui ne tient de son essence ni la figure qu'il a, ni le mouvement, l'est donc au même degré de l'atome à la fois mobile et figuré, en sorte que le second, par le fait qu'il requiert, comme l'autre, l'action d'un principe capable de lui donner mouvement et figure, cesse d'être éternel et d'être, comme le croyaient les atomistes anciens, l'élément primordial des choses et de la nature.

Mais il y a plus (et c'est ici que Leibnitz aborde directement dans la *Confessio* la critique de l'atome), alors même qu'ils donneraient à l'atome une grandeur et une figure finies, les atomistes n'auraient pas encore expliqué par là ce qui fait qu'il n'est pas seulement une figure géométrique, mais qu'il est un corps et qu'il est une réalité, à savoir sa solidité ou sa « consistentia » : question grave, relative à la nature ou à l'essence de la matière, par opposition à la pure extension, que Leibnitz semble ici aborder pour la première fois, et qui lui fait dès maintenant dépasser le mécanisme par le recours à Dieu, comme il le dépassera dans l'avenir par le recours à des forces supérieures à la pure masse et au pur mouvement. Ici encore, il ne nie point que soit vrai « Quod olim Democritus, Leucippus... » (V. supra p. 33).

Mais qui rendra compte de cette ténacité : « Sed unde ipsis tenacitas ? an hamos hamorum supponemus in infinitum ? etc. [2] »

Deux explications pourtant ont été tentées de la solidité de l'atome ou de la cohésion de ses parties, au sujet desquelles l'opinion de Leibnitz doit être notée : la première est due aux anciens, et suppose « partes atomorum ideo cohaerere quia nullum intercedat vacui ; ex qua sequitur omnia corpora quae se semel contigerunt, insepara-

---

1. *Confessio*, p. 107.
2. *Ibid.*, p. 108.

biliter ad atomorum exemplum cohaerere debere, quia in omni contactu corporis ad corpus nullum intercedit vacuum. Qua perpetua cohaerentia nihil est absurdius, nihil ab experentia magis alienum [1]. » Elle revient au fond à expliquer, comme Descartes, la résistance à toute division par le repos des parties *au contact*, opinion que Leibnitz repoussera toujours de toutes ses forces.

Si le repos des parties n'explique pas la cohésion, leur mouvement en sens directement contraire ne pourrait-il en rendre compte ? A n'en pas douter, c'est à Hobbes que songe ici Leibnitz ; et cette explication, qu'il fera sienne deux ans plus tard dans la *Theoria motus abstracti*, lui paraît beaucoup plus sérieuse [2] : c'est même la seule qui lui restera des corps et de leur répercussion après le choc [3].

Mais dans la *Confessio naturae*, il la repousse pour les raisons suivantes : « Sed supponamus corpus impingens non ea linea qua partes corporis impellendi occursura sunt, sed alia, obliqua fortasse incidere ; eo ipso statim omnis reactio, resistentia, reflexio cessabit contra Experientiam... Cohaerentiae ratio a reactione et omnino motu plane reddi non potest [4]. »

Si donc la cohésion des atomes ne peut s'expliquer ni par le repos ou le mouvement des parties, ni par leur continuité, ni encore moins par la grandeur et la figure, « recte in reddenda atomorum ratione confugiemus ad Deum denique, qui ultimis istis rerum fundamentis firmitatem præstet [5] ».

En 1668, quand il écrit la *Confessio naturae*, Leibnitz n'a donc renoncé à aucun des principes de l'atomisme démocritéen et gassendiste, ni au mouvement des atomes, d'où dérivent tous les changements dans la nature et tous les phénomènes, ni à leur solidité essentielle, ni à leur grandeur et à leur figure déterminées. Mais faire la critique du

1. *Ibid.*, p. 108.
2. V. *infra*, p. 93 sqq.
3. *Confessio...*, Gerh., *Phil.*, IV, p. 108.
4. *Ibid.*
5. *Ibid.*, p. 109.

concept de l'atome, chercher les fondements de ce qui devait être le fondement de tout, chercher les raisons de ce qui devait être la raison de tout, c'était, même si Leibnitz ne songeait dans la *Confessio naturae* d'abord qu'à démontrer l'existence de Dieu, préparer dans son propre esprit la ruine de l'atomisme comme doctrine métaphysique, lors même qu'il resterait le point de départ indispensable des spéculations mathématiques relatives à la nature. On peut donc dire qu'à partir de la *Confessio naturae*, Leibnitz se rapproche de la philosophie corpusculaire d'autant qu'il s'éloigne d'un atomisme rigoureux ; et il peut se faire qu'à cette évolution Bacon, qui avait déjà signalé les défauts en même temps que les mérites de la philosophie de Démocrite, n'ait pas été étranger, comme l'indique la citation de ses propres paroles en tête de la *Confessio naturae*.

Quoi qu'il en soit, les raisons invoquées contre la possibilité de considérer comme premier l'atome, ou ce qui revient au même, comme premières sa figure et sa solidité, ont été décisives pour Leibnitz, et il s'y tiendra désormais sans varier.

Les arguments qu'il dirigera plus tard dans sa correspondance avec Huygens contre l'infrangibilité absolue de l'atome qui exigerait un miracle perpétuel, rappellent ceux par lesquels il s'autorise maintenant à recourir à Dieu [1] : il attaquera encore de la même manière tout essai de ramener l'*attachement* des parties de l'atome à l'*attouchement*, pourvu seulement qu'aucun vide ne soit interposé [2]. Mais si maintenant ces raisons ne le font point encore renoncer, comme il le fera plus tard, à la solidité absolue de l'atome, et s'il accepte le miracle sinon perpétuel, du moins accompli une fois pour toutes, de l'intervention divine, encore

---

1. V. *Epist. ad Hugenium*, Gerh. Math., II, pp. 136, 145, 155 sqq. — Cf. *Pacidius Philalethi*, Archiv., I, p. 214. — Cf. aussi *Lettre à Lud. Stein* (Archiv., I, p. 90.)
2. V. surtout *Epist. ad Hugenium*, Gerh. Math., pp. 145 et 155 sqq, et *Demonstr. contra Atomos sumta ex Atomorum contractu* (1690). Gerh., *Phil.*, VII, pp. 284, sqq.

dès à présent, pour remonter à un principe des choses supérieur à l'atome, est-il conduit à le résoudre, à le réduire et donc à en ramener la notion à la notion antérieure et plus générale d'une matière d'où il tirerait la possibilité de sa grandeur et de sa figure et d'un principe d'action qui lui donnerait telle grandeur et telle figure. Or quel que soit le principe de l'action, l'action elle-même par laquelle la matière, indéfiniment étendue dans l'espace, reçoit des limites et des figures déterminées, ne peut être que le mouvement ; et la résolution de l'atome laisse Leibnitz en face de la matière primitivement non divisée et du mouvement qui la divise, même s'il faut qu'il cherche encore en Dieu le principe premier du mouvement. La critique de l'atome telle qu'elle se présente dans la *Confessio naturae*, préparait donc Leibnitz à passer de l'atomisme des années universitaires (croyance au vide et aux atomes) à la croyance en une matière première infiniment divisible comme l'espace et que divise le mouvement. C'est proprement une philosophie corpusculaire beaucoup plus semblable à celle de Descartes qu'à celle de Gassendi, et nous allons dire à présent quelle forme il lui a donnée.

CHAPITRE II

Mécanisme corpusculaire ou Dynamisme géométrique
(1668-1669)

Tandis que Leibnitz semble avoir abordé le sujet qu'il traite dans la *Confessio naturae* sans avoir aucunement l'intention de ruiner la conception atomistique en tant que point de départ nécessaire de toute philosophie de la nature, et tandis qu'il se proposait seulement de demander à l'atomisme même les moyens de démontrer l'existence de Dieu et l'immortalité de l'âme, et ainsi de fermer la bouche aux athées, il arriva bientôt que la recherche critique des conditions de l'atome et de ses propriétés porta ses fruits et l'amena à considérer comme les vrais principes des choses et des corps, non plus les atomes, comme le faisait Gassendi, mais ces principes qui entraient dans la définition des atomes et dont les atomes eux-mêmes n'étaient que des dérivés, à savoir la matière première et le mouvement. Dès le mois d'octobre 1668, dans une lettre qu'il écrit de Francfort à Thomasius[1], cette évolution de la pensée de Leibnitz est nettement marquée ; et dans une autre lettre capitale du 20/30 avril 1669[2] qu'il adresse au même, pour lui démontrer l'accord profond de la philosophie des modernes et de la physique d'Aristote, il expose longuement ses nouvelles idées sur la nature, par lesquelles, s'il s'éloigne définitivement de Démocrite, on ne peut accorder pourtant qu'il se rapproche, comme il le croit, du véritable esprit de la philosophie d'Aristote.

Si l'atome n'est point premier, il existait quelque chose

1. Sur cette lettre, V. Selver, p. 234, n° 2.
2. Gerh., *Phil.*, I, p. 26.

avant lui, d'où il tire grandeur et figure, même s'il reste certain qu'il n'en saurait tirer, sans l'intervention divine, telle grandeur et telle figure ; et ce quelque chose est l'espace ou du moins quelque chose d'étendu dans l'espace, c'est-à-dire la matière : tel est, sans aucun doute, le principe fondamental de la critique de l'atome développée dans la *Confessio naturae*. Tel est aussi le principe essentiel de la doctrine exposée dans la lettre à Thomasius : ce qui existe avant tout le reste, avant toute qualité, toute grandeur, toute forme et toute figure, dès lors avant tout corps, c'est la matière première ou la masse (massa)[1] ; et quoique Leibnitz ne la confonde point avec l'étendue, puisqu'elle a de plus que l'espace l'impénétrabilité ou l'antitypie (crassum quiddam est et impenetrabile), elle tient de l'espace qu'elle remplit toutes les propriétés et tous les attributs de ce dernier. Elle est infinie comme lui et remplit le monde ; elle est continue et homogène ; « quantitatem quoque habet materia, sed interminatam, ut vocant Averroistae, seu indefinitam ; dum enim continua est, in partes secta non est, ergo nec termini in ea actu dantur (p. 18) » ; il n'y a donc primitivement en elle aucun vide, quoique Leibnitz ait dit un peu plus haut : « Mihi enim neque vacuum neque plenum necessarium esse, utroque modo rerum natura explicari posse videtur (p. 16) » ; et « si nulli in ea termini actu dantur, nec partes, nec denique figurae, quum figura sit terminus corporis », on doit conclure qu'il n'y a non plus primitivement ni atomes, ni aucun corps déterminé.

Pour qu'il y ait des corps, ou, ce qui revient au même, « ut varii in materia termini oriantur, opus est discontinuitate partium. Eo ipso enim dum discontinuae sunt partes, habet quaelibet terminos separatos (nam continua definit Aristoteles ὧν τὰ ἔσχατα ἕν) ; discontinuitas autem in massa illa prius continua duplici modo induci potest, uno modo ut tollatur etiam simul contiguitas, quod fit

---

1. *Ibid.*, p 17.

quando ita divelluntur a se ut relinquatur vacuum, vel sic ut maneat contiguitas, quod fit quando quae sibi immediata manent, tamen in diversa moventur, v. g. duae sphaerae, quarum una alteram includit, possunt in diversa moveri, et tamen manent contiguae, licet desinant esse continuae (p. 18) ». Mais de ces deux moyens d'obtenir la discontinuité, il est clair que le premier doit être repoussé parce qu'il supposerait l'annihilation « certarum partium ad vacuitates in materia procurandas » ; et comme l'annihilation est au-dessus de la nature (supra naturam est) et qu'elle serait un miracle, on n'en peut point parler ; reste donc qu'elle naisse du mouvement « quia a motu divisio, a divisione termini partium, a terminis partium figurae earum, ergo a motu figurae, partes et corpora... »

Ainsi, c'est grâce au mouvement et au mouvement seul que tous les corps sortent de la matière primitivement continue qui remplit l'espace ; et comme il est trop clair que par la succession du repos au mouvement, tout y rentrerait et tout s'y résoudrait, ce n'est pas seulement leur naissance que les corps doivent au mouvement actuel, c'est encore leur existence ou mieux leur subsistance. Tout est donc en mouvement, puisque rien ne persiste que par le mouvement ; et du mouvement qui gagne, en y portant et en y perpétuant la division, jusqu'aux dernières parties de la matière première, naissent en premier lieu ces parties elles-mêmes, leur grandeur, leur figure, et, par suite, leur nombre et leur situation [1].

Ce que le mouvement détermine d'abord, c'est donc la figure et la grandeur des éléments corporels, puis par le changement de lieu de ces éléments mêmes, c'est jusqu'à la dernière toutes les qualités dites secondes ou sensibles des choses, « visibiles, audibiles, gustabiles, odorabiles, tactiles [2] ». On peut donc se rendre compte de tous les phé-

1. « Figuram autem definio terminum extensi, Magnitudinem numerum partium in extenso. Numerum definio unum, et unum, et unum, etc. seu unitates. Situs ad figuram reducitur, est enim plurum configuratio. » *Ibid.*, p. 24.
2. *Ibid.*, p. 25.

nomènes par la grandeur, la figure et le mouvement, et, en dernière analyse, par la matière première, qui suppose l'espace, et par le mouvement, bien que ce dernier postule au-dessus de la matière, qui n'en peut rendre compte, un principe distinct de la matière, par conséquent l'existence et l'action d'un premier moteur qui ne peut être que l'esprit (Mens universi rectrix).

De même, d'ailleurs, que le mouvement procède de Dieu qui le produit, de même aussi toutes choses dans la nature procèdent du mouvement, c'est-à-dire d'une action de la divinité dont la nature est de se continuer et prolonger d'elle-même, en sorte que Leibnitz a pu dire qu'il avait démontré que de même que tout naît, est et subsiste par le mouvement, de même tout ce qui est mû est en quelque façon l'objet d'une création continuée (quicquid movetur, perpetuo creari — perpetua creatio in motu) sans qu'il y ait pourtant besoin jamais dans la nature du concours extraordinaire de Dieu [1].

Ainsi, dans cette nouvelle conception du monde, la nature est encore suspendue à la Divinité, bien que tout continue à s'y faire mécaniquement ; mais il y a progrès dans la recherche des principes ; et tandis que la conception atomistique du monde supposait des principes multiples et égaux, la grandeur de l'atome, sa figure, et le mouvement, la conception nouvelle n'en suppose plus que deux, la matière, sinon l'espace, et encore le mouvement ; cependant la matière s'y dépouille à ce point de toute détermination positive qu'elle tend à se confondre avec le pur espace ; et si l'on songe que le mouvement y trace les figures des choses à peu près comme l'esprit trace en géométrie des figures idéales, on dirait à juste titre que d'atomistique qu'il était, avant 1668, le mécanisme de Leibnitz est devenu géométrique et qu'il ne requiert plus pour expliquer les choses que l'espace pur ou fluide plastique singulièrement semblable à l'espace pur, et le mou-

---

1. *Ibid.*, pp. 26, 27, 33.

vement, qui, sur cette matière, agit à la manière d'une cause efficiente et d'un réel principe de différenciation et d'individuation.

Quoique Leibnitz ait prétendu par cette nouvelle doctrine concilier à ce point la philosophie d'Aristote et la philosophie des modernes qu'il ait été jusqu'à écrire à Thomasius qu'il voyait plus de vérité dans la physique d'Aristote que dans celle de Descartes [1], ce n'est point ici Aristote qu'il suit, mais l'esprit de la philosophie moderne, et ce n'est point sans faire violence à la pensée d'Aristote et sans la modifier profondément qu'il parvient à la mettre d'accord avec le mécanisme.

Le point central de la conciliation tentée ici par Leibnitz consiste dans l'identification de ce qu'Aristote appelait la forme, εἶδος, μορφή, et les scolastiques la forme substantielle, avec la figure, à laquelle se réduisent, dans la pensée moderne, les déterminations réelles soit des éléments simples, soit des choses composées. Et ce n'est point forcer la pensée d'Aristote, au dire de Leibnitz, c'est, au contraire, lui donner le seul sens qu'elle comporte, que d'accomplir enfin ce rapprochement qui s'impose. Aussi bien Aristote n'a-t-il point dit lui-même et souvent répété, qu'entre ce qu'il appelle la matière et la forme, il y a le même rapport que de l'airain dans la statue à la figure de la statue ? La forme sans la figure, non seulement en celle-ci, mais en un corps quelconque, est vraiment inconcevable, quand il semble d'ailleurs que la forme de la statue et en général une forme quelconque n'apparaissent qu'au moment où airain et matière reçoivent l'un et l'autre telle figure déterminée.

Au reste, qu'Aristote ait vu que le mouvement est l'unique facteur qui impose à l'airain la forme de la statue et en général à la matière une forme quelconque, cela ressort assez, semble-t-il à Leibnitz, de ce que la physique n'a pour lui d'autre objet que d'expliquer par le passage de la

---

1. *Ibid.*, p. 16.

puissance à l'acte la génération de toutes les choses sensibles ; or il croyait aussi que par le mouvement seul s'effectue ce passage, à tel point que pour lui la physique n'avait en somme qu'un objet, l'être en tant que mobile, et tous les éléments qu'un tel être suppose. Aussi, dans les 8 livres de la *Physique* ne traite-t-il de rien d'autre que de la figure, de la grandeur, du mouvement, du lieu et du temps [1]. Lui-même, au liv. III, déclare que « toute la science de la nature a pour objets la grandeur (à laquelle est liée la figure), le mouvement et le temps », et ailleurs, avec plus de précision encore, — au point qu'il rencontre, jusque dans l'expression, la pensée des modernes, — « la science de la nature a pour objets la matière et le mouvement [2] ».

Telles sont les preuves directes invoquées par Leibnitz en faveur de sa thèse ; mais ne serait-ce point la vérifier d'une manière éclatante que de montrer qu'elle supprime d'emblée toutes les difficultés où se sont embarrassés de tout temps les scolastiques, pour avoir entendu autrement la matière et la forme ? Suivons encore Leibnitz dans cette démonstration, où non seulement nous allons le voir faire d'Aristote un cartésien, ce qu'il se défend d'être lui-même, mais où il trouve en même temps l'occasion d'exposer ses propres idées sur la matière et le mouvement, sur la nature du corps, et sur la réduction à la figure et au mouvement de toutes les qualités sensibles.

Deux points surtout ont embarrassé les scolastiques dans la philosophie d'Aristote : le premier touchant la matière ou la pure puissance, le second touchant les formes et l'origine des formes. Si rien n'est, en effet, que par la forme ou au moins par l'union de la matière et de la forme, de telle sorte que l'airain, matière de la statue, et la matière même de l'airain ne peuvent être conçus privés de toute forme, comment attribuer une existence quelconque à la matière première ? D'une part, il faut qu'elle soit, pour

1. *Ibid.*, p. 21.
2. Aristote, *Phys.*, III, 4, 202 b. 30.

offrir à la forme le support nécessaire (τὸ ὑποκείμενον) ; et de l'autre, sans forme, on ne sait ce qu'elle pourrait être.

Mais la forme à son tour dont Aristote disait qu'elle est l'essence des choses, qu'est-elle sans la matière ? et quelle est notamment l'origine de celles qui existent dans le monde ? Ou il faut, comme Platon, supposer qu'elles possèdent, dans le monde intelligible, une existence séparée ; ou il faut les faire naître de la puissance de la matière (ex potentia materiae oriri). Mais la première alternative, Aristote la repoussait de toutes ses forces, parce qu'on ne peut concevoir comment l'Idée platonicienne entrerait en rapport avec le monde sensible, et comment, par exemple, elle lui communiquerait le mouvement ; l'autre est rejetée par tous les scolastiques, parce qu'elle ne conduirait à rien moins qu'à supprimer la forme, ou qu'à dire, comme venait de le faire Conring, que les formes naissent de rien (ex nihilo oriri) dans le monde réel [1].

Or toutes les difficultés d'où ne pouvaient sortir les scolastiques se résolvent d'elles-mêmes, dès qu'on nomme matière sinon l'espace même, du moins ce qui avant toute figure et avant tout mouvement tient son extension de l'espace qu'il remplit, et qu'on suppose « formam nihil aliud esse quam figuram [2] ».

Cette masse, en effet, qui remplit tout l'espace, et qui ne s'en distingue que parce qu'elle est « crassum quiddam et impenetrabile », répond à toutes les conditions qu'Aristote exigeait de la matière première : elle est d'abord sans forme, puisque étant continue comme l'espace qu'elle remplit, elle exclut par là même toute diversité : « Est enim in ea nulla diversitas, mera homogeneitas, nisi per motum » ; et pourtant elle possède même avant toute forme (ante omnem formam) un acte entitatif : « Primum de actu ejus entitativo ante omnem formam quaerunt. Et respondendum est, esse eam ens ante omnem formam, cum habeat existentiam suam. Illud omne enim existit, quod in aliquo

---

1. Gerh., *Phil.*, I, p. 18.
2. *Ibid.*, p. 17.

spatio est, quod de massa illa omni licet motu et discontinuitate carente negari non potest. »

Maintenant « a materia transeamus ad formam, per dispositiones. Hic si formam supponamus nihil aliud esse quam figuram, rursus omnia mire concinent. Nam cum figura sit terminus corporis, ad figuras materiae inducendas opus erit termino. Ut igitur varii in materia termini oriantur, opus est discontinuitate partium... Ex his patet, siquidem ab initio massa discontinua seu vacuitatibus interrupta creata sit, formas aliquas statim materiae concretas esse : sic vero ab initio continua est, necesse est ut formae oriantur per motum..., quia a motu divisio, a divisione termini partium, a terminis partium figurae earum, a figura formae, ergo a motu formae. Ex quo patet, omnem dispositionem ad formam esse motum, patet quoque solutio vexatae de origine formarum controversiae [1] ».

On objectera que la forme alors est divisible, comme la figure ; mais il faut distinguer le figuré dont la divisibilité provient de la matière qui a reçu la figure, de la figure elle-même qui, en un sens, n'est point divisible : « Nec obstat, quod generatio fit in instanti, motus est successivus. Nam generatio non est motus, sed finis motus, jam motus finis est in instanti, nam figura aliqua ultimo demum instanti motus producitur seu generatur, uti circulus extremo demum momento circumgyrationis producitur. Ex his etiam patet, cur forma substantialis consistat in indivisibili, nec recipiat magis aut minus. Nam et figura non recipit magis aut minus. Etsi enim circulus sit circulo major, non tamen est circulus altero magis circulus, nam circuli essentia consistit in aequalitate linearum a centro ad circumferentiam ductarum, jam aequalitas consistit in indivisibili, nec recipit magis aut minus [2]. »

Matière et forme existent donc d'une existence réelle, et

1. *Ibid.*, p. 17, 18. Cf. *Ep.* (III) *ad Thom.*, *loc. cit.*, p. 10.
2. *Ibid.*, p. 20. Cf. p. 10 dans la lettre de 1669, répondant aux difficultés soulevées par Thomasius, il s'exprime encore plus clairement : « Caeterum figuram esse substantiam », etc. *Epistole* VI *ad Thomasium*, p. 21.

si ce n'est point être d'accord avec les propres paroles d'Aristote que de l'interpréter ainsi, c'est du moins rester d'accord avec l'esprit de sa philosophie.

La forme naît donc de la matière par le mouvement ; et comme le mouvement est non seulement le type, mais le principe de tous les changements, c'est dire que le mouvement est le principe non seulement de toutes les formes, mais de tous les accidents et de toutes les propriétés ou qualités des choses[1]. On remarquera l'ingénieuse comparaison des changements de perspective par laquelle Leibnitz ramène la perception des qualités sensibles au rapport du lieu occupé par l'être percevant, et du lieu et de l'ordre des choses perçues, comparaison qui restera dans sa philosophie ultérieure.

Enfin, il croit encore interpréter la philosophie des modernes dans le sens d'Aristote quand il prétend qu'elle requiert l'origine du mouvement en un premier moteur : « Materia per se motus expers est. Motus omnis principium Mens, quod et Aristoteli recte visum. Nam, ut huc quoque veniam, etc... [2] »

On voit, dès la première lecture, par tout ce qui précède, que toute cette tentative n'est qu'une perpétuelle violence faite à la philosophie d'Aristote pour le mettre d'accord avec les modernes, bien loin qu'il soit l'inspirateur de l'ingénieuse doctrine développée par Leibnitz. Il ressort, d'ailleurs, du ton de sa lettre, qu'il n'a point la prétention de se tenir strictement à l'interprétation littérale du texte d'Aristote, qu'il connaît depuis son enfance, mais qu'il obéit au désir de trouver sa pensée assez large pour qu'avec les amendements nécessaires, elle reste d'accord avec la philosophie moderne et même qu'elle la dépasse en profondeur, bien que celle-ci soit nécessaire en quelque sorte pour l'illustrer et pour en montrer toute la fécondité ; mais même à le comprendre ainsi, ce n'était point interpréter et traduire Aristote, c'était le trahir et

---

1. « Restat nunc ut ad mutationes veniamus... », etc. *Ibid.*, p. 19.
2. *Ibid.*, p. 22.

faire violence à sa philosophie véritable : c'était tenter d'identifier deux modes de penser et deux philosophies de la nature vraiment inconciliables.

Les répugnances sautent aux yeux. La pensée centrale de la philosophie moderne, approuvée et partagée par Leibnitz, est que si tout dans la nature, excepté l'extension et l'impénétrabilité, tire son origine du mouvement en sorte que le mouvement serait non seulement le principe de toutes les figures, mais, au sens d'Aristote, celui des *formes* mêmes, c'est-à-dire de toute réalité, de tout accident et même de toute substance (οὐσία); aucun être en revanche ne saurait par lui-même se donner le mouvement, quand il est en repos, ni le repos, quand il est en mouvement, ni en général modifier son état de repos ou de mouvement. Ce qui revient à dire que le mouvement, d'une part, s'entretient de lui-même, sauf à varier sans cesse pour un même mobile, sous la double loi de l'inertie des masses, et de la conservation de la somme totale de la quantité de mouvement dans l'univers. Il est, en d'autres termes, toujours la cause, jamais l'effet des substances réelles et de leurs accidents.

Or il est certain qu'Aristote enseignait rigoureusement le contraire. Si le mouvement est pour lui le signe du passage de la puissance à l'acte, et si à la rigueur on peut dire que pour lui la figure des corps dérive de ce mouvement, loin qu'il soit par là même le principe de la forme, et loin qu'on ait le droit d'identifier, ainsi que le fait Leibnitz, la forme et la figure, c'est la forme au contraire qui, agissant à la manière d'une cause, détermine le passage de la puissance à l'acte et par le mouvement détermine la figure. Bien plus, au composé de matière et de forme qu'Aristote appelle un être naturel ou une nature, il maintient le pouvoir de se donner à soi-même le repos et le mouvement, en sorte que la forme demeure le principe et du mouvement qui procède à l'organisation de l'être et de celui dont l'être est le sujet quand il est organisé. Ce qui produit le mouvement et ce qui l'entretient, ce sont donc pour Aristote ces formes incorporelles que Leibnitz prétendait à bon droit exclure de la science ; et cela est si vrai qu'il ne pouvait comprendre l'entretien du mouvement rectiligne et uniforme, sans la continuité de l'action d'une cause entretenant le mouvement à la manière des causes qui le produisent. Et ainsi, loin d'admettre l'inertie de la matière et la loi fondamentale de la conservation du mouvement, sans lesquelles la philosophie nouvelle ne pouvait naître ni subsister, Aristote invoquait, pour expliquer le mouvement, les formes incorporelles répudiées par Leibnitz.

Ni avec la figure on ne peut donc confondre la forme substantielle, comme au reste plus tard le verra mieux Leibnitz, ni avec cette matière première qui, sauf la résistance ou l'impénétrabilité (*antitypia*), ne se distingue en rien de l'espace, cette matière première où Aristote voyait avant tout la puissance, puissance qui, en un sens, dans la privation même enveloppait déjà une sorte de disposition à l'acte, et qu'il était si loin de confondre avec l'espace, qu'il blâmait Platon de l'y avoir identifiée, et qu'au surplus il ne reconnaissait d'existence qu'au lieu et aucune à l'espace proprement dit.

Toutes les conditions faisaient donc à la fois défaut pour réaliser l'accord qu'imaginait Leibnitz ; la différence des deux conceptions était irréductible, tant en ce qui regarde la matière et l'espace qu'en ce qui regarde la forme ; et elle consistait avant tout en ceci : qu'Aristote laissait aux corps et aux *natures* la puissance de modifier eux-mêmes leur état de repos et de mouvement, tandis que le premier principe de la mécanique moderne est qu'ils sont inertes et qu'ils ne peuvent recevoir eux-mêmes le mouvement que des mobiles externes, sous la loi générale de l'égalité de l'action et de la réaction. Et de là même il suit que, quand ils dissertent tous les deux sur l'existence nécessaire d'un premier moteur, s'ils s'accordent sur les mots, ils sont sur la direction même et le sens de la preuve en désaccord profond : l'un voit en Dieu une cause efficiente, une ἀρχὴ κινηστως communiquant le mouvement à une matière inerte, *mobile*, mais incapable de se donner à elle-même le mouvement actuel ; l'autre y voit, au contraire, une cause finale, agissant sur le monde par l'attrait invincible de sa perfection et par le désir même que fait naître cet attrait au sein de la matière, où le désir agit à la manière d'une cause interne et immanente de mouvement, qui, aux yeux des modernes, ruinerait de fond en comble l'ordre et la régularité des phénomènes et du mouvement.

Leibnitz retrouvera un jour d'une manière plus intime la pensée d'Aristote, quand, allant décidément au fond du mécanisme, il ne reconnaîtra plus au mouvement, aux corps et à l'espace lui-même d'autre valeur que celle de phénomènes, bien liés il est vrai et bien fondés, et d'un ordre où *pour nous* se rangent leurs liaisons ; et quand il en cherchera le fondement dans l'être, il réhabilitera les formes substantielles, dont les actions, distinctes des actions mécaniques, s'y traduiront seulement sans y intervenir et sans rompre jamais la série enchaînée des phénomènes et des mouvements. Mais dans l'état présent de sa pensée, quand il fait du mouvement, de l'espace et des corps la réalité même, l'effort qu'il fait pour introduire dans le monde les formes substantielles non comme incorporelles, mais comme figures et termes de mouvement (terminos motus), n'aboutit qu'à ruiner et qu'à travestir la pensée d'Aristote, loin qu'il parvienne à la concilier avec celle des modernes, et loin surtout qu'il s'en soit inspiré d'une manière quelconque.

Le véritable inspirateur de Leibnitz dans cette forme nouvelle qu'il donne au mécanisme n'est donc point Aristote, c'est Descartes ; et bien qu'il s'en défende (me fateor nihil minus quam Cartesianum esse — tantum abest ut cartesianus sim.)[1], bien que la tendance même à chercher dans Aristote plutôt que dans Descartes la vérité en philosophie naturelle soit une sorte de protestation contre l'originalité de Descartes et contre la pré-

---

1. Gerh., *Phil.*, I, p. 16.

tention excessive de ce dernier à renier tout précurseur et tout maître[1], enfin bien que, dans sa tentative de concilier Aristote avec les modernes, il se défende de suivre un cartésien, tel que Jean Racy[2], par une crainte à son tour excessive de subir en quoi que ce soit l'influence cartésienne, la ressemblance, sur les points les plus essentiels, de la doctrine contenue dans la célèbre lettre VI à Thomasius et de celle des *Principia philosophiae* est trop frappante pour qu'il puisse s'élever un seul doute sur ce point.

Descartes est le premier qui, identifiant la matière à l'étendue, ait songé à dériver de la notion que nous avons de celle-ci toutes les propriétés, continuité, homogénéité parfaite, illimitation ou infinitude, qui appartiennent à celle-là, et qui l'ait conçue *a priori* comme un fluide parfait, divisible à l'infini, comme l'espace, et en conséquence infiniment plastique. Quant à ce qui y met la division et, par la division, des limites, des figures, et des parties réelles ou des corps, il disait aussi que ce ne peut être dans l'espace réalisé ou la matière, comme dans l'espace-essence, possible, ou idéal du géomètre, que le mouvement, principe des limites réelles des corps comme il l'est du tracé des figures idéales de la géométrie ; et du mouvement local des parties ainsi déterminées, ou des corpuscules du premier et du second éléments, et de leur action sur les organes des sens, il avait enseigné comment on peut dériver toutes les propriétés sensibles, dites secondes, des corps, lumière, couleur, chaleur, pesanteur, aspérité, etc. Enfin c'est Dieu qui, faisant passer l'espace de l'essence à l'existence, et l'y appelant de telle sorte que ses parties y aient été dès l'origine du monde les unes mobiles, les autres immobiles, ou mieux les unes et les autres diversement mobiles, y introduit le mouvement et l'y conserve en quantité constante[3], d'où suivent toutes les lois du choc

---

1. V. Selver, p. 233, n° 1.
2. *Ep.* (VI) *ad Thom.*, Gerh., *Phil.*, I, pp. 20-21.
3. *Princip. Philos.*, Pars II, xxxvi : « Ad generalem (sc. causam motus) quod attinet, manifestum mihi videtur illam non aliam esse, quam Deum ipsum, qui materiam simul cum motu et quiete

et de l'échange du mouvement entre les masses selon leurs rencontres ; en sorte que de même que tout naît du mouvement, tout subsiste et se conserve dans le monde par le mouvement et, en dernière analyse, par une perpétuelle création ou par une création continuée.

Si l'on compare à ces principes premiers de la physique cartésienne la doctrine de Leibnitz dans la lettre à Thomasius, on avouera que les points sur lesquels elles coïncident sont trop essentiels pour qu'on puisse attribuer au hasard une si profonde ressemblance.

Assurément sur d'autres points qui offrent aussi une certaine importance, il s'en faut que Leibnitz suive Descartes fidèlement et comme pied à pied. D'abord il est singulier que, repoussant le vide et proclamant que la matière remplit tout l'espace, il n'ait pas une seule fois signalé que le mouvement n'y peut naître qu'en cercle, alors que Descartes fait reposer sur ce principe capital sa cosmologie tout entière. Il est vrai que Leibnitz y viendra à son tour dans une œuvre postérieure de moins d'un an à la lettre à Thomasius (*Theoria motus abstracti*) [1].

Mais la différence la plus importante et qui ira dans la suite en s'accusant toujours davantage, est que Leibnitz ne peut se résoudre à confondre la matière avec la pure étendue. De l'espace qu'elle remplit, elle tient sans doute son extension ; mais elle s'en distingue par sa nature propre, qui est, à la différence de la pure extension, de résister à la pénétration, ou d'être impénétrable : « Aliam loci, écrira-t-il vers 1676 au P. Fabri, aliam materiae naturam esse [2] » ; et, en 1669, à Thomasius : « Natura ipsa materiae in eo consistit, quod crassum quiddam est et impenetrabile », et encore : « Essentia autem materiae seu ipsa forma corporeitatis consistit in ἀντιτυπίᾳ seu

in principio creavit... Unde sequitur quam maxime rationi esse consentaneum, ut putemus ex hoc solo, quod Deus *diversimode moverit partes materiae, cum primum illas creavit...* Jamque, etc. »
1. Il semblera même, dans la lettre à Arnauld (Gerh., *Phil.*, t. 71-72), s'attribuer la priorité de cette découverte que dans le plein il ne peut y avoir que des mouvements circulaires homocentriques.
2. *Ibid.*, p. 247.

impenetrabilitate » ; et c'est d'ailleurs de cette impénétrabilité, qui constitue son acte entitatif, qu'elle tient sa *mobilité*, non le mouvement actuel : « Crassum quiddam est et impenetrabile, et per consequens alio occurrente (dum alterum cedere debet) mobile [1]. » Mais si importante que doive devenir cette distinction dans l'avenir, on ne voit pas ce que dans l'état présent de la pensée de Leibnitz, la matière y gagnait quand, au contraire, elle semblait devoir y perdre l'aptitude infinie à la division ou l'infinie plasticité nécessaire à la détermination de la matière par le mouvement jusque dans ses dernières parties, ce qui constituait le principe indispensable de la philosophie corpusculaire. En tout cas, c'était plutôt un réquisit du sens commun qui ne peut saisir le corporel que dans la résistance au toucher [2], qu'une exigence de la raison, qui décidément ne spécule, comme l'avait profondément vu Descartes, que sur l'extension, la figure et le mouvement ; et le fait est que Leibnitz n'attribue à la matière, dans la lettre à Thomasius, de propriétés positives et utiles à la philosophie de la nature que celles qui dérivent de son extension ou de l'espace pur, à savoir l'homogénéité, la continuité, la quantité indéfinie et la divisibilité à l'infini ; quant à la mobilité, on pouvait l'attribuer aux parties de l'espace autant qu'à la matière, d'autant mieux que Leibnitz requérait comme Descartes l'intervention de Dieu pour leur donner d'abord le mouvement primitif qui les détermine ; et une fois déterminées, elles pouvaient tenir de leur mouvement propre, comme le dira dans l'*Hypothesis physica nova* Leibnitz lui-même, les degrés divers de leur solidité et de leur résistance à la pénétration.

Quoi qu'il en soit, ces différences notables prouvent assurément qu'en s'inspirant de Descartes, Leibnitz était bien loin de s'en faire l'esclave et de le suivre à la lettre ; il garde son indépendance ; et dès lors qu'il n'entend par disciples de Descartes que ceux qui prétendent respecter

1. *Ibid.*, p. 17. Cf. p. 21.
2. *Ibid.*, p. 26.

jusqu'aux derniers détails de ses doctrines, il avait raison de dire qu'il n'était point cartésien ; mais il n'est pas douteux qu'il s'inspire de Descartes, et que dans le développement de sa propre pensée il ne le modifie point d'une manière essentielle. Sans doute il ne l'a point lu à fond avant son voyage à Paris, et nous n'avons aucune raison de révoquer en doute ses affirmations à ce sujet ; ce qu'il en sait, il le sait de seconde main ; mais il le connaît assez pour porter sur Descartes certains jugements très justes, comme lorsqu'il lui reproche d'avoir mieux défini que suivi la méthode du physicien et d'avoir abusé de l'hypothèse en physique : « In Cartesio ejus methodi tantum propositum teneo ; nam cum in rem praesentem ventum est, ab illa severitate prorsus remisit, et ad Hypotheses quasdam miras ex abrupto delapsus est, quod recte etiam reprehendit in eo Vossius in libro de Luce [1]. » Au reste, qu'il ait été familier, même sans l'avoir lu à fond, avec les doctrines capitales de Descartes, des traits nombreux et caractéristiques de la lettre même à Thomasius le prouvent jusqu'à l'évidence : c'est ainsi qu'il adopte la distinction de la chose étendue et de la chose pensante et qu'il s'y appuie pour démontrer : 1° qu'en dehors de l'étendue et de la pensée, il n'y a point d'être ; 2° et qu'en conséquence, si la première cause du mouvement doit être cherchée en dehors du corps, elle ne peut être que l'Esprit. C'est ainsi encore qu'il reprend l'analyse célèbre de Descartes pour prouver que toutes les qualités sensibles étant supprimées, sauf l'extension (il ajoute, il est vrai, l'antitypie), le corps subsiste, et qu'il ne disparaît et toutes les qualités sensibles avec lui qu'avec l'extension et l'antitypie ; d'où il conclut, à la manière de Descartes : « Ex his patet naturam corporis constitui per extensionem et antitypiam. » Enfin, le passage le plus frappant est celui par lequel il se rallie à l'opinion cartésienne qu'il n'y a nulle nécessité d'accorder une âme aux animaux [2].

1. Gerh., *Phil.*, I, p. 16.
2. *Ibid.*, pp. 25-41, 22, 26.

Bien que Leibnitz n'ait étudié de près et à fond qu'à Paris les œuvres de Descartes, notamment la *Géométrie*, les *Règles pour la direction de l'Esprit*, les *Principes* et les *Lettres morales à la princesse Élisabeth*, il est donc évident qu'il était informé par ces livres « écrits un peu familièrement » des disciples ou des contradicteurs de ce qui constituait l'âme de sa doctrine et même de la plupart de ses théories plus particulières (l'âme des bêtes). Il est sûr, d'autre part, qu'il ne l'a point servilement imité, et ce n'est point non plus la lecture de Descartes qui semble l'avoir amené, comme une cause extérieure et comme un événement fortuit, à abandonner l'atomisme. Mais quand ses propres réflexions l'eurent conduit à faire la critique de ce mode d'explication et quand elles l'eurent incliné à penser qu'il fallait rendre compte non seulement de tout par la figure, la grandeur et le mouvement des atomes, mais de cette figure même et de ce mouvement, la connaissance de la solution apportée par Descartes au problème général de la genèse des éléments ne peut pas avoir été sans exercer une influence sur son propre jugement, et la parfaite ressemblance des doctrines sur les points essentiels prouve que cette influence a été décisive.

Au reste, il ne suivra jamais, dans la première période de sa vie, d'aussi près qu'en ce moment l'autorité de Descartes ; et, quoi qu'on en ait dit, dès l'année suivante, dans l'*Hypothesis physica nova*, et surtout dans la *Theoria motus abstracti*, il va s'en écarter et même s'en affranchir pour approfondir davantage la notion des principes et des lois du mouvement.

Quoi qu'il en soit, en 1669, et même dès le mois d'octobre 1668, Leibnitz a renoncé, pour n'y jamais revenir, au vide et aux atomes, considérés du moins comme les termes absolus et irréductibles qui rendent raison de tout et dont rien, en revanche, ne peut rendre raison. Et en les dérivant d'une matière inerte, incapable par elle-même de se donner le mouvement, bien qu'elle ne puisse tirer que du mouvement lui-même ses divisions, ses limites internes (intrinsecos partium terminos) et ses figures, des deux causes invoquées par l'atomisme pour expliquer la variation infinie des êtres et des phénomènes, à savoir les figures, qui engendrent la variété des éléments eux-mêmes et la fixité des espèces, et le mouvement, qui engendre la variété et les changements des composés, il n'en reconnaissait plus qu'une, le mouvement, d'où devait naître à la fois la variété (diversitas) des éléments et l'incessante variation des composés. Quant à la matière, qui s'offrait aux déterminations à l'infini des figures réelles et corporelles par le mouvement, comme l'espace idéal à la génération des figures par le géomètre, elle tendait à s'évanouir dans l'espace et à se confondre avec lui, en sorte que Leibnitz allait bientôt pouvoir dire que le corps n'est même plus matière, mais qu'il n'est que mouvement.

Si le mécanisme ainsi se simplifie et se rapproche de l'unité de principe idéale et rêvée, c'est en revanche une question de savoir si le mouvement peut naître quelque part, même sous l'action de Dieu, dans l'espace et même dans une matière parfaitement pleine et continue sans s'y dissiper à l'infini ; car où seraient les bornes du mobile qui, avant la division demandée au mouvement, pût retenir le mouvement dans les limites du mobile ? Le mouvement lui-même semble donc requérir, avant tout mouvement, des parties primitives, en acte et définies, dans la matière elle-même ; et dès lors qu'on ne pouvait revenir à l'atome, désormais condamné, Leibnitz allait demander à la géométrie elle-même des indivisibles d'une autre espèce qui, sans tomber sous les mêmes critiques que les atomes grossiers de Démocrite, pussent concilier les exigences de la géométrie et de la physique, et devenir en même temps les sujets du mouvement.

CHAPITRE III

L'Hypothesis physica nova et les deux traités du mouvement

I

On vient de voir quelle importance Leibnitz, vers le milieu de l'année 1669, attribuait au mouvement, dès lors que, bien qu'il s'en tienne toujours au principe général du mécanisme contemporain selon lequel tout dans la nature doit être expliqué « per magnitudinem, figuram et motum », de ces trois facteurs les premiers se sont réduits au troisième qui explique la figure et la grandeur des corps, pourvu qu'on offre aux déterminations du mouvement un espace homogène et continu et une matière première à peine distincte de cet espace. Le mouvement, accessible à la mesure et susceptible d'être construit, en tant qu'il est « mutatio spatii », en tant par conséquent qu'il est fonction de l'étendue et de la durée, devait provoquer toute l'attention et la méditation de Leibnitz, et il semble que ce soit à la fin de cette année 1669 et dans la première moitié de l'année 1670 qu'il se soit appliqué à en déterminer les lois avec exactitude et précision.

Il semble, en effet, qu'il s'était donné satisfaction sur ce point et que c'était chose faite lorsque, par l'intermédiaire du baron de Boinebourg, il entra pour la première fois en correspondance avec Oldenbourg, secrétaire de la Société Royale de Londres, à l'occasion de la querelle qui s'était élevée entre Wren et Huygens[1] au sujet de leurs

---

1. V. préface de Gerh. Math. I, p. 4 ; Mémoires de Huygens dans les *Philos. Trans.* d'avril 1669 ; Conclusions identiques du mémoire

mémoires sur les lois du choc des corps. A en juger par la réponse de Oldenbourg, Leibnitz avait écrit sans doute à ce dernier que la querelle lui paraissait vaine, par la raison que les deux adversaires n'avaient point, selon lui, rencontré les vrais principes et les vraies lois du mouvement ; et, à cette occasion, il annonce à Oldenbourg qu'il croit avoir trouvé ces lois et principes véritables et lui donne dans sa lettre un aperçu de sa doctrine. Or qu'il ait résumé dans cet aperçu tant les développements et les résultats de sa *Théorie du mouvement abstrait* que ceux de sa *Théorie du mouvement concret* ou *Hypothèse physique nouvelle*[1] ; cela ressort des termes mêmes de la réponse d'Oldenbourg[2] qui, par les mots « de veris Motus rationibus », désigne sans aucun doute les lois *abstraites* du mouvement, et qui exprime ensuite le désir très vif de connaître l'Hypothèse physique que Leibnitz en avait déduite et dont il ne lui avait donné qu'une rapide esquisse. Or la lettre de Leibnitz étant du 12/23 juillet 1670 (datée de Mayence[3]), on peut en conclure qu'à cette date Leibnitz avait sinon complètement écrit, du moins conçu ses deux traités, dans leur opposition si importante aussi bien que dans leurs rapports. Il est sûr, en tout cas, que la *Théorie du mouvement abstrait*[4], bien qu'elle n'ait été publiée qu'en 1671, était complètement écrite avant le milieu de septembre 1670, puisqu'en réponse à une lettre de Leibnitz à Oldenbourg, datée du 18 septembre[5], celui-ci écrit : « Aeger

de Wren présenté à la S. R. vers la même époque. Huygens accuse Wren de plagiat.
1. L'opposition des deux traités montre l'impossibilité de leur donner le titre commun et général d'*Hypothèse physique nouvelle*, quand cette dernière désignation ne convient qu'à la *Theoria motus concreti*. V. à Jean Frédéric, Gerh., *Phil.*, I, 52.
2. « Eaque de veris Motus Rationibus epistola tua subinnuis, quae salivam mihi et aliis movent, unicam illam tuam, de qua loqueris, certi motus universalis in Globo nostro Terraqu-aëreo Hypothesin cognoscendi. » Gerh. *Math.*, I, p. 11.
3. *Ibid.*
4. Présentée à l'Académie des Sciences de Paris.
5. « Responsum ad locupletissimas litteras, 18 septemb. ad me datas, invitus plane ad hoc usque tempus ob varia impedimenta distuli », p. 13.

rimo fero, clarissimum Doct. Mauritium tuas de Primis
Abstractisque Motus rationibus Meditationes nobis invidisse. Solatur interim, quod generose adeo candideque
aliud nobis Exemplum polliceris¹. » Quant à la *Theoria
motus concreti* ou *Hypothesis physica nova*, elle ne fut
adressée par Leibnitz à Oldenbourg tout imprimée (« typis
maguntinis editam », p. 17) pour la Société Royale qu'en
avril 1671 ; mais elle avait été vraisemblablement écrite
vers la même époque que la *Theoria motus abstracti*,
c'est-à-dire dès le milieu de l'année 1670, au plus tard avant
le milieu de septembre, comme le prouve un passage de
la lettre II de Oldenbourg à Leibnitz ².

De tout cela, on peut conclure que Leibnitz avait composé les deux traités en question dans la première moitié
de l'année 1670, en sorte qu'ils résultent des réflexions
qu'il dut faire sur le mouvement à la fin de l'année 1669,
sous l'influence des idées qu'il avait développées dans sa
célèbre lettre à Thomasius du 20/30 avril de la même
année.

Quoi qu'il en soit, ces deux traités, le second surtout
(*Theoria motus abstracti*), constituent l'œuvre la plus importante que Leibnitz, dans la première période de sa vie, ait
consacrée au mouvement : c'est autour d'elle que gravitent,
c'est d'elle que dérivent ses idées les plus remarquables,
à cette époque, sur l'âme et sur Dieu, idées qui sont
l'ébauche de quelques-unes des théories fondamentales de
la Monadologie ; c'est elle qui marque le point culminant
des théories mécaniques et mathématiques de Leibnitz
avant son voyage à Paris ; et souvent dans la suite de
sa vie et jusque dans un âge avancé, il y reviendra en
portant sur elle un jugement, toujours le même ³ : à savoir

---

1. Gerh. Math., I, 15.
2. « Jungas, obsecro, Hypothesin integram... » Lettre du 8 décembre 1670, en réponse à la lettre de L. datée du 18 septembre. Preuve encore plus décisive, Lettre à Hobbes du 13/23 juillet 1670. *Ibid.*
3. A Mallebranche, Gerh., *Phil.*, I, 350 ; à Foucher, *ibid.*, 415 ; *Specimen dynamicum*, 1695, Gerh. Math., VI, 240 ; *Phoranomus*, in Archiv., I, p. 580 ; *Disc. de Mét.* Gerh., *Phil.*, IV, 446.

que les lois du mouvement seraient telles qu'il les a définies dans la *Theoria motus abstracti* si tout dans la nature était réglé par les lois de la pure géométrie, et si au delà du mouvement il n'y avait rien d'autre qu'on fût obligé d'invoquer pour en rendre compte [1]. Bref, si le dynamisme n'était pas le vrai, c'est le mécanisme géométrique qui le serait ; il n'y a pas de milieu ; et, en ce dernier cas, il n'y aurait rien à reprendre à la *Theoria motus abstracti*. Quant à la *Theoria motus concreti* et à l'hypothèse de l'éther et de l'élasticité universelle qui en constitue le fond, on sait assez que Leibnitz y est resté fidèle toute sa vie, soit pour expliquer contre l'action occulte de la gravitation newtonienne les grands mouvements astronomiques [2], soit pour conférer à tous les corps, avec le ressort et l'élasticité [3], le pouvoir de réagir dans le choc et de ne trouver pour ainsi dire que chacun en soi la détermination de son propre mouvement, caractère qui faisait répondre dans le corps une sorte d'indépendance à l'égard des autres corps, quant à la réaction dans le choc, à l'indépendance absolue de la monade fermée à l'égard des autres monades [4].

L'un et l'autre traités méritent donc une attention toute particulière soit parce que, comme dans la *Theoria motus concreti*, Leibnitz y arrête définitivement certaines théories qui resteront dans sa philosophie ultérieure, soit parce que, comme dans la *Theoria motus abstracti*, le traité résume les vues de Leibnitz sur le mouvement et la mécanique avant 1672, idées qu'il a reconnues plus tard erronées, mais qui n'en avaient pas moins, d'une part, donné une orientation particulière à sa philosophie sur l'esprit et sur Dieu à cette époque, qui, de l'autre, eussent été reconnues vraies par lui-même, s'il n'y eût rien eu à corriger ou à ajouter aux

---

1. Voir surtout la lettre à Foucher et *Disc. de Métaphys.*, IV, 446.
2. Voyez *Tentamen de motuum cœlestium causis*, Gerh. Math., VI, pp. 144 et 161. *Lettre à Huygens*, *ibid.*, p. 187. *Illustratio tentaminis de Motuum cœlestium causis*, pars I, *ibid.*, p. 254 et pars II, p. 266.
3. Gerh. Math., VI, 103, 104 et 105 ; Gerh., Phil., IV, 249, 251, 476 ; II, 161, *Ep. à de Volder*.
4. *A de Volder*, Gerh., Phil., II, 251.

principes d'où il partait alors, et qui enfin, sauf ces corrections et additions, jettent les fondements de quelques grandes doctrines destinées à survivre et à se développer dans la philosophie ultérieure de Leibnitz.

A tous ces titres, nous devons considérer l'ensemble des deux traités comme l'œuvre capitale de Leibnitz avant 1672, et nous pensons qu'il faut l'étudier avec soin.

II

Que la *Theoria motus abstracti*, qui domine la *Theoria motus concreti* comme les principes dominent les conséquences (on verra plus loin comment), ait été conçue sous l'influence des idées et de la doctrine que Leibnitz avait exposée dans sa lettre VI à Thomasius et que nous avons définie dans le chapitre précédent, Leibnitz lui-même en témoigne dans le *Phoranomus*, où il revient en 1689 sur ce traité de jeunesse pour en montrer l'esprit et l'enchaînement : « Ego igitur nihil aliud concipiendo in materia prima quam extensionem et impenetrabilitatem, vel uno verbo impletionem spatii, in motu nihil aliud intelligendo quam mutationem spatii, videbam corpus motum ab eodem quiescente singulis momentis eo saltem differre, quod corpus in motu positum semper habet conatum quemdam [1]. » Or si la materia prima semble conserver par devers soi une essence ou une nature qui lui fait remplir l'espace (qui exige extensionem, comme dira plus tard Leibnitz), elle est par elle-même homogène et continue, c'est-à-dire sans déterminations d'aucune sorte (interminata) [2], et c'est le mouvement seul qui est propre à lui donner les déterminations d'où naissent les corps individualisés, leurs changements et en conséquence toutes leurs qualités. Et le mouvement prend ainsi une importance d'autant plus grande qu'il détermine les corps dans la materia prima comme il

1. *Phoranomus* in Archiv., p. 578.
2. *A Thom.*, Gerh., *Phil.*, I, 18.

détermine les figures dans l'espace pur [1], en sorte que les lois du mouvement réel dans la nature sont identiques aux lois du mouvement qui détermine les figures géométriques et qu'ainsi c'est à la géométrie qu'il faut demander d'en rendre compte. Il faut noter ici en passant que le mouvement, défini par Leibniz comme mutatio loci [2], et dans la lettre à Thomasius comme mutatio spatii [3], fonction par conséquent de l'étendue et de la durée, dépend comme fonction de l'étendue de la science géométrique qui étudie en quelque sorte les conditions premières de ses trajectoires en tant qu'elles sont des figures, même si en un autre sens il est dans la nature, ou mieux dans la materia prima, le principe de toutes les figures qui s'y réalisent ; et de la sorte s'il semble dominer et précéder la figure géométrique qu'il engendre dans le réel, il reste vrai pourtant qu'il dépend, d'autre part, des lois et conditions des figures idéales, et que ses propres lois dépendent de celles-ci. C'est donc un devoir pour nous, si nous voulons le connaître, de le tenir pour l'objet d'une connaissance géométrique ou, ce qui revient au même, puisqu'en géométrie connaître c'est construire, d'en faire une construction géométrique, imaginaire peut-être, mais en tout cas exacte et rigoureuse [4].

Les modernes, sur ce point, c'est du moins l'avis de Leibnitz, quelques progrès qu'ils aient fait faire à la science du mouvement ou à la phoronomie, ont péché gravement : au lieu de s'attacher à déduire le mouvement de principes abstraits et purement rationnels, pour rendre compte ensuite des mouvements sensibles, apparents et réels, ils se sont, au contraire, appliqués à déduire

---

1. « Demonstrat enim (sc. Mathesis) figuras ex motu... Constructiones igitur figurarum sunt motus ; jam ex constructionibus affectiones de figuris demonstrantur. Ergo ex motu, et per consequens a priori, et ex causa. » Gerh., *Phil.*, I, p. 21.
2. *Pacidius Philalethi.* Archiv., I, 212.
3. Gerh., *Phil.*, I, p. 24. Définition rappelée dans le Phoranomus. Archiv., I, 578 : « In motu nihil aliud intelligendo quam mutationem spatii. »
4. Gerh., *Phil.*, IV, p. 234. Problema generale.

de ceux-ci les vraies lois du mouvement, soit par la seule observation et d'une manière purement empirique (ou, comme nous dirions, par induction), soit par l'union du raisonnement et de l'observation [1]. Et ils n'ont abouti ainsi, sans excepter Galilée et Honoratus Fabri [2], qu'à une Phoronomie expérimentale, « vel simplex, solis observationibus constans, vel consequentiis observationum, abstractarum regularum complicatione structis mixta [3] ».

Or il se peut qu'ils aient ainsi mis notre connaissance en état de suivre et même de prévoir les mouvements sensibles et réels de la nature [4], qu'ils aient même mis notre art [5] en état de les reproduire avec une exactitude et une précision largement suffisantes pour la satisfaction de nos besoins pratiques [6] ; mais on ne peut pas dire qu'ils en aient rendu un compte rigoureux, qu'ils les aient expliqués avec l'exactitude qu'exige notre raison et qu'exige la science. La construction mécanique du mouvement (et Leibnitz par *mécanique* entend exclusivement la science qui se confond avec la Phoronomie expérimentale et l'art qui s'y appuie [7]) est donc réelle, si l'on veut, en ce sens qu'elle rend compte tant bien que mal des mouvements réels ou qu'elle les produit [8], mais elle n'est point exacte [9], faute d'avoir substitué les vraies lois du mouvement aux pures lois empiriques, dérivées par induction de la seule observation. Le devoir du philosophe, qui se propose avant tout la connaissance exacte de la nature, la seule qui soit capable de le conduire à la connaissance de Dieu et même de l'âme [10], est donc de renoncer à une telle méthode et de fonder enfin une Phoronomie rigoureuse comme la géo-

---

1. *Ibid.*, p. 239.
2. « Galilæus et Honoratus Fabri prudenter Phoronomiam experimentalem excoluere. » *Ibid.*, p. 240.
3. *Ibid.*, 239.
4. *Ibid.*, 216.
5. *Ibid.*, 237 sq.
6. *Ibid.*, 238.
7. « Alia enim est mechanica et experimentalis », p. 239. Cf. p. 240.
8. *Ibid.*, 234-235.
9. *Ibid.*, 234.
10. *Ibid.*, 188 et 238.

métrie, abstraite et rationnelle, ou, comme l'appelle Leibnitz en souvenir sans doute des éléments de la Géométrie d'Euclide, *elementalis* [1].

Il est tout à fait remarquable que ce que réclame Leibnitz et que ce qu'il essaye de fonder dans ce traité de jeunesse, c'est cette science mathématique et rigoureuse du mouvement, que les modernes appelleront comme lui rationnelle, parce qu'elle doit être, comme la géométrie, *a priori* et constructive ; et ce n'est pas le moindre mérite de celui qui devait faire de la science du mouvement le point central et le fondement de sa philosophie d'avoir eu des conditions et de la perfection de cette science une conception si nette et si juste. En ce XVIIe siècle, où la mécanique est dans l'enfance, mais où elle fait, il est vrai, avec Galilée, Huygens et Newton, des progrès si remarquables dans la voie même où rêvait de l'engager Leibnitz, on ne peut méconnaître qu'elle eut de la peine à dégager de l'expérience et de l'observation vulgaires ses principes abstraits ; et quoique notre philosophe se trompe en rangeant Galilée et sans doute Huygens [2] parmi les défenseurs résolus d'une Phoronomie purement expérimentale, eux qui contribuèrent plus que personne à établir les principes de la Phoronomie rationnelle, on ne peut s'empêcher d'applaudir à son chaleureux plaidoyer contre ceux qui, satisfaits d'une mécanique grossière, raillaient tous les efforts tentés pour en faire une science rigoureuse et mathématique [3].

Et ce n'est point seulement pour satisfaire à un besoin d'exactitude purement spéculatif, sans intérêt pour la pratique, que Leibnitz réclamait cette science rationnelle ; c'est aussi parce que nous ne pouvons concevoir que les lois du mouvement dans la nature ou dans le mouvement *réel*, de celui en un mot qui frappe nos sens et que nous observons, soient au fond différentes des lois *vraies* du

---

1. *Ibid.*, 239, 240.
2. *Ibid.*, p. 240.
3. *Ibid.*, p. 238.

mouvement, de celles, en d'autres termes, qui ont leur origine dans la raison de Dieu, puisque aussi bien elles sont les seules qui satisfassent notre raison humaine. De la raison humaine à la raison divine, il y a cette distance que la raison humaine conçoit comme possibles, mais, n'étant point créatrice, ne peut appeler à l'existence les figures et le mouvement, et partant les corps qui dérivent de la figure et du mouvement, tandis que la raison divine les conçoit à la fois et les réalise [1]; mais dans la contemplation du vrai, on ne peut imaginer que la raison humaine ne soit pas dirigée et comme éclairée par la raison divine; on ne peut imaginer en d'autres termes qu'il y ait répugnance entre la vérité humaine et la vérité divine. Si donc il faut reconnaître que les lois du mouvement, qui n'est rien d'autre en somme que mutatio loci aut spatii, ne peuvent qu'être conformes aux lois d'une géométrie rigoureuse, il faut reconnaître aussi qu'elles sont telles dans le fond de la nature [2], et qu'elles y ont été appliquées dès le commencement et continuent à y être appliquées sans relâche dans un monde qui est l'œuvre Dei geometrisantis [3], ou d'un Dieu qui respecte, en tant que créateur, les lois de l'éternelle et unique vérité.

Le succès d'une mécanique grossière et purement approximative ne doit donc point nous faire illusion; de ses constructions on peut dire, si l'on veut, qu'elles sont réelles, dès lors qu'elles rendent compte des mouvements apparents et sensibles, du moins avec une suffisante exactitude; mais on ne peut pas dire qu'elles soient exactes absolument ni surtout qu'elles soient vraies, si elles ne dérivent point de lois purement abstraites et ration-

---

1. « Geometrica (sc. constructio) continet modos, quibus corpora construi possunt, licet saepe a solo Deo... » *Ibid.*, p. 234-235.
Quand nous tentons une telle construction, elle est exacte, mais imaginaire; « imaginaria, sed exacta ». Nous retrouvons les modes de la construction divine, « dummodo scilicet non implicare intelligantur »; mais nous ne pouvons le plus souvent les *réaliser*, et c'est pourquoi notre construction reste imaginaire.
2. *Ibid.*, p. 237.
3. *Ibid.*, p. 216.

nelles. Et c'est de ces dernières qu'il faut partir à tout prix pour rendre raison non seulement du mouvement abstrait, mais des mouvements sensibles ou réels ; de ceux-ci on donnera alors une construction réelle, comme la construction mécanique, mais en outre exacte, comme la géométrique ; bref, on en donnera une construction à la fois exacte et réelle, que Leibnitz appelle *Physique* [1], et qui retrouvera les mouvements que dans la nature et la réalité « corpora producunt se ipsis ».

Le passage des lois abstraites du mouvement à la déduction des modes « physiques » sous lesquels le mouvement se produit dans la nature est cependant bien loin d'être direct, comme il pourrait sembler tout d'abord qu'il doive l'être. Et on en a bientôt la preuve dans cette constatation étrange que les mouvements réels, sensibles ou observés diffèrent parfois d'une manière notable de ceux que l'on déduit des lois abstraites du mouvement. En partant des principes que nous étudierons plus loin, Leibnitz avait cru par exemple prouver que dans la réflexion soit de deux corps qui se heurtent et rebondissent, soit d'un rayon lumineux sur une surface polie, les angles d'incidence et de réflexion, d'après les lois abstraites du mouvement, sont le plus souvent inégaux et réglés par cette loi que « in nostro casu (sc. ubi utrumque concurrentium est mutuo incidens, utrumque compositum in unum reflectens) angulum incidentiae et reflexionis rectilineum, uter minor est, esse alterius duplo supplementum ad rectum... Hinc sequitur solum angulum incidentiae rectilineum 30 graduum habere angulum reflexionis æqualem, secundum abstractas Motus leges [2]. »

---

1. *Ibid.*, pp. 235 et 237.
2. *Ibid.*, p. 233. En français : « le plus petit des deux angles est complémentaire (supplementum ad rectum) du double de l'autre. »
Cette conséquence n'est pas tout à fait exacte, même en partant des propositions, d'ailleurs arbitraires, de Leibnitz. Car lorsque les trajectoires des deux mobiles avant le choc sont toutes les deux d'un même côté du plan d'incidence défini par Leibnitz (§ 10, p. 233), il est toujours vrai que c'est le plus petit des deux angles

Or « in ore omnium est, dit Leibnitz [1], angulum incidentiae et reflexionis esse aequales, et favent utique experimenta tum phoronomica (allusion au choc des corps élastiques, que Leibnitz appelle durs, mais « se restituentia » [2], et allusion par conséquent aux lois de Huygens et de Wren [3]), tum optica. » Il y a plus : d'élégants théorèmes de pure géométrie [4], dans lesquels d'ailleurs il n'entre aucune condition phoronomique, et qui n'ont qu'une valeur figurative, confirment pleinement les données de l'expérience.

D'où vient donc cet étrange conflit ? Ni, d'une part, des lois du mouvement abstrait on ne peut rien conclure contre la loi d'expérience, si souvent confirmée et avec tant de précision par les mouvements réels ; ni, de l'autre, de ces derniers on ne peut rien conclure contre les lois du mouvement abstrait, déterminés a priori et « universaliter », et par définition même « a sensu et phaenomenis independentes [5] ».

Bien plus, nous nous sommes rendu compte que si différents que soient, à une première vue, les mouvements réels, qu'on peut appeler physiques, des mouvements idéaux qu'on peut appeler abstraits ou rationnels, il faut que des lois de ceux-ci dérivent les lois de ceux-là, si le

qui est complémentaire ou double de l'autre ; mais lorsque tes deux trajectoires sont l'une d'un côté du plan, l'autre de l'autre, c'est toujours l'angle d'incidence qui est complémentaire du double de l'angle de réflexion, quand même il serait plus grand que ce dernier, et quand même il ne serait pas, par conséquent, le plus petit des deux.

1. *Ibid.*, p. 187.
2. P. 189.
3. Cf., p. 190, § 22.
4. « Blanditur ipsa theorematis compendiosa et bella speciositas, quae maximis etiam viris imposuit persuasitque posse propositionem universaliter ex abstracta motus natura demonstrari », p. 187, § 21.
Ces théorèmes reposent sur la proposition que le rayon lumineux suit toujours pour aller d'un point à un autre soit quand il se réfléchit, soit quand il se réfracte, le chemin le plus court ; et on en déduit directement la loi de la réflexion, comme le faisaient déjà les anciens, et la loi de la réfraction, comme le fit Fermat le premier au xvii° siècle.
5. D'après le titre même de la *Theoria motu abstracti*.

physique, étant l'œuvre de Dieu, et « Dei geometrisantis », n'est pas seulement réel, comme le mécanique, mais est en outre exact, comme le géométrique [1].

Seulement il importait au monde (intererat mundi, p. 187) que les lois abstraites du mouvement, bien qu'elles y soient au fond appliquées en toute rigueur, y corrigeassent elles-mêmes par leurs effets prochains leurs effets éloignés, au point de servir de fondement à des lois physiques qui semblent en différer du tout au tout. Et cela importait au monde, afin qu'il fût organisé pour le mieux, pour la plus grande convenance et pour le plus grand ordre. Supposez appliquées par exemple dans toute leur nudité et sans modification les lois abstraites de la réflexion, selon lesquelles les angles d'incidence et de réflexion sont inégaux, sauf le cas particulier de l'incidence de 30° ; et de là allait suivre que non seulement ni la vue ni l'ouïe ne sauraient exister (visus auditusque existere non posse [2]), mais qu'à l'ordre du monde il manquerait quelque chose, dès lors qu'il échapperait par exemple à cette loi, selon laquelle la nature suit toujours les voies les plus aisées dans la production de ses effets, et de laquelle le géomètre déduit directement les lois de la réflexion et de la réfraction [3].

Pour obtenir et pour réaliser dans le monde la plus haute harmonie et la plus grande beauté, il fallait donc

---

1. *Phoranomus* in Archiv., I, p. 577.
2. Gerh., *Phil.*, IV, 187.
3. Cf. p. 18, note 3. « Leibnitz est souvenu revenu dans la suite sur l'usage en optique de ce principe de la moindre action d'où il tirait la preuve que « les causes finales servent en physique ». Voy. par exemple *ibid.*, p. 340 : « Ainsi on voit que les causes finales servent en physique, non seulement pour admirer la sagesse de Dieu, mais encore pour connoistre les choses et pour les manier. J'ay montré ailleurs, que tandis qu'on peut encor disputer de la cause efficiente de la lumière, que M. Des Cartes n'a pas assés bien expliquée, comme les plus intelligens avouent maintenant, la cause finale suffit pour deviner les loix qu'elle suit : car pourveu qu'on se figure que la nature a eu pour but de conduire les rayons d'un point donné à un autre point donné par le chemin le plus facile, on trouve admirablement bien toutes ces loix, en employant seulement quelques lignes d'Analyse, comme j'ay fait dans les Actes de Leipzig. » Cf. *ibid.*, p. 318.

que Dieu en fît, comme dit Leibnitz, un tel système [1], y mit, comme il dit encore, une telle économie (œconomia), qu'il modérât les effets immédiats des lois abstraites du mouvement, et qu'il les fît converger vers les effets réels et vers les phénomènes observés par les sens. Il fallait à la fois qu'il tirât le physique du géométrique, et pourtant qu'il le fît différent des effets immédiats que l'on pourrait déduire du pur géométrique. Il fallait en un mot qu'il ménageât par une organisation générale du monde le passage du géométrique au physique : et c'est ici qu'il faut admirer la pratique de Dieu opérant géométriquement dans l'économie de l'univers (atque hic admirari licet praxin Dei in œconomia rerum geometrisantis) [2]. Ce qui manque en effet au corps pris en lui-même (corporibus rudibus), au mobile primitif simplement défini par les limites fixes de sa figure géométrique et par conséquent dur, pour suivre par exemple dans le choc les lois expérimentales de la réflexion, c'est l'élasticité [3] ; pour permettre à un corps et dès lors pour permettre à tous les corps de suivre ces lois, et en général toutes les lois bien connues et dûment constatées de l'Optique, de la Musique, de la Statique, de l'*Elastica*, de la Science du choc (πληγική seu de impetu et percussione), voire même de la Myologie, de la Pyrotechnique et de la Mécanique universelle [4], c'est donc l'élasticité et même une élasticité parfaite qu'il *convenait* au suprême degré de donner à leurs éléments ; et tel est le problème que Dieu devait résoudre en solution réelle, par un acte non seulement de son intelligence, mais de sa volonté créatrice, et qu'à notre manière nous devons résoudre aussi en solution imaginaire [5], à la faveur d'une

---

1. Gerh., *Phil.*, IV, p. 187 (§ 20-21), p. 202 (§ 46), p. 216 (§ 59). Cf. Gerh. Math., VI, 240. — *Phoranomus* in Archiv., I, p. 577.
2. Gerh., *Phil.*, IV, 216.
3. « Nimirum quod passim de omnibus corporibus absolute assumitur, aliud sibi impingens repercutere aut refringere, id quidem non nisi de Elasticis seu post compressionem vel dilatationem se restituentibus verum est... », p. 188.
4. P. 216.
5. P. 183, fin du § 7.

hypothèse unique qui nous permette de retrouver la solution divine. Or à cette solution suffit l'hypothèse d'un éther [1] baignant tous les corps, par exemple le soleil et les planètes de notre système, et remplissant toutes les parties de l'espace que les corps n'occupent point, pourvu seulement qu'on explique comment, sous les lois abstraites du mouvement [2], la rotation solaire lui communique autour de notre terre et des autres planètes une circulation d'où naît pour toutes les parties de la terre, pénétrées par l'éther, l'élasticité requise par les lois concrètes du mouvement.

Pour résoudre complètement le problème du mouvement, le philosophe, que ne peut contenter la simple mécanique, réelle, mais non exacte, est donc tenu, s'il veut faire œuvre de science, d'en étudier d'abord les lois abstraites et rationnelles, en dehors du système et de l'économie des choses ; il doit, s'il ne veut point laisser, comme on l'a fait jusqu'à Leibnitz, de ténèbres dans la nature du mouvement (ex his apparet quantum tenebrarum in natura motus a philosophis sit relictum [3]), constituer une Phoronomia Elementalis : c'est l'objet de la seconde Dissertation de Leibnitz, adressée à l'Académie des sciences de Paris, sous le titre significatif que voici : *Theoria motus abstracti, seu rationes Motuum universales, a sensu et phaenomenis independentes* ; ou, comme il la désignait plus tard dans le *Specimen dynamicum* de 1695 : « Theoria motus a systemate abstracta [4]. » Alors seulement il sera en état de rendre compte par les mouvements de l'éther, qui aussi bien primitivement est soumis aux lois de cette Phoronomie rationnelle ou elementalis, de l'élasticité des corps, de l'organisation du système, et de l'économie des choses, enfin des mouvements réels qui, sous des lois physiques déri-

---

1. « Sed admirando Creatoris sive artificio sive ad vitam necessario beneficio, omnia corpora sensibilia ob ætheris circulationem per hypothesin nostram sunt Elastica... », p. 188.
2. *Ibid.*, p. 235.
3. *Ibid.*, p. 239.
4. Gerh. Math., VI, p. 240.

vées des lois abstraites, se produisent dans le monde : et c'est l'objet de la première Dissertation, adressée à la S. R. de Londres, sous le titre également significatif d'*Hypothèse physique nouvelle*, qui désigne l'hypothèse générale de l'Éther, et de *Théorie du mouvement concret*.

Comme le disait Leibnitz, il y a donc une triple construction possible du mouvement [1] : « Geometrica, id est imaginaria, sed exacta ; Mechanica, id est realis, sed non exacta ; et Physica, id est realis, et exacta. » A la géométrique, « quæ continet modos, quibus corpora construi possunt, licet sæpe a solo Deo », répond la *Theoria motus abstracti* ; à la troisième ou à la « constructio physica, quæ continet modos quibus natura res efficere potest, id est quos corpora producunt se ipsis », répond la *Theoria motus concreti* ; quant à la seconde, ou à la mécanique, « quæ continet « nostros » (sc. modos motus producendi) », elle trouvera pour la première fois dans nos constructions physiques le fondement solide qui jusqu'alors lui avait fait défaut [2].

Ainsi se trouvent établis non seulement les rapports des deux traités, dans leur opposition singulière et curieuse, mais encore les rapports des mouvements réels et des mouvements abstraits, et enfin les rapports de la nature ou du monde des corps, continuant d'eux-mêmes leurs mouvements sous l'empire des lois abstraites aussi bien que concrètes du mouvement, et du géomètre divin [3] qui, sans violer les premières, leur a prescrit une fois pour toutes les unes et les autres.

La base de cette construction physique ou physico-géométrique des mouvements qui se produisent dans la nature ou des mouvements réels, apparents et sensibles, est donc la *Theoria motus abstracti*, que nous allons à présent étudier.

1. Gerh., *Phil.*, IV, p. 234.
2. *Ibid.*, p. 186, § 15 ; pp. 209, 210, 211 et 235.
3. *Ibid.*, p. 216.

III

Theoria motus abstracti.

Jusqu'à présent nous n'avons trouvé dans les Lettres et Dissertations de Leibnitz, antérieures à 1670, qu'une adhésion ferme et solide, mais restée générale, aux principes du mécanisme, d'après lesquels tout doit, dans la nature, être expliqué « per magnitudinem, figuram et motum » ; nous avons vu de plus par quelle suite de réflexions il avait été conduit peu à peu à mettre au premier plan le mouvement, appelé à engendrer dans la matière première, simplement étendue et strictement homogène et indéterminée (interminata), les déterminations d'où dérivent la grandeur et la figure des corps. Mais jamais il n'avait abordé le problème des principes et des lois du mouvement, qui s'imposait pourtant et qui devenait ainsi le problème fondamental non seulement de toute science de la nature, mais de toute philosophie. Il le fait pour la première fois dans la *Theoria motus abstracti*, avec un sentiment remarquablement juste du caractère abstrait et rationnel, ou d'un seul mot, mathématique que devait recevoir la science du mouvement.

Le mouvement, en effet, qu'il définit dès lors « mutatio spatii »[1] (et qu'il ne définit pas mutatio loci, comme il le fera plus tard[2], peut-être pour cette raison qu'avant le mouvement il n'y a point de lieu défini dans l'espace[3]), est en tant que *mutatio* fonction de la durée, et en tant que *mutatio spatii* fonction de l'étendue. De l'une et de l'autre manière (d'autant que la durée n'est elle-même représentable que comme une longueur et comme une étendue), il est donc vrai déjà qu'il s'offre à nos spéculations comme un objet purement géométrique ; et il l'est en outre qu'il

---

1. *Ep. ad Thom.*, Gerh., *Phil.*, I, p. 24. Définition rappelée dans le *Phoranomus*. Archiv., I, 578.
2. Par exemple, in *Pacidius Philal.* 1676. Archiv., I, 212.
3. Le lieu étant en effet la place occupée par un corps défini, il n'y a pas de lieu avant la détermination du corps par le mouvement. Cf. Hobbes, *Philosophia prima*, ch. VIII, § 5 (p. 56).

est un continu comme l'étendue qu'il parcourt et comme la durée qu'il met à la parcourir. Supposer, en effet, qu'il est discontinu ou, comme l'imaginait Gassendi pour expliquer par des intervalles de repos plus ou moins longs les degrés infinis de l'accélération, qu'il est « quietulis interruptus », c'est à un mouvement ou à un changement unique substituer des mouvements ou des changements multiples, en chacun desquels d'ailleurs la continuité revient [1]. Le mouvement est donc continu, et la science du mouvement exige qu'on approfondisse d'abord la notion générale d'un continu quelconque ou celle de l'espace, qui aussi bien est le type et le modèle de toute continuité. Derechef le mouvement rentre donc par là dans le domaine de la géométrie.

Or une géométrie récente [2] venait de donner la preuve de la fécondité de l'analyse appliquée aux grandeurs continues pour en déterminer l'élément primordial et pour en reconstruire à l'aide de l'élément la synthèse et le tout, comme à l'aide de l'unité on reconstruit une somme. Cette géométrie, née dans l'école et sans doute sous l'influence de Galilée [3], qui l'avait pratiquée, Leibnitz la connaissait et l'avait étudiée quelques années auparavant, comme en témoigne une lettre à Bernouilli [4]; il allait à son tour, sous l'inspiration certaine de Hobbes qui l'avait fait avant lui, l'appliquer au mouvement, afin qu'en le réduisant à ses derniers éléments il projetât sur le tout du mouvement la même lumière que Cavalieri sur le tout de la figure.

A. — *De indivisibilibus.*

Or le fondement de la méthode de Cavalieri est que tout continu est divisible et qu'il l'est à l'infini, d'où il suit d'une

---

1. Voir sur ce point l'intéressante discussion de Leibnitz in *l'acid. Philal.*, p. 213.
2. Celle de Cavalieri : « Methodi Cavalerianae ». Gerh., *Phil.*, IV, p. 229.
3. Maître de Cavalieri.
4. Gerh., *Phil.*, IV, 12. V. ci-dessus, p. 20.

part qu'il a des parties, et des parties réelles (actu), et de l'autre qu'elles sont en nombre infini. Ces deux propositions, Leibnitz les adopte et en fait les premiers « fundamenta praedemonstrabilia » de la *Theoria motus abstracti* ; « (1) Dantur actu partes in continuo..., (2) eaeque infinitae actu » ; car pour l'indéfini de Descartes [1], il n'est point dans le réel, mais seulement dans l'esprit, qui n'a point achevé le compte d'un fini dont les limites sont au delà de sa portée, ou qui ne *peut* achever le compte d'un infini réel.

Quant à ces parties du continu, infinies en nombre et actuellement réelles, on n'a pas le droit de dire qu'elles sont des minima, si toute partie de l'espace, du temps ou du mouvement est encore un espace, un temps ou un mouvement, par conséquent un tout composé de parties, et si un minimum est ce « cujus magnitudo seu pars sit nulla » : « talis enim rei nec situs nullus est, cum quicquid alicubi situm est, simul a pluribus se non tangentibus tangi possit, ac proinde plures habeat facies » ; et il en ajoute une raison encore plus décisive, reprise de Zénon : « sed nec poni minimum potest, quin sequatur tot esse totius quot partis minima, quod implicat. » Et pourtant il n'est pas vrai davantage qu'elles soient encore divisibles, puisque d'abord on est par hypothèse, ce que ne dit point Leibnitz, à la limite de toute division, et puisque, d'autre part, c'est la raison qu'il donne, « alioquin nec initium nec finis motus corporisve intelligi » potest [2]. La démonstration qu'il en donne est à la fois très claire et très instructive : il commence par supposer « dari initium finemque spatii, corporis, motus, temporis alicujus » ; et il raisonne alors de la manière suivante : « esto illud, cujus initium quaeritur, expositum linea *ab*, cujus punctum medium *c*, et medium inter *a* et *c*

---

1. Allusion à l'article des Principes, liv. II, où Descartes soutient cette thèse que le monde est indéfini dans l'espace, mais non infini. Mais Descartes croyait le monde sans limites comme l'espace, et ne l'appelait indéfini que pour le distinguer de l'infini divin. V. Pillon, *Année ph.*, 1890, I.
2. Gerh., *Phil.*, IV, p. 228.

sit *d*, et inter *a* et *d* sit *e*, et ita porro : quaeratur initium sinistrorsum, in latere *a*. Ajo *ac* non esse initium, quia ei adimi potest *dc* salvo initio ; nec *ad*, quia *ed* adimi potest, et ita porro ; nihil ergo initium est, cui aliquid dextrorsum adimi potest. Cui nihil extensionis adimi potest, inextensum est ; initium ergo corporis, spatii, motus, temporis, ...aut nullum, quod absurdum, aut inextensum est, quod erat demonstrandum. » Parce qu'elles sont inétendues, les dernières parties du continu sont donc indivisibles ; et la raison pour laquelle il faut qu'elles soient inétendues, c'est qu'on ne peut concevoir un commencement, nous allions dire un principe de l'étendu qui soit lui-même étendu ; le fruit le plus précieux de la méthode de Cavalieri semble donc être, aux yeux de Leibnitz, en nous faisant remonter jusqu'aux « rudimenta et initia linearum figurarumque qualibet dabili minora »[1], de nous donner les moyens d'expliquer l'étendue, espace, temps et mouvement, par des éléments qui sont encore éléments de l'espace, du temps et du mouvement, mais qui en engendrent l'extension et qui l'expliquent, sans que, à propos d'eux, revienne à l'infini le problème primitif.

C'était donc réserver la possibilité de cette genèse en ce qui regarde le réel, et de cette explication en ce qui regarde la connaissance, que de requérir dans le continu, au nom de la division actuelle poussée à l'infini, des parties indivisibles ; et c'était d'un autre côté respecter la nature du continu divisible à l'infini que de n'admettre en lui nulle partie dont on pût dire qu'elle n'eût plus de parties ou qu'elle fût un minimum. Reste à savoir si l'on peut concilier ces deux propositions et si, lorsque l'on parle, non d'une différentielle, qui reste un étendu, tout en étant toujours ad libitum plus petite que toute étendue donnée, mais d'un indivisible actuel et réel, on peut encore soutenir qu'il n'est point un minimum ; Leibnitz en tout cas cessera bientôt de le penser et bannira de l'Espace, du Temps et du

---

1. *Ibid.*, p. 229.

Mouvement ces indivisibles, précisément parce qu'ils seraient, non pas des éléments, mais de purs minima et de pures limites [1]. Pour l'instant, il postule la conciliation des deux propositions, plutôt qu'il ne la justifie, et ne la rend acceptable qu'au prix de la suivante : « Punctum non est, cujus pars nulla est [2], nec cujus pars non consideratur [3]; sed cujus extensio nulla est, seu cujus partes sunt indistantes, cujus magnitudo est inconsiderabilis, inassignabilis, minor quam quae ratione nisi infinita ad aliam sensibilem exponi possit, minor quam quae dari potest [4]. » Le point dont il est ici question, pas plus que celui de Hobbes, n'est donc pas le vrai point de la géométrie : en se refusant tous deux à en faire un minimum, Leibnitz comme Hobbes [5] (qu'il a certainement ici en vue) en font un divisible au sens géométrique ; et c'est pourquoi peut-être, dans une lettre à Arnauld [6], il commettait l'inadvertance de dire : « nulla esse indivisibilia (au lieu de minima), esse tamen inextensa [7]. » Mais l'un en en faisant les parties « indistantes », et l'autre en demandant qu'on ne les « considère point [8] », ce qui revient à en faire la grandeur plus petite que toute grandeur donnée, se ménageaient l'avantage d'y trouver dans la pratique une véritable différentielle, bien que leur commun défaut fût de dépouiller

---

1. V. *Lettre à Foucher*, Gerh., *Phil.*, I, p. 416.
2. Contre Euclide.
3. Leibnitz ici se sépare de Hobbes qui admettait que le point est composé de parties, et même de parties distantes, en sorte qu'il est étendu. Mais dans les démonstrations de la géométrie, on le traite comme un inétendu, en faisant abstraction de son étendue réelle.
4. Gerh., *Phil.*, IV, 229, § 5.
5. Hobbes, *De Corpore*, II, ch. III, § 13 : « Quicquid dividitur, dividitur in partes rursus divisibiles — non datur minimum divisibile — vel id Geometrae plerumque enuntiant, quavis quantitate data sumi posse minorem. »
6. Gerh., *Phil.*, I, 72.
7. Cette formule est d'ailleurs peut-être préférable à l'autre. Mais Leibnitz ajoute plus bas : « Addidi ex phoronomia indivisibilium... » C'était donc une simple inadvertance.
8. *Examin. et emendatio mathem. hodiernae*. Dial. II, édition d'Amsterdam, 1667, p. 39 : « Punctum est corpus, cujus non consideratur (id est, non intrat in Dem. geometricam) ulla Quantitas. » Cf. surtout *De Corpore*, p. III, ch. xv, § 2.

celle-ci de son idéalité[1] et d'y voir une réalité en acte. Pour la première fois, sous l'influence de Hobbes et de Cavalieri, Leibnitz introduit donc dans sa philosophie le symbole fécond de l'infiniment petit, dont il devait plus tard fixer le sens exact et faire le principe d'une nouvelle analyse.

B. — *De conatu et motu.*

Ces principes posés, il reste à les appliquer à l'analyse du mouvement, pour en approfondir la nature et l'essence, pour le construire, et de cette construction, selon la méthode des géomètres, en dériver les lois.

Qu'il soit un continu, nous l'avons vu ; mais il est intéressant de rappeler ici la raison qu'en allègue Leibnitz parce qu'en énonçant le principe de l'inertie, il est amené à faire du mouvement rectiligne et uniforme le seul mouvement qu'on puisse définir comme restant identique à lui-même et comme *un* pendant le temps où on le considère. Si le mouvement, en effet, dit-il par allusion à Gassendi, n'était point continu, c'est qu'il serait à chaque instant « quietulis interruptus[2] » ; mais « ubi semel res quieverit, nisi nova motus causa accedat[3], semper quiescet ». Et il ajoute : « Contra, quod semel movetur, quantum in

---

1. Il faut noter cependant les réflexions intéressantes de Hobbes sur la division, qui le conduiraient à faire des éléments obtenus par division et par conséquent aussi des derniers, de véritables idéaux : « Divisio est opus intellectus, intellectu facimus partes... idem ergo est *partes facere*, quod *partes considerare*. (Exam. et emend. math. hod. Amst. p. 39.) Cesser de les considérer, ou les regarder comme « inconsiderabiles », c'est donc les rendre « inassignabiles » et les traiter comme « inexistentes ».

2. Gerh., *Phil.*, IV, p. 229, § 7.

3. Le mouvement ne succède au repos que sous l'influence d'une cause, et Leibnitz professe, comme Hobbes qui l'inspire dans tout ce traité, qu'un corps en repos ne peut être mis en mouvement ou d'une manière plus générale changer son état de repos ou de mouvement, qu'au contact d'un autre corps en mouvement qui le heurte. Cf. L. à Hobbes (Tönnies, p. 558). « Tibi quidem prorsus assentior corpus a corpore non moveri, nisi contiguo et moto... » Sur ce principe repose d'ailleurs toute la théorie leibnitienne de la composition des conatus et du choc.

ipso est, semper movetur eadem velocitate et plaga. » S'il en est ainsi, et si tous les mouvements variés se laissent ramener en somme à un ensemble de mouvements uniformes, analyser le mouvement uniforme, c'est préparer l'analyse et la construction de tous les mouvements possibles.

Or le mouvement, continu comme l'espace et ayant comme toute ligne ou figure dans l'espace un commencement et une fin, ne peut manquer d'avoir comme celles-ci un rudiment ou un élément, lequel est à lui comme l'inétendu est à l'étendu, ou, ainsi que d[it] Leibnitz, « ut punctum ad spatium, seu ut unum ad infi[nitu]m [1] ». Mais pour avoir fait de ce rudiment un infiniment p[etit] ou un inétendu, qu'on se garde bien de croire qu'il est devenu *repos*; car ce serait en faire non seulement un indivisible, mais un minimum; et, comme on l'a vu, dans aucun continu il n'y a de minimum. Le vrai rapport du repos au mouvement « (vera ratio quietis ad motum) non est quae pun[c]ti ad spatium, sed quae nullius ad unum [2] ».

L'élément du mouvement, comme on pouvait le prévoir, n'est donc pas le repos, mais un mouvement réel et *infiniment* petit, qui conserve pourtant la même détermination que le mouvement fini dont il est l'élément [3]. Et comme le mouvement, à le prendre en lui-même, sans tenir compte de la grandeur du mobile, se détermine par le rapport de l'espace qu'il parcourt au temps employé à le parcourir ou par $\frac{e}{t}$, l'élément du mouvement trouve dans le même rapport sa détermination, sauf à donner à l'espace parcouru et au temps employé une grandeur plus petite que toute grandeur donnée [4]. Pour employer la notation moderne, il a son expression dans le rapport $\frac{de}{dt}$, et n'est, par consé-

1. Gerh., *Phil.*, IV, p. 229, § 10.
2. § 6, p. 229.
3. « Quod in momento est conatus, id in tempore motus corporis. » § 17.
4. §§ 13 et 14, p. 229.

quent, rien d'autre que la vitesse d'un mouvement rectiligne et uniforme, considérée dans une durée infiniment petite.

A cet élément du mouvement, Leibnitz donne un nom qui, à lui seul, prouverait avec quelle fidélité il suit dans ce traité l'autorité de Hobbes : il l'appelle « conatus », empruntant à Hobbes, qu'il imite, non seulement le nom, mais à vrai dire la chose et sa définition. Et, pour le démontrer jusqu'à l'évidence, il suffit de rappeler la définition que Hobbes, après avoir défini dans le *De Corpore* la vitesse (velocitas est quantitas Motus per Tempus et Lineam determinata [1]), donne du conatus : « Conatum esse motum per spatium et tempus minus quam quod datur, id est determinatur, sive expositione vel numero assignatur, id est, per punctum [2]. »

Ce serait donc se tromper étrangement que d'attribuer originairement au mot conatus, comme on l'a fait souvent, et comme s'il était né chez Leibnitz d'une vue métaphysique, le sens *vulgaire* d'*effort* ou de *tendance*. Et quoiqu'il ait écrit plus tard dans le *Phoranomus* [3] que, dans la *Theoria motus abstracti*, il attribuait au « corpus in motu positum », « conatum quemdam seu (ut verbo Erhardi Weigelii [4], insignis in Saxonia mathematici, utar) *tendentium* », il faut bien se garder d'être dupe des mots : tendance et conatus signifient l'un et l'autre, comme le prouve la suite même du texte du *Phoranomus*, « initium pergendi », la vitesse prise pendant une durée infiniment petite, sans qu'à cette grandeur infiniment petite et purement géométrique on ait le droit d'attribuer autre chose qu'un sens purement phoronomique, bien loin qu'il soit métaphysique ou seulement dynamique.

Le propre du conatus est donc de parcourir dans une durée plus petite que toute durée donnée un espace plus

1. Tome I", pars. III, cap. XV, § 1.
2. *Ibid.*, § 2.
3. Archiv. I. 578.
4. V. ci-dessus p. 19.

petit que tout espace donné, et par conséquent un espace indivisible, inétendu ou un point [1], dans un temps également indivisible, inétendu ou dans un instant. Cependant de même qu'il existe des mouvements uniformes de grandeurs différentes, ou, ce qui revient au même, des vitesses de degré différent, de même il existe aussi des conatus qui diffèrent entre eux comme les vitesses entre elles. Pour les rendre comparables, il est indubitable qu'il faut ou bien supposer uniforme et constante la vitesse de l'écoulement du temps [2] tandis que varierait la grandeur de l'espace parcouru par un mobile dans l'unité de temps, ou bien tout au contraire la supposer différente pour une même unité de longueur parcourue par des mouvements uniformes de degrés différents. On peut faire l'un et l'autre ; et des physiciens subtils [3] contemporains de Leibnitz, pour élucider notamment les lois du mouvement accéléré, se livraient à ce jeu et supposaient tour à tour comme point de comparaison la vitesse constante de l'écoulement du temps et la vitesse constante de ce qu'on pourrait appeler l'écoulement de l'espace. Mais comme on ne sait ce que c'est que l'écoulement de l'espace, et comme il n'y a de vitesse appréciable du mouvement ni même de mouvement qu'en supposant au temps, lequel n'est à son tour l'étalon des vitesses qu'autant qu'il s'écoule avec une vitesse constante, une vitesse uniforme d'écoulement, Leibnitz pose en principe qu'il doit être représenté (*exponi* [4]) « motu uniformi in linea eadem ».

Pour le temps uniforme, il n'y a donc point de doute. Ses éléments indivisibles sont tous égaux entre eux : « instans, dit Leibnitz, instanti aequale » ; non qu'à les considérer comme égaux et comme indivisibles il n'y ait

---

1. § 13, et 18 à la fin. Hobbes disait aussi (v. p. 40) : « id est, per punctum. »
2. De la fluence, comme dira Newton.
3. Fabri. V. sa théorie dans le livre de Mousnerius « *Tractatus physicus de motu locali*, auctore Petro Mousnerio, Doctore Medico, cuncta excerpta ex praelectionibus R. P. Honorati Fabry Soc. Jesu. Lugduni M.DCXLVI. V. surtout pp. 110-112.
4. Gerh., *Phil.*, IV, p. 230.

quelque difficulté ; et c'était notamment la thèse qui conduisait par exemple H. Fabri[1], en supposant répétée à chaque instant indivisible l'impulsion qui produit l'accélération de la vitesse, et uniforme pendant cet instant le mouvement produit jusqu'à ce que survienne l'instant d'après une nouvelle impulsion, à prétendre que les espaces parcourus par un corps qui tombe dans les unités de temps successives correspondent aux termes de la série 1, 2, 3, 4, 5, n, et non point, comme l'avait très justement établi Galilée, à ceux de la série 1, 3, 5, 7... (2 n-1). L'erreur de Fabri, Leibnitz l'évite soigneusement en faisant appel à sa définition de l'indivisible qui n'est pas un minimum : l'instant n'est pas un minimum, bien qu'il soit un indivisible ; et cette distinction suffit à ménager la continuité d'une durée quelconque, même infiniment petite, nécessaire à l'intelligence des lois du mouvement accéléré. Mais il ne réussit à concilier la thèse de l'égalité de l'instant à l'instant, qui confère à l'instant le rang d'un dernier élément et d'une sorte d'indivisible absolu, avec celle de sa continuité nécessaire, que par la distinction toute scolastique de parties dans l'instant que, comme les scolastiques, il appelle des *signa*, mais qui, indistantes en fait et discernables seulement « in cogitante », sont comme simultanées dans l'instant indivisible et y coïncident à la fois entre elles et avec le tout qu'elles constituent ou l'instant : « Instans vero instanti aequale, ...quanquam non desint instanti partes suae, sed indistantes (ut anguli in puncto), quas Scholastici, nescio an Euclidis exemplo, vocant signa, ut in iis apparet *quae sunt simul tempore, sed non simul natura*, quia alterum alterius causa est : item in motu accelerato, qui cum quolibet instanti atque ita statim ab initio crescat, crescere autem supponat prius et posterius ; necesse est eo casu in instanti dato signum unum alio prius esse, etsi *citra distantiam seu extensionem*[2]. » Cette distinction subtile n'avait donc point d'autre objet que d'affir-

1. Cours de Mousnerius, lib. II, pp. 88 et 98.
2. Gerh,, *Phil.*, IV, p. 230, § 18.

mer à la fois la divisibilité *idéale* de l'instant, qui suffit à la science, et cette indivisibilité qui semblait seule lui conférer l'égalité à l'égard de tous les autres, et conférer au temps la vitesse uniforme d'écoulement qui sert de mesure aux variations de toutes les autres variables.

Mais si les éléments du temps qui s'écoule uniformément sont tous égaux entre eux, on ne peut en dire autant des espaces parcourus *pendant le même instant* par des mouvements de grandeur différente, quoique ces espaces soient plus petits que tout espace assignable, quoiqu'ils soient par conséquent des indivisibles et quoiqu'ils soient des points. L'élément parcouru avec une vitesse plus grande dans un instant indivisible est lui-même plus grand, cela est évident, que l'élément parcouru dans le même ou dans un autre instant avec une vitesse moindre ; or ces éléments sont des points. Bien plus, l'élément d'espace parcouru avec une vitesse (rectiligne et uniforme) quelconque par un point d'un « corporis moti », est toujours plus grand que l'élément d'espace occupé par le même point de ce « corporis quiescentis » ; et l'un et l'autre de ces éléments sont encore des points. Par conséquent, il existe des points indivisibles plus grands que d'autres (punctum puncto majus est), comme il existe des « conatus conatibus majores »[1]. Seulement, il faut remarquer que si de l'élément occupé par un point « corporis quiescentis » à l'élément parcouru par le même point mû, le rapport est celui « anguli contactus ad rectilineum seu puncti (géométrique) ad lineam[2] », ou, comme Leibnitz le disait plus haut[3], « unius ad infinitum », d'un conatus moindre à un conatus plus grand, le rapport semblerait devoir être « lineae ad lineam », quoiqu'elles soient indivisibles et par conséquent plus petites que toute ligne assignable.

Quoique cette comparaison de l'élément parcouru par le corps en mouvement avec l'élément occupé par le corps en

1. *Ibid.*,
2. *Ibid.*, § 13.
3. § 10.

repos ait l'inconvénient grave, comme l'a remarqué Lasswitz avec pénétration, de faire manquer à Leibnitz la différence de l'élément d'espace ou géométrique, qui est un volume, et de l'élément de vitesse ou phoronomique, qui est un chemin élémentaire et qui enveloppe le temps [1], et quoique cet inconvénient en entraîne d'autres que nous signalerons, il résulte néanmoins de ce fait que le rapport d'un conatus à un autre est celui d'une ligne à une autre (de grandeurs inassignables), qu'ils sont comparables entre eux en grandeur et en direction, et qu'ils s'offrent à toutes les ressources de l'analyse et de la construction géométriques. C'est un résultat qu'on ne saurait trop remarquer et qui a en lui-même une valeur incontestable, en même temps qu'il donne une première satisfaction aux desiderata de Leibnitz.

Au surplus, c'est sur ce résultat et sur la méthode de comparaison et de composition dont il est le principe qu'est fondée la solution des problèmes principaux que se propose Leibnitz dans la *Theoria motus abstracti*, à savoir : 1° le problème capital de la cinématique ou celui de la composition des mouvements ; 2° le problème des lois du choc ; 3° le problème de la cohésion.

C. — *La composition des mouvements.*

Par la réduction du mouvement à ses éléments ou à son élément, le premier de ces problèmes reçoit une solution facile et remarquablement simple qui, dans les conditions d'ailleurs inexactes [2] où se place Leibnitz, prépare celle du suivant. Lorsqu'on se propose, en effet, de transmettre à un mobile déjà en mouvement un autre mouvement, il est clair qu'on ne peut lui donner le second sans modifier le premier, et qu'à son tour le premier modifie le second ; mais modifier des mouvements rectilignes et uniformes, c'est à la vérité les supprimer en tant qu'ils sont *tels* et non

1. Lasswitz. *Gesch. d. Atom.*, II, 468.
2. En ne tenant pas compte de la masse.

tels autres, quoique en quelque manière ils se continuent tous les deux dans le mouvement résultant. Comment donc, s'ils se détruisent à l'instant même où ils se composent, les faire entrer en considération ? A une seule condition : c'est qu'en cet instant même, on puisse retenir d'eux une détermination adéquate et complète. Or dans l'instant indivisible où on les considère, il reste de chacun d'eux, alors même qu'il cesse (ou alors qu'il commence), un élément dont le caractère est d'être précisément dans l'instant ce qu'est dans la durée le mouvement intégral $v = \dfrac{e}{t} = \dfrac{de}{dt}$.

Cet élément, c'est le conatus, qui, étant inétendu et n'étant point mouvement, mais étant simplement la tendance au mouvement et le principe de l'extension, a sur le mouvement dont il est, dans l'instant, l'équivalent exact l'avantage de pouvoir être considéré, ce que ne peut celui-ci, dans l'instant du concours ou de la composition [1].

Au mouvement, Leibnitz substituait donc, grâce à l'ingénieuse notion du conatus, la tendance au mouvement, à la vitesse réelle la vitesse virtuelle ; et tandis qu'il ne pouvait considérer des mouvements différents comme appartenant simultanément à un même mobile, il pouvait à ce mobile attribuer en même temps des tendances diverses : « possunt in eodem corpore simul esse plures conatus contrarii [2] » ; il pouvait donc les composer, en tenant compte en chacun de sa grandeur et de sa direction : il est bien remarquable qu'il énonce le principe de méthodes fort élégantes (blandae) employées de nos jours en cinématique. Il ne faut point, d'ailleurs, lui laisser le mérite de l'avoir découvert ; et il ne fait ici que continuer à s'inspirer de Hobbes [3], qui lui livre à la fois la notion galiléenne du *moment* (d'un moment il est vrai où l'on fait abstraction du terme de la masse et qui n'est que le moment phorono-

---

1. « Posse in eodem tempore plures simul conatus, sed non motus contrarios esse. » *A Arnauld*, Gerh., *Phil.*, I, 72.
2. § 12.
3. *De Corpore*, pars III, ch. xv, p. 165.

mique de la vitesse) et la méthode féconde de la composition des moments pour la solution du problème de la composition des mouvements.

D. — *Du choc.*

Dans une philosophie qui posait en principe la réduction au mouvement de tous les changements et de la genèse des choses, et qui, pour rendre compte de la genèse et des modifications du mouvement, s'inspirait du principe de Hobbes, à savoir : « corpus a corpore non moveri, nisi contiguo et moto [1] », et qui par là excluait toute action à distance, il est clair que le choc devenait le mode unique de l'échange du mouvement. Le problème des lois du choc devenait ainsi pour cette philosophie la question capitale ; et c'est le trait le plus digne de remarque, par les conséquences philosophiques qu'il comporte, de la doctrine de Leibnitz dans la *Theoria motus abstracti*, qu'il en fait en quelque sorte un cas particulier du problème précédent, ce qui le conduit à lui donner une solution rigoureusement phoronomique, et nullement dynamique, ainsi qu'il le faudrait.

De la composition cinématique de deux ou plusieurs mouvements en un seul, une seule chose, en effet, semble au premier abord distinguer le choc des corps : c'est que, dans ce dernier cas, la modification des mouvements concourant s'opère tout d'un coup et comme en un instant, tandis que dans le premier on regarde le mobile comme le point où concourent, pendant un temps fini, deux ou plusieurs mouvements, comme s'il ne cessait d'être animé à la fois de mouvements différents. Dans l'un comme dans l'autre, il s'agit donc toujours de mouvements qui concourent et dont il faut chercher comment ils se composent en

---

1. Lettre à Hobbes. Tönnies, 558. V. Hobbes, *De Corpore*, pars II ch. IX, § 7 : « Causa motus, nulla esse potest in corpore, nisi contiguo et moto. » Un *corps* EN REPOS n'est cause ni de mouvement, ni de modification de mouvement.

une résultante ; la seule différence est que, dans le premier, les conditions sont telles que rien ne fait durer au delà d'un instant les impulsions premières des mobiles concourants et qu'il n'en reste rien que dans leur résultante ; tandis que, dans le second, elles se répètent sans cesse, et que leur composition se répète comme elles pendant tous les instants d'une durée finie.

Cette claire distinction, Leibnitz ne l'exprime, il faut le reconnaître, que d'une façon confuse, en la ramenant à celle des « conatus servabiles » et des « conatus incomponibiles » ; les seconds ne sont, d'ailleurs, « incomponibiles », et c'est le cas du choc, que parce qu'au delà de l'instant où ils se modifient, ils ne sauraient durer dans leur intégrité ni partant se composer pendant un temps fini ; la raison pour laquelle ils sont incomposables « incomponibiles » est donc justement qu'ils ne sont point « conservables » ; en sorte qu'il n'y aurait de « componibiles » que ceux des conatus qui sont « servabiles », et réciproquement que ceux dont on ne peut dire qu'ils sont « servabiles » sont par cette raison même « incomponibiles » et ne se composent jamais. S'ils ne se composent point, que se passe-t-il donc entre eux à l'instant du concours ? Simplement qu'ils « se retranchent, *sibi adimuntur* », dit Leibnitz[1], et que de leur différence résulte un conatus d'où naît, dans le temps qui suit, le mouvement résultant.

Mais, à y regarder de près, n'en est-il point de même des « conatus servabiles » pendant toute la durée de leur composition, et font-ils rien de plus que de se retrancher, s'additionner ou mieux de se réunir en une somme *algébrique* ? A une telle *sommation* se réduit donc, en somme, toute composition, soit qu'elle se prolonge pendant un

---

1. *Ibid.*, p. 232. Ils se retranchent en effet le plus souvent, puisque dans presque tous les cas le choc se produit entre des corps *occurrentia* ; mais il se produit aussi parfois entre corps qui vont dans la même direction avec des vitesses différentes ; en ce cas, il y a addition de vitesse, et non soustraction, pour le plus lent des deux corps (V. page 91) (la vitesse du plus rapide n'étant pas modifiée).

temps fini, comme en Cinématique, soit qu'elle ne puisse durer au delà d'un instant, comme c'est le cas du choc.

Nous avions donc raison de dire que, pour Leibnitz [1], le choc se ramène à une pure et simple composition phoronomique de mouvements, ou mieux, de conatus.

Il est temps à présent d'en dire la raison. Dans les corps qui concourent, sauf l'antitypie, par laquelle ils remplissent l'espace qu'ils occupent, on ne peut considérer que leur mouvement actuel ou mieux que ce qu'il en reste à l'instant du concours, d'un mot, leur conatus. Par leur antitypie, deux corps, fussent-ils immenses et fussent-ils au contact, n'agissent point l'un sur l'autre, si l'on ne suppose que l'un des deux au moins se déplace vers l'autre. D'ailleurs s'il se déplace, et si le corps qu'il touche est plein et continu, il y a nécessité que l'autre par là même se déplace d'autant ; car comment le premier se déplacerait-il, s'il n'entraînait le second dans son propre mouvement ? Mais, dira-t-on, il se peut que le second soit si grand qu'il empêche, ou du moins qu'il diminue très vite le mouvement du premier ; et l'expérience le prouve. Accordons-le pour un instant quand il s'agit d'un mouvement proprement dit ou d'un mouvement fini ; mais nous ne pouvons plus l'accorder quand il s'agit d'un conatus : le conatus, en effet, quoique infiniment petit, ou, ce qui revient au même, limité à l'instant, est toujours, quoi qu'on fasse, un mouvement qui commence ; et on ne peut concevoir qu'un corps qui en touche un autre, commence à se mouvoir, sans que l'autre commence à reculer d'autant ; si petit que soit le premier et si grand que soit l'autre, il est donc nécessaire que le conatus du premier se transfère intégralement au second tout entier. De là cette formule

---

1. Pour n'avoir pas fait cette distinction avec toute la clarté désirable, Leibnitz s'est mis dans le cas de ne plus distinguer d'un choc simple de véritables compositions cinématiques, par exemple dans le théorème 7 (p. 233). Si un mouvement *rectus* et un *circularis* se composent en un « spiralem », c'est qu'ils sont *servabiles*, et ce n'est pas dans le premier cas, pour cette raison bizarre et indigne de lui, que l'angle des deux directions primitives ne serait point *bisecabilis*.

que Leibnitz, au reste, ne fait qu'imiter de Hobbes, tant elle découle naturellement de la définition du conatus : à savoir que : « quicquid movetur, quantumcunque debiliter, quantumcunque etiam sit obstaculum, conatum per omnia obstantia in pleno propagabit in infinitum, ac proinde omnibus aliis imprimet conatum suum ; neque enim negari potest quin pergere etiam cum desinit, saltem conetur ; ac proinde conetur seu quod idem est, incipiat obstantia quantacunque movere etsi ab iis superetur[1]. »

Cela posé, quand deux corps se rencontrent, il est clair que l'action qu'ils exercent l'un sur l'autre, si on les suppose pleins (c'est-à-dire remplissant l'espace par la vertu de l'antitypie, partant impénétrables et durs), se réduit tout entière à leur action mutuelle au moment du concours. Supposez, par exemple, que deux points, c et d, animés de vitesses égales, mais de sens directement contraire, se rencontrent en un point de la ligne ab ; ils ne peuvent, à coup sûr, s'ils sont impénétrables, continuer leur mouvement ; mais la fin du mouvement n'étant point le repos, mais étant, au contraire, « initium quoddam pergendi », à l'instant du concours chacun d'eux retient rigoureusement dans le conatus qui lui est propre la détermination entière de son mouvement, ou mieux de sa vitesse[2].

Supposons à présent que de deux corps qui concourent, l'un soit en repos : quelle que soit sa grandeur, et si faible que soit la vitesse de l'autre, il résulte du principe selon lequel dans le plein tout conatus se propage à l'infini, qu'il reçoit de l'*impingens* à l'instant du concours son conatus entier ; et comme de son côté il n'en possède aucun, il n'y a nulle raison d'abord pour qu'il modifie la vitesse de l'impingens, ensuite pour que lui-même, animé un instant d'un conatus égal ou d'une tendance égale à se mouvoir, il ne prenne point, dans le temps qui va suivre, le mouvement correspondant.

Que s'il eût été mû, en recevrait-il moins le conatus de

---

1. § 11, p. 229. Cf. Hobbes, *De Corpore*, p. III, cap. XV.
2. *Ibid.*

l'autre ? Assurément non ; il arriverait seulement qu'en lui seraient à la fois, au moment du concours, et son conatus propre et le conatus de l'impingens, et que pour la même raison ce dernier verrait aussi à son conatus propre s'ajouter le conatus du corps qu'il rencontre. Plusieurs conatus, nous l'avons dit plus haut, peuvent d'ailleurs coexister en un même point de l'espace, à plus forte raison en un même mobile, chacun avec toutes ses déterminations, c'est-à-dire, non seulement avec sa vitesse, mais encore avec sa direction.

Si donc les mobiles ont la même ligne de mouvement (linea motus), mais des vitesses contraires ou seulement inégales, l'union des conatus fait qu'ils se retranchent l'un de l'autre, et qu'après le concours les mobiles vont ensemble avec l'excès de la vitesse du plus rapide sur celle du plus lent [1]. Les lois du choc direct sont dès lors bien simples : elles se ramènent toutes à la simple soustraction des vitesses primitives.

Quand les lignes de mouvement ne sont point les mêmes et font un angle entre elles, dans tous les cas, en un mot, où le choc n'est point direct, le problème du choc ne saurait comporter la même solution. Leibnitz semble le diviser en deux parties : dans un premier cas, si les conatus sont inégaux, il prononce arbitrairement qu'ils se retranchent encore, « servata plaga fortioris [2] », sans qu'on voie la raison de cette conservation ; mais le second cas offre cet intérêt qu'il y trouve l'occasion d'invoquer, peut-être pour la première fois, le principe de raison suffisante : « Si conatus incomponibiles sunt aequales, plaga mutuo deceditur (cas du choc direct), seu tertia intermedia, si qua dari potest, eligitur, servata conatus celeritate [3] » ; pourquoi, d'ailleurs, ils conservent leur vitesse primitive, Leibnitz ne le dit point et n'en pourrait sans doute donner que cette raison moins que satisfaisante que le changement de

---

1. Théorème 1, p. 232.
2. *Ibid.*, p. 232-233.
3. *Ibid.*, p. 233.

direction n'entraîne pas à sa suite un changement de vitesse. Quoi qu'il en soit, il tire de ce paragraphe 22 le théorème suivant : « Sit duo corpora concurrunt æquivelociter, et fit angulus, isque est bisectilis duo corpora simul movebuntur recta extrorsum bisecante, celeritate vero priore [1]. » Ne manquons pas de noter que c'est de ce théorème qu'il déduit, en donnant d'ailleurs une définition arbitraire et singulière du plan d'incidence, le fameux théorème où il prétend prouver l'inégalité en général des angles d'incidence et de réflexion, sauf le cas particulier de l'incidence de 30° [2].

Le trait le plus saillant de toutes ces lois du choc, c'est qu'on n'y tient nul compte de la masse des mobiles ; tout y dépend de leur vitesse et de leur seule vitesse ; on se tromperait étrangement si l'on croyait ici, de la part de Leibnitz, à une inadvertance ; la cause de cette omission, qui nous paraît à nous à peine vraisemblable, est beaucoup plus profonde : elle dérive des principes que nous avons rappelés plus haut, et qui découlent eux-mêmes de la définition hobbienne du conatus : si le conatus est tel qu'il ne rencontre jamais d'obstacle dans l'espace qu'en un autre conatus, et s'il n'est rien d'ailleurs qu'une pure vitesse, ou, plus rigoureusement, qu'un « moment » de la vitesse, la grandeur des corps ou leur masse n'est rien. Le corps qui ne possède en soi nulle vitesse, est par là même incapable d'opposer au mouvement la moindre résistance ; quand même il serait immense, et quand même il aurait les dimensions d'un monde, du corps, si petit qu'il soit, qui l'atteint dans le concours, il reçoit dans l'instant, le conatus, qui lui donne, dans la suite, le mouvement de l'impingens. Était-il, au contraire, lui-même en mouvement ? en ce cas, s'il réagit, ce n'est point par sa grandeur, qui reste indifférente, c'est par ce qui lui reste, à l'instant du concours, de sa vitesse propre, ou par son conatus.

En ce qui regarde le choc, il n'y avait donc nul compte

1. Th. 7, p. 233.
2. Th. 10 et Th. 8 et 9, p. 233.

à tenir de la masse : pour Leibnitz, comme pour Hobbes, dont d'ailleurs il emprunte non seulement les principes, mais toute la théorie, le choc se ramène à une composition de vitesses pures et simples et rentre tout entier dans la phoronomie.

Mais il s'ensuit encore une autre conséquence, d'une portée plus haute : c'est que pour qui ne voit dans le mouvement que la vitesse, ou le changement de lieu, et dans le corps que l'antitypie en vertu de laquelle il remplit l'espace, dans l'un et l'autre enfin que ce qu'y voit le géomètre, le corps, sans le mouvement, n'oppose au mouvement aucune résistance, et n'est rien, s'il n'y a de réel dans le monde que ce qui est capable de résister au mouvement.

En revanche, toute puissance dépend de la vitesse ; sans elle, à peine de la place qu'il occupe dans l'espace pourrait-on dire en quoi le corps se distingue ; sans elle, il n'est point corps et n'est même point matière, en sorte que le conatus apparaît en fin de compte comme la source profonde d'où naissent non seulement le mouvement dans l'espace, mais le corps qui le remplit, sinon l'espace même.

Ces conséquences d'une notion trop exclusivement géométrique du mouvement et du corps, Leibnitz les a lui-même dans la suite très souvent signalées, pour en faire la critique ; il l'a fait notamment dans une pièce importante publiée par Gerhardt, où il s'attache, en outre, à montrer spécialement comment les lois du choc que nous venons d'exposer en avaient été un jour la suite naturelle.

E. — *Les conséquences de la doctrine du choc et le problème de la cohésion (Descartes, Hobbes et Leibnitz).*

Les exemples que nous avons cités montrent jusqu'à l'évidence le caractère exclusivement phoronomique, et nullement dynamique, de la mécanique de Leibnitz, en 1670. A l'interpréter en un certain sens, on peut dire que tout y repose sur ce principe unique, dérivé par Leibnitz du principe de l'inertie, à savoir que, dans la nature, tout mouvement se conserve ; jusque dans le choc direct, où il semble qu'il y ait perte de mouvement, la soustraction des conatus est bien plutôt le signe d'une compensation que d'une destruction : en fait, ni le conatus de l'impingens ne détruit le conatus opposé de l'excipiens, ni celui-ci non plus ne détruit celui-là, mais chacun des deux corps communique de telle sorte son conatus à l'autre, que les deux conatus loin de s'entre-détruire sont présents à la fois dans les deux concourants et ne semblent en fin de compte s'y retrancher l'un de l'autre que parce qu'ils y compensent leurs effets l'un par l'autre [1].

Le principe cartésien de la conservation des quantités de mouvement, Leibnitz le reprenait donc au point qu'on pourrait croire qu'il l'emprunte à Descartes, et qu'il se trouve ainsi, sur un point capital, sous l'influence de ce dernier ; et le paragraphe 23 où il admet que deux corps qui se choquent sous un angle modifient leur direction sans modifier leur vitesse (servata conatus celeritate), ou encore que le mouvement, pour parler comme Descartes, peut perdre la détermination secondaire de sa direction sans perdre la détermination primaire de la vitesse [2], est bien fait pour fortifier cette opinion. Il nous semble pourtant qu'elle est insoutenable. Car bien que Descartes ait souvent confondu dans la pratique, et notamment quand il établit les lois du choc, la quantité de vitesse et la quantité de mouvement, il est certain pourtant qu'en la définition de cette dernière il faisait entrer, ainsi qu'il le fallait, la considération non seulement de la vitesse, mais de la *grandeur du corps* ; et c'était y introduire le terme de la masse, en un temps où la science n'avait point de cette dernière une notion correcte [3] et où elle y substituait la grandeur ou le poids [4]. Or telles étaient, chez Leibnitz, les définitions du

1. *Phoranomus*, in Archiv., p. .
2. Descartes, *Principes*, p. II, art. 36.
3. Due à Newton.
4. Galilée et Huygens.

mouvement et du conatus, d'où il était parti, que s'il soutenait aussi, en le dérivant du principe de l'inertie[1], le principe de la conservation du *moment* ou de la quantité de mouvement, c'était et ce ne pouvait être qu'au sens, on pourrait dire grossier et exclusivement phoronomique, de la quantité de vitesse. En cela il suivait d'une manière exclusive l'autorité de Hobbes, et la suivait au point d'aboutir, sans se préoccuper de la doctrine cartésienne, à deux conséquences formellement opposées aux principes de Descartes.

La première, qui eut justement bientôt[2] pour effet d'éveiller son attention sur la fausseté des principes de l'*Hypothesis*, était que, à ne considérer dans le mobile que sa vitesse, même si les conatus se compensent dans le choc plus qu'ils ne se détruisent, il ne s'ensuit pas moins qu'ils s'ajoutent ou se retranchent comme de pures quantités et que si lorsqu'ils s'ajoutent, la vitesse totale ne peut jamais s'accroître, en revanche lorsqu'ils se retranchent elle ne saurait manquer de diminuer toujours.

L'union des conatus qui se compensent ainsi dans chacun des mobiles n'empêche donc pas du tout, mais au contraire entraîne, dans tous les cas de concours et de composition, une perte de vitesse qui ne peut manquer de tendre à l'extinction totale du mouvement dans le monde. Et c'est pourquoi Leibnitz, non seulement en 1689, dans le *Phoranomus*, où il juge ce résultat inadmissible, mais déjà dans un fragment écrit vraisemblablement dans le même temps[3] que l'*Hypothesis*, où il en tire au contraire l'occasion d'attribuer à l'esprit la cause du mouvement[4], exprimait formellement l'opinion que, dans la nature, le mouvement diminue, et même que le choc et la composition du mouvement fait tendre tous les corps vers un état

---

1. *Fundamenta* 8 et 9. Gerh., *Phil.*, IV, p. 229.
2. *Phoranomus*, in Archiv., 1, 579-580.
3. Gerh., *Phil.*, VII, 259-260.
4. « Si corpora sint sine mente, impossibile est motum fuisse aeternum » ; au-dessus de ces trois mots, Leibnitz a écrit : « potest diminui sine fine. » *Ibid.*, 260.

final d'immobilité et, par conséquent, d'annihilation [1]. Rien n'est plus contraire au principe capital de la doctrine de Descartes; et il faut bien admettre que si Leibnitz s'en fût inspiré d'une façon quelconque, proche ou lointaine, il n'eût pas manqué, selon sa coutume, de montrer à quel point il s'en éloignait en fin de compte, et de faire valoir les raisons pour lesquelles il la répudiait.

La seconde conséquence imposée à Leibnitz, comme d'ailleurs à Hobbes, par les principes exclusivement géométriques de sa Phoronomia elementalis, est qu'à un *conatus* on ne peut rien adjoindre ou opposer d'*efficace*, c'est-à-dire qui soit capable de modifier un état de mouvement, qu'un ou plusieurs autres conatus ; d'où il suit en toute rigueur qu'un corps qui ne possède pas au moins une vitesse virtuelle et qui, dès lors, à nulle impulsion ne saurait opposer une résistance quelconque, ne se distingue pas au fond de la place qu'il occupe dans l'espace. Et tandis que Descartes, qui faisait de l'étendue la substance du corps, pouvait laisser au corps, même quand il est au repos et qu'il n'est plus qu'un lieu, la puissance de résister au mouvement, puis la solidité et la cohésion de ses parties, indivisées en acte, puisqu'elles sont divisibles seulement par le mouvement, Leibnitz proclamait, au nom de ses principes, qu'un corps qui ne se meut point, au moins virtuellement, n'a aucune puissance, puisque toute puissance dérive de la vitesse [2], et qu'il n'a même point celle de remplir l'espace, d'où il suit qu'il ne diffère point du vide et qu'absolument il n'est rien [3]. Dans le corps en repos ou dans l'étendue immobile, bien qu'elle dût être infiniment plastique puisqu'elle est infiniment divisible, Descartes voyait donc l'origine et le principe de toute solidité ; et la fluidité y naissait du mouvement à mesure qu'il

1. « Plures circulationes conari in unam, seu corpora omnia tendere ad quietem, id est annihilationem. » *Ibid.*, p. 259-260.
2. « Omnis potentia in corporibus pendet a celeritate... » Gerh., *Phil.*, IV, p. 187.
3. « Corpus quiescens nullum esse nec a spatio vacuo differre. » *Ibid.*, I, 71.

en atteignait les plus petites parties, toutes choses qui ne vont point, dans le système de Descartes, sans de graves difficultés ; pour Leibnitz, au contraire, ce qui est immobile est par là même fluide, d'où il résulte d'abord qu'il n'y a de fluide au suprême degré que l'espace ou le vide, en sorte qu'il n'y a point de fluidité absolue qui serait le néant, ensuite qu'au mouvement, susceptible de croître à l'infini, sans jamais pouvoir être le plus grand possible, il faut demander le principe de la solidité, laquelle croît avec lui et conséquemment n'est jamais non plus la plus grande possible [1]. Dès sa jeunesse, Leibnitz eût donc pu dire, comme il le dira plus tard, qu'il n'y a dans la nature ni fluidité, ni solidité (firmitas) absolues, mais que tout corps réel répond à un degré défini de fermeté et de flexibilité réunies [2].

Quoi qu'il en soit, rien n'est plus opposé sur ce point essentiel que la doctrine de Descartes et celle de Leibnitz, quand au mouvement, ce que le premier demandait d'engendrer, c'était, dans le corps primitivement solide, la fluidité, tandis que l'autre lui demandait, au contraire, d'engendrer dans l'espace vide et primitivement fluide la solidité et la fermeté [3]. Dans la manière dont non seulement il résout le problème, mais même dont il le pose, ce n'est donc point Descartes que suit Leibnitz, mais c'est encore une fois Hobbes, qui reste ainsi l'inspirateur direct de la *Theoria motus abstracti*.

Hobbes, en effet, ayant dit également qu'il est manifeste « quietem inertem atque efficaciae omnis expertem esse [4] », ne pouvait demander qu'au mouvement la résistance au mouvement, et, par conséquent, la cohésion des corps qui n'est rien d'autre en somme que résistance au mouve-

---

1. « Nec corpus durissimum, quia nec motus celerrimus. » Gerh., *Phil.*, IV, p. 234. Theor. 16.
2. *Lettre à Huygens*, 16/26 septembre 92. Gerh. Math., II, 146.
3. *Ibid.*, p. 145. « Mais si la fermeté est une qualité explicable, il faudra bien qu'elle vienne du mouvement, puisqu'il n'y a que le mouvement qui diversifie les corps. »
4. *De Corpore*, III, ch. xv, § 3.

ment ou à la pénétration. Considérons, en effet, les éléments des corps : la seule cause qui empêche l'un de pénétrer l'autre est le mouvement réel ou, plus exactement, au moment du concours, le conatus contraire que le premier oppose au conatus du second ; aussi Hobbes disait-il : « Resistentiam esse in contactu duorum mobilium conatum conatui, vel omnino, vel ex aliqua parte contrarium [1] » ; et cette résistance, aux directions diverses et aux degrés variables, est ce que les physiciens appellent la pression : « duorum mobilium alterum alterum premere dicimus, quando conatu suo unum eorum facit ut alterum vel pars ejus loco cedat. » Deux mobiles qui se pressent s'opposent donc entre eux une résistance mutuelle ; et il ne faut rien de plus pour engendrer, selon Hobbes, la cohésion d'un corps : ce dont elle résulte directement, c'est de la réaction de ses éléments constituants ou de leurs conatus contre toute action contraire et contre toute pression des corps environnants ; et il va de soi qu'elle se mesure au degré des pressions développées dans cette action mutuelle.

De cette doctrine plus qu'ingénieuse et vraiment animée de l'esprit de la physique moderne, Leibnitz ne manque point de s'inspirer quand il aborde à son tour le problème de la cohésion, problème d'une importance capitale pour une philosophie qui suppose la fluidité absolue de l'espace, et d'une matière première [2], qui, avant tout mouvement, ne s'en distingue point. Mais il y trouve pourtant certaines difficultés sur lesquelles il insiste dans la lettre célèbre qu'il écrivait à Hobbes au moment même où il adressait à Oldenbourg la *Theoria motus concreti* ; si l'on suppose, en effet, que la cohésion d'un corps est due à la réaction de ses parties propres contre l'action inverse des corps environnants, il faut, de deux choses l'une, ou que la réaction des unes naisse seulement en même temps

---

1. *Ibid.*, § 2, 3°.
2. « Materiam primam, si *quiescat*, esse nihil. » Gerh., *Phil.*, VII, 259.

que l'action des autres et soit en quelque sorte provoquée par elle, ou qu'elle existe d'abord et qu'elle puisse subsister même sans cette action de direction contraire ; or, dans le premier cas, la cohésion du corps ne pourrait qu'être nulle avant l'action contraire, et d'où viendrait alors la réaction attendue, en l'absence de tout conatus antérieur ou de tout mouvement interne des parties du corps ? Il faut donc reconnaître l'existence de ce mouvement antérieurement au choc, d'autant mieux que le choc d'un corps sur un autre ne saurait à lui seul produire en celui-ci, s'il était en repos, une réaction quelconque (cum reactio sit motus in oppositum impingentis, impactus autem oppositum sui non producat[1]) ; d'où il suit que la réaction, ou pour parler plus clairement, le mouvement des parties intégrantes qui confère au corps la cohésion, devait exister sans le choc et avant la pression de tout corps étranger (erit reactio sine impactu[2]) ; mais alors, loin d'engendrer la cohésion, un tel mouvement interne eût engendré tout au contraire la dissipation à l'infini des parties constituantes : « Reactio autem est motus partium corporis a centro ad circumferentiam ; ille motus aut non impeditur, et tunc exibunt partes corporis, et ita corpus suum deserent, quod est contra experientiam ; aut impeditur, et tunc cessabit motus reactionis, nisi externo auxilio quale nullum hic commode reperias, resuscitetur[3]. »

D'ailleurs, de même qu'on se demanderait dans la première hypothèse « quomodo sola reactio rei percussae efficiat, ut tanto major sit resultantiae impetus quanto major fuit incidentiae »[4], de même il faut reconnaître que dans la seconde « vix explicabile est, quam ob causam unumquodque corpus in quolibet puncto sensibili a centro ad circumferentiam conetur ».

1. Tönnies, *Phil. Monatshefte*, XXIII. 1887.
2. *Ibid.*
3. *Ibid.*
4. « Cum tamen rationi consentaneum sit majorem incidentiam minuere reactionem. » *Ibid.* — Il n'y a point en effet dans de tels corps d'élasticité à considérer, mais seulement des *conatus* à composer.

Ce qu'il fallait garder de la doctrine de Hobbes, c'était donc, à coup sûr, l'idée de demander la cohésion du corps au mouvement de ses parties intégrantes, mais au mouvement interne par lequel, opposant leurs conatus, elles se pressent entre elles par une action contraire et réciproque, et non à un mouvement, qu'elles auraient toutes, a centro ad circumferentiam, et qui serait « vix explicabile ». D'une part, il en résulterait clairement que, reliées l'une à l'autre par une pression mutuelle, elles opposeraient aussi une résistance finie et de degré défini à toute cause de rupture et de séparation ; et c'est en quoi consiste la cohésion d'un corps composé ; et de l'autre on aurait déduit enfin clairement des conatus contraires des parties intégrantes la raison dernière et, pour ainsi dire, géométrique de leur liaison intime.

Voici, à ce sujet, comment, dans la même lettre, s'exprime Leibnitz : « Ego crediderim ad cohaesionem corporum efficiendam sufficere partium conatum ad se invicem, seu motum quo una aliam premit. Quia quae se premunt sunt in conatu penetrationis. Conatus est initium, penetratio unio. Sunt ergo in initio unionis. Quae autem sunt in initio unionis, corum initia seu termini sunt unum. Quorum termini sunt unum seu τὰ ἔσχατα ἕν, ea etiam Aristotele definitore non jam contingua tantum, sed continua sunt, et vere unum corpus, uno motu mobile. ...Restat probem quae se premunt, esse in conatu penetrationis. Premere est conari in locum alterius adhuc in eo[1] existentis. Conatus est initium motus. Ergo initium existendi in loco in quem corpus conatur. Existere in loco in quo existit aliud est penetrasse. Ergo pressio est conatus penetrationis. »

Nous avons cité ce fragment de la lettre à Hobbes au lieu des paragraphes 15 et 16 de la *Theoria*[2] qui exposent la même doctrine, mais sous une forme de déduction

---

1. Conjecture de Tönnies, au lieu de *inexistentis* de Gerhardt, I, p. 84.
2. Gerh., *Phil.*, IV, 230.

moins serrée, sinon moins rigoureuse. On en retrouve encore la substance dans un passage concis d'une lettre à Arnauld [1] datée sans aucun doute du commencement de 1671.

Ce qui ressort des uns et des autres, c'est la raison péremptoire, et à elle seule suffisante, de la cohésion de deux éléments, que Leibnitz croit trouver dans le fait non seulement qu'ils se pressent, mais qu'ils ont mêmes extrémités et qu'ils s'approprient sous une forme réelle la continuité en quelque sorte idéale de l'espace. Ce qui donne au composé qu'ils constituent la cohésion, ce n'est point, à vrai dire, le mouvement par lequel ils se pressent mutuellement, mais c'est la pénétration commençante que par là même il leur procure, et c'est, comme on le lit dans la *Theoria*, l'existence de leurs extrémités « in eodem spatii puncto [2] ». Mais si c'est là la cause de la cohésion, qui ne voit que, quel que soit le degré des conatus qui la réalisent et qui, si faibles qu'ils soient, sont toujours « initium penetrationis et unionis », elle n'admet point elle-même de degré, et qu'on peut dire seulement qu'elle est ou qu'elle n'est pas ? Pour n'avoir point suffisamment distingué, comme nous le remarquions plus haut, l'infiniment petit purement géométrique qui n'enveloppe que l'étendue (spatii punctum) et l'infiniment petit phoronomique de la vitesse, qui enveloppe à la fois l'étendue et la durée, Leibnitz est donc amené, comme le lui reproche Lasswitz [3], à faire dépendre la cohésion d'un corps de la présence pure et simple des extrémités de ses parties en un même point de l'espace, présence qui n'admet point de degrés, et non de l'énergie des conatus ou des mouvements opposés, qui eût soumis la cohésion comme l'exige la physique, à la même mesure que la pression elle-même. En cela il serait donc, du point de vue de la science, inférieur à Hobbes, son modèle, qui ne

1. G. P. I, 72.
2. G. P. IV, p. 230, § 15.
3. *Gesch. der Atom*, II, 467 sqq.

commet point cette faute, et qui fait nettement dépendre le degré de la cohésion du degré de la pression.

Il faut se garder[1], toutefois, de pousser cette critique jusqu'au point où elle deviendrait excessive. Car Leibnitz n'eût-il point pu répondre que la cohésion est un fait, quand les extrémités de deux corps sont amenées à occuper un même point de l'espace, mais qu'elle n'oppose pourtant à toute cause de rupture et de séparation qu'une résistance proportionnelle aux conatus des mobiles qui se pressent? Et ainsi la voie restait ouverte, et n'était point fermée, comme semble le croire Lasswitz[2], vers l'explication ultérieure de la cohésion par un *motus conspirans* de toutes les parties d'une masse composée, lequel ne peut se comprendre que s'il se résout en un ensemble de pressions mutuelles qu'elles exercent les unes sur les autres.

La difficulté la plus grave nous semble, quant à nous, être ailleurs : car dans une Théorie abstraite, qui ne tient encore nul compte d'un éther qui baignerait toutes les parties d'un corps et qui les amènerait à se presser de toutes part les unes contre les autres, ce qui demeure « vix explicabile », c'est comment une même partie peut faire effort à la fois à droite contre un élément, à gauche contre un autre, quand il faudrait qu'elle eût des conatus de direction directement contraire pour résister à la fois à l'un et à l'autre, et pour entrer par là en cohésion avec l'un et l'autre. Et quand on l'expliquerait, il resterait encore à expliquer d'où vient que cette résistance, et avec elle la cohésion, dure au delà d'un moment, quand au moment du concours deux conatus égaux et opposés ne peuvent que s'annuler, et quand on ne voit pas d'où ils pourraient renaître, si, comme le dit Leibnitz, « nullus conatus sine

---

[1]. Il faut d'autant plus s'en garder que l'argument reviendrait à celui des atomistes, qui fondaient la dureté absolue de l'atome sur ce fait que ses parties ne sont séparées par aucun vide. Et Leibnitz a formellement réprouvé cet argument à plusieurs reprises, notamment dans la *Confessio naturae*, Gerh., *Phil.*, IV, 109.

[2]. Loc. cit., p. 470.

motu durat ultra momentum [1] ». Pour sortir de cette difficulté, il fallait arriver à une interprétation exacte du principe de la conservation des quantités de mouvement, et nous avons vu comment Leibnitz en était si loin qu'il croyait, au contraire, à une extinction graduelle et finalement à une annihilation du mouvement dans le monde.

Quoi qu'il en soit de ces points de détail, intéressants surtout du point de vue de la physique et de la science positive, ce qu'il faut retenir de cette théorie, c'est l'effort de Leibnitz pour déduire du mouvement la genèse des seules choses qui soient vraiment des corps, et pour leur attribuer, dans et par le mouvement, les attributs premiers et essentiels des corps, à savoir l'impénétrabilité vraie et une première forme de résistance au mouvement. Était-ce cependant avoir fait un seul pas vers l'explication de cette autre forme de résistance au mouvement, en vertu de laquelle, comme en témoigne l'expérience [2], à une même impulsion un corps plus grand résiste plus qu'un corps plus petit, et chacun, toutes choses égales d'ailleurs, proportionnellement à sa grandeur?

Pour s'assurer que non, il suffit de songer que ce que donne tout au plus au corps la cohésion, c'est la continuité de toutes ses parties, qui résistent d'ailleurs à tout effort pour les séparer et qui suivent toutes ensemble le mouvement imprimé à une seule d'entre elles [3]. Sauf cette pression mutuelle qu'elles exercent l'une sur l'autre, et qui se laisse réduire, comme on l'a vu, à un effort ou à un « initium penetrationis », la *continuité* ne se distingue point de la *contiguïté*. Or si l'on suppose une file d'éléments cubiques, par exemple, contigus et infiniment petits, quelles que soit la longueur, très petite, très grande, ou même infinie de cette file, il est clair qu'en vertu du principe de la propagation à l'infini du conatus dans le plein, tout mouvement opposé d'un corps, si petit qu'il soit, qui vient

---

1. Gerh., *Phil.*, IV, p. 230, § 17.
2. *Ibid.*, IV, p. 191, § 22.
3. § 18 (p. 234) « et quidquid illi cohaeret ».

heurter cette file dans la direction de sa longueur, si grande que soit cette longueur, s'y communique intégralement si elle est au repos, ou conformément à la loi de la soustraction des conatus si elle est en mouvement ; et c'est ce qu'exprime Leibnitz en disant (paragraphe 23) : « In corpore contiguo nihil refert quanta sit longitudo (seu extensio secundum lineam motus). » Or il en serait de même, cela est évident, d'une telle file qui serait, en outre, continue, ou, ce qui revient au même, liée par la cohésion ; mais si on supposait dans le sens de la largeur (seu extensionis secundum perpendicularem ad lineam motus) autant d'éléments cubiques qu'on voudrait adhérant aux premiers par une pression mutuelle, la même loi de la soustraction des conatus entraînerait nécessairement cette conséquence que, quelle que soit en outre la largeur ou la « crassities [1] » du corps continu choqué, l'impulsion d'un mobile qui le heurte communique au corps tout entier la même vitesse que s'il heurtait une seule des parties de ce corps ; et Leibnitz le dit encore en propres termes : « In corpore cohaerente seu continuo nihil interest etiam quanta sit latitudo », d'où il suit immédiatement que « corpus unum quantumcunque longum a quantumcunque brevi, corpus continuum quantumcunque latum a quantumcunque arcto, perinde ac si quantumvis minus esset, quantulocumque motus excessu impelli potest [2]. »

La cohésion, qui engendre dans l'espace vide les corps de dimensions finies et qui leur confère l'impénétrabilité, est donc si loin de leur conférer en outre la puissance de résister au mouvement proportionnellement à leur grandeur, que les modernes ont désignée depuis Newton sous le nom précis de *masse*, qu'elle ne restreint en rien l'application de la loi de la propagation à l'infini du conatus dans le plein. Et la *Theoria motus abstracti* s'achevait sans avoir donné le moins du monde satisfaction à l'expérience, qui

1. *Ibid.*, IV, p. 191. Crassities aut latitudo.
2. *Ibid.*, IV, p. 234, § 24.

montre clairement dans tous les cas de choc que la résistance d'un corps dépend de sa grandeur non moins que de sa vitesse. De ce problème aussi la solution s'imposait ; et il revient, cela est évident, à chercher comment la résistance ou la potentia d'un corps dépend non seulement de sa vitesse, mais en outre de sa grandeur ou de sa masse, ou comment encore il échappe à l'application rigoureuse de la loi de la propagation à l'infini du conatus dans le plein.

Or la solution de ce problème capital est indiquée par là même : si la propagation du conatus s'accomplit intégralement et à l'infini dans le plein, c'est-à-dire dans le sens de la longueur pour tout corps contigu, et dans le sens à la fois de la longueur et de la largeur pour tout corps cohérent ou continu, la loi phoronomique de la composition des conatus s'appliquerait encore d'une manière rigoureuse, mais conduirait à des résultats conformes à l'expérience si l'on considérait un conatus unique rencontrant une file de corps discontigus et *a fortiori* discontinus. Supposons, en effet, cette file ou, ce qui revient au même, tous ses éléments, animés dans le sens de sa longueur d'un conatus de sens contraire au conatus de l'impingens. Il est clair que ce dernier rencontre d'abord le premier élément de la file considérée, et qu'après le concours il ne lui reste plus que l'excès de son conatus sur le conatus de l'élément choqué ; à la rencontre du second élément de la file, le conatus de l'impingens est donc réduit à cet excès ; il est encore diminué davantage à la rencontre du troisième, puis du quatrième, etc. ; en sorte que la vitesse qu'il communique finalement à l'ensemble de la file dépend du nombre des éléments de cette dernière et, en somme, de sa grandeur. Et c'est pourquoi Leibnitz pouvait énoncer dans le paragraphe 21 de la *Theoria* cette formule obscure, à force de concision : « Corpus discontiguum plus resistit contiguo[1]. »

1. *Ibid.*, p. 231.

Ce qui retenait les lois du mouvement abstrait loin des lois de l'expérience, de la mécanique et de la Phoronomia experimentalis, c'était donc, somme toute, cette notion du plein, qui, même quand on le suppose formé d'indivisibles, n'offre nulle part les éléments d'une masse véritable. Car pour le différencier, et pour appeler indivisibles les différentielles géométriques ou phoronomiques qui résultent de là, on ne les sépare point en fait les unes des autres, et on laisse chacune d'elles en présence de la contiguïté, sinon de la continuité, de toutes les parties du plein. Ce qu'il fallait expliquer et comprendre, c'était donc comment de véritables éléments pouvaient naître d'un plein ou d'un fluide primitif, qui ne fussent pas seulement des différentielles, mais qui fussent séparés par des intervalles finis, et qui, à la manière des corps discontigus, opposassent à une impulsion définie une résistance d'autant plus grande qu'ils sont plus nombreux ou que la masse qu'ils constituent par leur réunion est plus grande. Et comme d'ailleurs on ne saurait admettre que ces intervalles fussent vides, mais tout au plus qu'ils fussent remplis par une matière infiniment subtile en comparaison de la solidité ou de la cohésion des éléments corporels, à cette tentative ce n'était plus une hypothèse simplement géométrique et la méthode exclusive de différentiation qu'elle suppose qui pouvait suffire ; il y fallait, en outre, une hypothèse physique, telle que celle d'un éther qui baignerait tous les corps. Et Leibnitz y a recours pour expliquer d'abord comment se sont formés les éléments concrets et réels de tous les corps, puis comment la rupture de leur contiguïté et de leur continuité restitue à ceux-ci la puissance qui dérive de leur grandeur, enfin comment de l'élasticité et de la gravité que l'éther communique à tous ces éléments naissent les actions physiques qui rétablissent l'accord entre les conséquences des lois phoronomiques et les phénomènes livrés dans la nature à notre observation. Tel était, si l'on s'en souvient, l'objet principal que dans l'*Hypothesis physica nova* Leibnitz s'était proposé, et c'est à le réaliser qu'il s'attache en complétant la *Theoria motus abstracti* par la *Theoria motus concreti*.

Nous allons exposer cette dernière, en nous attachant à en faire ressortir les traits généraux, et en laissant de côté les détails purement physiques qui n'ont qu'une relation lointaine ou nulle avec la *Theoria motus abstracti* et avec le dessein philosophique de Leibnitz.

IV

Theoria motus concreti.

Si la difficulté de tout atomisme, qui, ainsi que nous l'avons vu, avait fait en fin de compte reculer Leibnitz, est de nous contraindre à accepter comme éternelles et sans explication la grandeur, la figure et la solidité absolues de l'atome, peut-être en est-ce une autre pour toute théorie qui part de l'hypothèse du plein d'expliquer comment s'y peuvent former des éléments distincts, sinon hétérogènes, sans lesquels on ne pourrait rendre compte ni de la variété des qualités des corps et des phénomènes, ni même de leur grandeur finie et de leur masse. En particulier, la notion de la masse, indispensable, de l'aveu de Leibnitz, à toute science de la nature et à la mécanique elle-même, demeurerait hors des atteintes de la *Theoria motus abstracti*, ou en d'autres termes de la Phoronomia elementalis sans ce que Leibnitz appelle, pour les raisons qui ont été dites plus haut, le bénéfice de la division (beneficio divisionis) [1] ; mais la question justement est de savoir comment dans l'homogène pur et dans le plein la division peut naître, et comment de proche en proche elle peut gagner, en les rendant hétérogènes, toutes les parties de la matière première. L'opération purement géométrique de la différentiation, ou, ce qui revient au même,

---

1. Gerh., *Phil.*, IV, 191.

l'axiome selon lequel il existe dans le continu un nombre actuel et infini de parties, est si loin d'y suffire, nous avons vu pourquoi, qu'elle n'empêche point le principe de la propagation à l'infini du conatus dans le plein d'exclure des lois du choc toute considération de masse et, en même temps qu'elle, toute division réelle et toute hétérogénéité physique. Il devenait donc nécessaire de faire sur un premier état du monde, aussi peu différent que possible de la pure homogénéité, une hypothèse convenable et qui répondît aux conditions d'une hypothèse scientifique, c'est-à-dire qui dispensât autant que possible de toute hypothèse auxiliaire et surajoutée [1], pour expliquer cette différentiation physique et progressive : hypothèse qui, de notre part, suppose un choix entre d'autres possibles, mais qui, si elle est exacte, suppose aussi de la part de l'auteur du monde, un premier arrangement du monde, une organisation également choisie et voulue, ou, comme dit Leibnitz, une économie et un système. Reste à savoir si cette différentiation progressive n'en suppose point une primitive, qui ruine l'hypothèse d'une homogénéité parfaite au commencement des choses et qui amène la théorie du plein à tourner dans un cercle.

Le premier devoir d'une hypothèse physique, écrit Leibnitz à Fabri vers 1676, est de tenter (tentare) « an non phaenomena naturae difficiliora ex aliis quibusdam phaenomenis manifestis atque exploratis deduci possint [2] ». Et de même qu'il se bornera, dans la *Theoria motus concreti*, à la recherche des raisons « phaenomenorum nostri Orbis », par ce motif qu'il pourra les étendre ensuite aux autres mondes planétaires et même aux autres systèmes solaires, c'est-à-dire à l'univers entier [3], de même il s'efforcera de déduire du phénomène fondamental de l'émission de la lumière solaire tous les phénomènes de notre monde terrestre, « cum constet astrorum imprimis erran-

---

1. *Ibid.*, IV, 219, 248, 257.
2. Gerh., *Phil.*, IV, p. 248.
3. *Ibid.*, 181 et 183, §§ 3 et 8.

tium actione atque luce solis fluidum omne circa nos motibus origine quidem variis, attamen in aequabilitatem quamdam compositis cieri, ex quibus ille imprimis eminet satis rapidus, quo lux quotidie tellurem ambit[1] ».

Si la Physique, avait déjà dit Descartes dans les Principes[2], se propose la connaissance du monde *visible*, ce serait avoir résolu toutes les questions relatives au monde *visible* que d'avoir approfondi la nature de la lumière et que d'avoir expliqué celle des corps lumineux qui l'engendrent (1er élément), des corps transparents qui la transmettent (2e élément), enfin des corps opaques qui la reçoivent, la réfléchissent ou la réfractent (3e élément), et en quelque façon l'Optique était ainsi sinon la Physique tout entière, au moins la partie centrale et comme la base de toute science de la nature. De la même manière, Leibnitz fait de la lumière comme le centre et le principe de tous les phénomènes de la nature, et le premier arrangement qu'il importait, selon lui, au Créateur du monde de donner à son œuvre était tel qu'il devait avant tout rendre possible la lumière et engendrer le monde en la réalisant. Il fallait donc qu'il y eût dans le pur homogène de l'Espace infini un corps, aussi peu différent d'ailleurs que possible de ce dernier, qui fût capable de l'émettre, un autre qui la reçût, et enfin un milieu qui la transmît du premier au second. Le corps qui l'émet est le globe solaire, celui qui la reçoit est le globe terrestre, tous les deux animés dans le plein d'un mouvement autour de leur axe qui suffit pour les en différencier, et qui est du même coup la première différence introduite dans l'espace par l'organisateur du monde. Leur existence est, d'ailleurs, en vertu des lois du mouvement abstrait, la preuve la plus manifeste que l'on puisse invoquer de leur rotation, conformément à l'hypothèse de Copernic : « Cum enim globi isti duo habere debeant partes cohaerentes, ne ad quemlibet levissimum rei quantulaecunque impactum dissolvantur aut perforen-

1. *Ep. ad Fabri*, *loc. cit.*, p. 248.
2. Part. III, art. LII.

tur, nulla autem sit cohaesio quiescentis... motus in iis aliquis supponendus est : quae fortasse unica ac prima demonstratio est necessarii motus terrae [1]. »

La cohésion du soleil et de la terre, d'où résulte leur détermination dans le plein et ce qu'on pourrait appeler leur individuation, résulte donc elle-même d'un premier mouvement dont elle est le signe et dont elle est la preuve, mais qui, étant premier, reste en somme sans raison physique et requiert l'action et le choix d'un ordonnateur. Et à leur mouvement de rotation il ne faut rien ajouter de plus qu'un espace intermédiaire, « spatium intermedium, massa... quiescente, quam aetherem vocabimus, quantum satis est (omnimodam enim plenitudinem Mundi status, quem sentimus, per alibi demonstrata, non fert) plenum [2] », pour rendre compte non seulement de la transmission de la lumière, mais, en outre, par les effets diversifiés à l'infini de l'action de la lumière, de tous les phénomènes physiques et naturels.

L'existence d'un tel milieu n'est d'ailleurs pas moins manifeste que celle du Soleil et de la Terre, et la preuve qu'en donne Leibnitz dans la propos. I de sa lettre à Fabri, où il ne fait que développer le paragraphe 5 de la *Theoria motus concreti*, vaut la peine d'être citée : « Ante omnia pro certo sumo, Mundum planetarium quantum ad consequentias physicas sufficit pro pleno habendum esse. Nam nullum in eo punctum sensibile assignari potest, in quo non possit videri lux alicujus astri modo alia visionis requisita adsint, verbi gratia ut nihil opacum obstet. Ubicunque autem lux videri vel lumen transire potest corpus esse necesse est. Nullum ergo punctum sensibile est in mundo planetario ubi non sit corpus. Porro ubique in mundo planetario astra videri posse patet, et quidem in nostra terra res manifesta est quotidiano experimento. Idem alibi ostendunt planetarum quoque aliorum mutuatum lumen et Eclipses atque umbrae variis in positionibus.

1. Gerh., *Phil.*, IV, p. 181.
2. *Theor. m. concr.*, § 1.

Cui addo, vix punctum sensibile in vasto illo spatio designari posse, per quod alicujus astri radius ad nos tendens non aliquando transeat. Radium autem lucis non esse sine corpore, pro certo sumo, sunt enim omnes lucis effectus corporei, ut qui hoc negat, pari jure corpora in universum negare posse videatur[1]. »

Dans la lettre à Fabri que nous venons de citer, il semble que Leibnitz, attribuant à l'éther des mouvements revenant sur eux-mêmes ou circulaires, ait songé à en déduire la formation de la terre, qui, étant liquide, se serait arrondie sous l'action de l'éther à la manière d'une goutte, en vertu de la proposition 7 : « fluida fluidis heterogeneis circumdata in guttam rotundam colliguntur. » On ne voit pas d'ailleurs ce que pouvait y gagner l'hypothèse : car on ne faisait point disparaître ainsi, mais bien plutôt on postulait l'hétérogénéité, « vix explicabilis », de la terre liquide et du fluide éthéré.

Dans la *Theoria motus concreti*, le rôle de l'éther est réduit tout d'abord à la transmission dans tous les sens à partir du centre du soleil des rayons lumineux émis par ce dernier. Et comme on ne peut admettre la communication pure et simple de la gyration solaire à l'éther qui l'entoure, ainsi que l'enseignaient Torricelli et Hobbes, laquelle ne pourrait s'expliquer que par une action de frottement inexplicable par les lois du mouvement abstrait, il fallait supposer dans le soleil outre son mouvement de rotation primitif, un mouvement par lequel il projette hors de lui-même en ligne droite des parties dont le mouvement se communique à l'éther conformément aux lois du mouvement abstrait. Ce mouvement des particules solaires n'est pas dû davantage à l'action centrifuge de la rotation du soleil, sans quoi depuis longtemps elles se seraient toutes dissipées dans l'espace (alioquin dudum omnes avolassent); mais si seulement on admet le concours dans le soleil de mouvements particuliers circulaires, « aut alio-

---

1. *Ep. ad Fabri*, prop. 1. p. 249. Cf. *Th. m. concr.*, § 5, p. 182.

quin in se redeuntium », d'après le problème 7 de la *Theoria motus abstracti*, les particules qui se heurtent devront prendre la direction de la bissectrice extérieure de l'angle de concours, et animeront l'éther de mouvements en ligne droite et dans tous les sens à partir du centre du soleil en vertu de la loi de la propagation à l'infini des conatus dans le plein. Par tous les points de sa surface le soleil agit ainsi hors de lui-même (agit extra se), et la continuité de l'éther ou sa divisibilité à l'infini nous induit d'autre part à penser : « Non posse dari punctum sensibile circa solem ad tellurem usque et ultra, ad quod non quolibet instanti sensibili radius aliquis solis, id est aetheris agitatio per emissam a sole recta linea partem (etsi non pars ipsa) perveniat. Quae res ob divisibilatem cujuslibet continui in partes quantumvis parvas in infinitum non est difficilis explicatu [1]. »

Sans produire une dispersion des parties du soleil dans l'espace comparable à celle qui résulterait du mouvement centrifuge dû à la gyration générale du soleil, les mouvements circulaires particuliers des parties du soleil engendrent donc dans tous les sens des mouvements rectilignes de l'éther, qui viennent frapper la terre, en l'éclairant, avec la vitesse prodigieuse de la propagation de la lumière. Et leur premier effet, avec une telle vitesse, est d'introduire dans notre globe primitivement homogène une différentiation rapidement progressive et une hétérogénéité qui va jusqu'à l'infini.

Quelle que soit, en effet, la densité primitive de la terre (et c'est arbitrairement que Leibnitz la suppose moyenne entre celle de l'air et celle de la terre, c'est-à-dire approchant de la densité de l'eau [2]), il faut faire à l'égard de celle-ci la supposition la plus simple et la considérer comme homogène dans toutes ses parties. Cependant, en

---

1. § 5. Et Leibnitz ajoute cette réflexion pénétrante : « Caeterum ex his, ut obiter admoneam, necessario demonstrari potest, impossibile esse, ut sol luxerit ab aeterno, nisi sit unde perpetuo reparetur. » P. 182.
2. *Ibid.*, § 6, 182.

vertu des lois du mouvement abstrait, si elle doit la cohésion de ses parties à sa rotation qui les entraîne dans un mouvement commun, ou, comme dit Leibnitz, *conspirant* de toutes ses parties, il est clair que la direction de ce mouvement conspirant est la même que celle du mouvement de rotation, et qu'en toute autre direction la cohésion est nulle ; les parties de la terre situées sur un même parallèle sont donc cohérentes entre elles ; mais, d'un parallèle à l'autre, la cohésion est nulle, ce qui revient à dire que dans l'intervalle de ses cercles parallèles, la terre n'offre qu'une résistance nulle à la pénétration des particules d'éther projetées sur elle en ligne droite par l'action du soleil : « Cum enim per abstractam motus doctrinam th. 19 nulla sit corporis cohaesio in tota facie, globus terrae pulsatus, ubi non cohaeret, dehiscet, aetheremque admittet ; nam in statu naturali, qualis supponitur primus, seu in abstracto, nulla est globi rotantis homogenei cohaesio, nisi in lineis aequatori parallelis. Igitur omnes paralleli sensibiles, eorumque concentrici abire poterunt a se invicem, et luce plerisque ingruente dehiscent[1]. » Sous les chocs répétés des particules d'éther, la terre s'entr'ouvre donc par une multitude de points de sa surface, et laisse passer l'éther qui la pénètre de toutes parts[2]. Or en chaque point de la matière fluide qu'elles atteignent, par la composition de leur mouvement rectiligne propre et du mouvement circulaire des particules terrestres qu'elles rencontrent, elles constituent des bulles analogues à celles que produit le souffle du verrier sur le verre en fusion : « Nam quoties subtilia perrumpere per densa conantur, et est quod obsistat, formantur densa in cavas quasdam bullas, motumque partium internum ac proinde consistentiam seu cohaesionem (per nostram de motu Theoriam theor. 17) nanciscuntur. Quod ex primis illis abstractisque principiis speciatim deducere proclive est. Idem ex officinis vitrariis constat,

---

1. *Ibid.*, § 7, p. 183.
2. *Ibid.*, § 9, p. 184.

ubi ex motu ignis circulari et spiritus recto, vitra simplicissimum artificialium genus, parantur ; similiter ex motu terrae circulari lucis recto, natae sunt bullae[1]. »
Ces bulles résultent donc des densités et des mouvements différents du fluide terrestre, qui en constitue l'écorce, et du fluide éthéré, intercepté et comme emprisonné dans une enveloppe de terre. Et comme elles sont innombrables « ac magnitudine crassitieque variantes[2] », sans que l'auteur au reste donne une raison satisfaisante d'une telle variation, elles constituent en fait les réels éléments des corps, que les atomistes ont le tort, contre toute raison, de considérer comme éternels : « Hae jam bullae sunt semina rerum, stamina specierum, receptacula aetheris, corporum basis, consistentiae causa et fundamentum tantae varietatis, quantum in rebus, tanti impetus, quantum in motibus admiramur : hae si abessent, omnia forent arena sine calce, avolaretque gyratione densorum expulsus aether, ac terram nostram mortuam damnatamque relinqueret. Contra a bullis, gyratione circa proprium centrum firmatis, omnia solidantur ac continentur. Quae ratio est etiam, quod fornicata ea quam admiramur firmitate polleant, cur vitra rotunda in experimentis Elasticis subsistant, alterius figurae dirumpantur[3]. »

Ainsi s'expliquent par les mouvements primitifs d'un éther très subtil et d'un fluide terrestre qu'il ne faut point confondre avec la terre proprement dite, la spécification et l'individuation gagnant sans exception toutes les parties de notre globe et le résolvant tout entier en éléments réels de grandeurs et de densités variables et définies. Il y a plus : par une vue profonde qui restera dans sa philosophie, mais qui ne prend ici qu'une signification physique, Leibnitz dira plus loin, lorsqu'il abordera les actions chimiques des éléments entre eux, qu'il n'en est pas un seul qui ne se résolve lui-même en éléments plus

---

1. *Ibid.*, § 11, p. 184. Cf. § 7. Intrusus aether, etc.
2. *Ibid.*, § 11, p. 184.
3. *Ibid.*, § 12, p. 184.

petits, ou, ce qui revient au même, qu'il n'est pas une bulle qui n'enveloppe un nombre infini d'autres bulles, tant l'action primitive de l'éther sur la terre y pousse à l'infini la détermination et la composition : « Sciendum est enim, ut praeclari illi micrographici, Kircherus et Hookius, observavere, pleraque quae nos sentimus in majoribus, lynceum aliquem deprehensurum proportione in minoribus, quae si in infinitum progrediantur, quod certe possibile est, cum continuum sit divisibile in infinitum, quaelibet atomus erit infinitarum specierum velut mundus, et dabuntur mundi in mundis in infinitum [1]. »

Sans suivre notre auteur dans tous les développements qu'il donne à ce sujet, et qui n'offrent ici qu'un intérêt secondaire, notons seulement la théorie par laquelle il distingue quatre éléments primitifs, la terre, l'eau, l'air et l'éther : pour ce qui est de la terre, « non est dubitandum totam ex bullis constare, nam basis Terrae vitrum est, vitrum bulla densa. Et constat fluxione, id est aestuatione ab aethere collecto seu igne se rebus insinuante, postremum esse exitu, primum fine ac natura rei, vitrificationem [2]. »

Quant à l'eau et à l'air, qui n'est rien, nisi aqua subtilis [3], ce ne sont que les produits plus subtils (tenuiores) d'une action analogue : « Quid mirum igitur, globo terrestri ab actione lucis transformato ac fluente, densa seu terrestria in vitrum, aquam aeremque in tenuiores bullas abiisse [4] ? » Encore fallait il, à ce qu'il semble du moins, que pour former ces bulles « tenuitate variantes », l'éther trouvât devant lui dans le globe primitif des couches de densité variable ; mais c'est encore à ses chocs répétés sur le globe primitif qu'il convient de rapporter ces densités variables ; car, tout en entr'ouvrant et pénétrant la terre, il semble qu'il ait dû en exerçant sur elle de toutes parts une action centripète, accumuler vers le centre la

1. *Ibid.*, § 43, p. 201.
2. *Ibid.*, § 14, p. 185.
3. *Ibid.*, § 13, p. 184.
4. *Ibid.*, § 14, p. 185.

plus grande partie de la matière, tandis qu'il n'en serait resté qu'une quantité toujours plus faible à mesure qu'on va du centre à la périphérie : c'est du moins ainsi que nous inclinerions à interpréter le passage suivant : « Porro tot ictibus (aetheris) pleraque centrorsum ibunt, major materiae pars in fundum collecta terram dabit, aqua supernatabit, aer emicabit [1]. » Par une double action de pression et de conflatio, l'éther est donc en dernière analyse la cause première de la différenciation de la terre, de l'eau et de l'air ; et quoique l'air diffère à peine de l'éther par sa subtilité, il en reste du moins, comme on va le voir plus loin, radicalement distinct parce qu'il est pesant, tandis qu'étant la cause de toute pesanteur par sa circulation propre, l'éther ne saurait l'être [2].

Tels sont les éléments qui, au dire de Leibnitz, suffisent à la formation de tous les corps et à l'explication de tous les phénomènes, quoique, *a priori*, nulle raison ne s'oppose à chercher au delà de l'éther lui-même un éther plus subtil [3], soutenant avec le premier le rapport qu'il soutient lui-même avec l'air. Mais l'expérience ne nous fournissant aucune occasion d'en soupçonner l'existence, on n'aperçoit aucune nécessité d'ajouter un cinquième élément à ces quatre éléments primitifs [4]. Pour rendre compte des actions chimiques, Leibnitz aura plus loin l'occasion de rappeler qu'ils constituent en quelque sorte de grandes masses dans l'univers, et qu'ils y occupent, comme déjà l'enseignait Aristote, les lieux qui conviennent à leur nature ou plus exactement à leurs densités respectives. Mais ce qu'il faut noter, c'est l'effort de Leibnitz pour dériver des actions de l'éther, soumis exclusivement aux lois du mouvement abstrait, et cette nature et cette densité, et en même temps cette division en bulles qui va à l'infini et qui, en supprimant leur continuité et en les faisant « interrupta », confère enfin aux corps cette puis-

---

1. *Ibid.*, § 7, p. 183.
2. *Ibid.*, § 13, p. 184. Cf. *Ep. ad J. Fred.* Gerh., *Phil.*, I, p. 50.
3. *Ibid.*, § 49, p. 203.
4. *Ibid.*, § 47, p. 203.

sance proportionnelle à leur grandeur de résister au mouvement qui est ce que les modernes entendent par la masse.

Par les premiers effets de son action mécanique, l'éther détermine donc non seulement ces grandes masses de la terre, de l'eau et de l'air qui constituent avec lui les éléments de la nature au sens antique du mot, mais ces bulles qui en sont, au sens des atomistes, les parties intégrantes, définies et dernières. Et de ces premiers effets en devaient suivre d'autres, et notamment la pesanteur et l'élasticité des corps, d'où dérivent, au dire de Leibnitz, tous les phénomènes particuliers de notre globe terrestre, physiques, chimiques, et même biologiques, sans en excepter les phénomènes produits par nos machines [1].

Le premier soin de Leibnitz est d'expliquer la pesanteur des corps, « hanc totius systematis affectionem », et il y voit à juste titre le premier problème de la Physique, « cum gravitas plerorumque in globo nostro extraordinariorum motuum causa, aut certe clavis sit, eorum etiam, qui in speciebus privatim exeruntur [2] ». Elle est due, selon lui, à un mouvement universel de l'éther, qu'il importe d'autant plus d'établir tout d'abord, qu'il en va désormais faire dépendre non seulement la pesanteur des corps, mais leur élasticité et toutes les propriétés qui en dérivent. Pour qui admet, en effet, le mouvement de la terre autour de son axe, et autour d'elle l'immobilité d'un éther très subtil agité simplement par l'action de la lumière, les choses se passent évidemment comme si la terre était immobile et comme si l'éther était animé autour d'elle d'un mouvement circulaire de direction contraire : « Cum igitur terra agatur circa proprium centrum ab Occidente versus Orientem, ex hypothesi, sub-

---

[1]. « Ex hac » (scil. circulatione aetheris) deduco « motus maris et ventorum, verticitatem magnetis, ac denique, a quibus caetera non naturae minus quam artis machinamenta pendent, Gravitatem et Elaterem. » Conclusio, p. 218. Cf. § 58, p. 211. Cf. Gerh., Phil., I, p. 77.

[2]. § 15, p. 186.

tilissimus aether Terram circumdans contrario motu non tantum retardationis, sed et obnitentiae Lucem secutus, movebitur ab Oriente versus Occidentem, cujus etiam in Oceano vestigia deprehenduntur [1]. » « Atque hic est ille Universalis motus in globo nostro terr-aqu-aëreo, a quo potius quam atomorum figuris aut ramentorum ac vorticum varietatibus, res sunt repetendae [2]. » Et ce n'est pas seulement autour de la terre que l'éther circule, mais en vertu de sa subtilité même, grâce à laquelle il remplit tous les interstices ou tous les pores des autres éléments, c'est in terra et per terram, « quia totus aether circumterraneus, per se homogeneus, est instar Oceani aut aeris variis rivis, sinubus, lacubus, fretis, euripis omnia percurrens [3]. » L'éther est donc comparable à un vaste Océan homogène, dans lequel baigneraient les parties hétérogènes des autres éléments, et qui serait emporté par un mouvement de circulation autour du centre de la terre. « Omne autem heterogeneum circulationem homogenei liquidi turbat [4] », et c'est la raison « cur et aer et aqua et terra in aethere gravitent : nam circulatione ejus dejiciuntur. Cum enim turbent circulationem, expellentur ; non sursum, nam eo magis turbabunt (quia superficies sphaericae crescunt in duplicata ratione diametrorum, non in eadem cum diametris ratione ; ac proinde sectionum quoque in idem corpus agentium inaequalitas major evenit), ergo deorsum, id est descendent [5]. »

[1]. *Ibid.*, § 9, 184. Cf. § 13, p. 185. Le mouvement de l'éther n'est réel que si l'on suppose l'immobilité de la terre : voici le texte qui le prouve : « Quanquam, ut § quoque 35 (ce n'est pas 35, mais 55 qu'il faut lire) infra admonebitur, ad summam Hypotheseos nostrae nihil referat, an circulatio Terrae admittatur, cum Circulatio Lucis seu aetheris circa terram qua potissimum utimur, vid. § 9, facile se omnibus approbare, ni fallor, possit. » § 2. Voici le paragraphe 55 : « Qui negat motum terrae, motu aetheris cum sole seu luce circa terram contentus esse potest. » Cf. *Lettre à Perrault*. Archiv. I, 569.

[2]. *Ibid.*, § 10, p. 184.
[3]. *Ibid.*, § 17, p. 186.
[4]. *Ibid.*, § 17, p. 186. Cf. les prop. 5 à 10 de la lettre à Fabri, IV, 250-251.
[5]. *Ibid.*, § 18, p. 186.

L'erreur fondamentale de la théorie saute ici aux yeux, puisque dans les conditions définies par Leibnitz l'intensité de la pesanteur en un lieu devrait croître avec le carré de sa distance au centre de la terre, tandis que c'est précisément l'inverse qui est vrai : mais, outre qu'elle était une tentative digne de remarque pour donner une explication cinétique de la gravitation, elle avait le mérite d'expliquer l'attraction des graves vers le centre de la terre, par opposition à la théorie de Descartes qui n'y avait point réussi, et d'expliquer en outre « incrementum impetus ob novam ubique inter descendendum in qualibet aetheris liberi aut liberioris, quam rei illius ratio fert, parte impressionem »[1]. Rien n'était plus simple ensuite que de déduire de là soit « caetera mechanica ac statica phaenomena communi more modoque », soit les différents poids des corps à proportion de la quantité d'éther qu'ils contiennent, et par suite tous les phénomènes hydrostatiques[2] et aérostatiques[3].

En résumé, la cause générale de la pesanteur des corps est donc dans l'effort de l'éther pour rétablir l'égalité de son mouvement (motus aequabilitatem)[4], troublée par la présence de ces corps hétérogènes ; car lorsqu'il les frappe sans réussir en les frappant à en disperser les parties et à leur donner peu à peu une subtilité égale à la sienne, le seul moyen qu'il ait de rétablir l'égalité de son mouvement est de les rejeter vers le centre de la terre : « nam aether circulatione sua res justo densiores aut dispergit, aut cum non potest, deprimit : ex hoc oritur gravitas[5] » ;

---

1. *Ibid.*
2. § 23, p. 191. Cf. § 16, p. 186 et Conclusio : « Ex vasis plenitudine variantibus, circulatione aetheris accedente, oritur in rebus diversitas gravitatis : unde jam omnia Phaenomena ponderum, item Hydrostatica, Aërostatica. » P. 218.
3. *Ibid.*, § 25, p. 192.
4. *A Fabri*, prop. 6. Gerh., *Phil.*, IV, 251.
5. *Ibid.*, § 58, 210. Cf. Conclusio, 218 : « Nam aether res densiores, quam fortissimo suo motui cuncta discutienti conveniat, cum potest (ut quando consistunt ex cumulo tantum male unito eorum quae non potest) discutit..., cum non potest (quando vasis suis separata circulatione firmatis continentur) dejicit, hinc gravitas. »

et cette action de repousser les corps vers le centre de la terre s'exerce tant sur les parties du corps, alors même qu'il parvient à les séparer les unes des autres, que sur les corps dont les parties sont fortement unies entre elles : les dernières parties de la terre, de l'eau et même de l'air sont donc toujours soumises à l'action de la pesanteur « subjectum gravitatis », par opposition à l'éther qui en est la cause [1], aussi bien que les corps qu'elles constituent par leur union.

Mais l'éther a, en outre, un autre moyen de rétablir l'égalité de son mouvement en séparant, quand il le peut, les parties des corps qu'il rencontre et en les faisant tendre vers une subtilité égale à la sienne ; et tandis qu'il engendre la pesanteur des parties en les déprimant (deprimendo vel dejiciendo), il engendre en même temps l'élasticité des corps « male unitorum [2] », ou dont les parties ne sont point fortement cohérentes en les dispersant (dispergendo vel discutiendo).

De là résultent en certains corps, comme l'air, la pesanteur de leurs parties intégrantes et physiquement inséparables, et la tendance indéfinie vers la dilatation ou l'élasticité qui les caractérise : « porro liquidum nobis circumfusum solidorum interpositione turbatur, turbatum causam turbantem removere conatur per prop. 6. Hoc fit dupliciter, dejiciendo scilicet versus tellurem ob eam quam dixi gravitatis causam, aut dissipando in parem sibi subtilitatem, quod enim dissipatum est, heterogeneum esse cessat ; quae est causa vis Elasticae, qua corpus volumen mutare conatur..... Hanc porro Elasticam potentiam in aëre imprimis manifestam esse constat, et in aliis quoque rebus forte aëris nonnunquam interventu deprehendi. Et haec est vis Elastica subtiliorum [3]. »

1. *A Fabri*, Prop. 12, Gerh., *Phil.*, IV, p. 252.
2. Conclusio, p. 218. Cf. *Ibid.*, I, p. 78. Disjicit, Dejicit.
3. *A Fabri*, prop. 11, Gerh., *Phil.*, IV, 251. Dans les paragraphes 26 et 27 de la *Th. M. C.*, Leibnitz explique en partant de ce principe la rentrée de l'air dans les vases où on a fait le vide, et la rapidité avec laquelle il sort de ceux où il a été comprimé.

Bien plus, on ne voit pas pourquoi cette force de dispersion manquerait de s'exercer sur un corps quelconque et notamment sur ses parties intégrantes, sauf à reconnaître qu'elle ne triomphe pas toujours de la cohésion de leurs éléments ; et voilà pourquoi sans doute Leibnitz attribue à tous les corps sensibles une élasticité pour ainsi dire essentielle qui n'appartient point au corps « per se consideratum », mais qui résulte en lui « quasi perpetua aetheris ventilatione... » « Sed admirando Creatoris sive artificio sive ad vitam necessario beneficio, omnia corpora sensibilia ob aetheris circulationem per hypothesin nostram sunt Elastica : igitur omnia corpora sensibilia reflectunt aut refringunt. Nullum vero corpus per se consideratum, nisi perpetua aetheris ventilatione animaretur, reflecteret vel refringeret, saltem his quae vulgo feruntur legibus..... At corporum sensibilium alia plane facies ; omnia enim *dura* sunt motu quodam intestino in se redeunte ; omnia *discontinua* sunt, unde caeteris paribus plus efficit moles ; omnia *Elastica* sunt, seu compressa ac mox sibi relicta, ab aetheris gyratione in statum priorem restituuntur[1]. »

L'agent universel de l'élasticité est donc l'éther, qui la communique, semble-t-il, à tous les corps et à toutes les parties des corps qui s'y trouvent plongés ; et à ce sujet la doctrine de Leibnitz ne variera plus ni en ce qui concerne l'attribution de l'élasticité à tous les corps sans exception, ni en ce qui concerne l'agent qui la produit[2]. Il semble toutefois que l'ac-

---

1. *Ibid.*, § 21, 188. Quant à la force élastique qui ramène les corps dilatés à leur forme primitive, Leibnitz semble l'expliquer par la compression correspondante du milieu environnant : « hinc vis Elastica seu restitutoria non compressorum, sed et per consequens dilatatorum, quia omnis dilatatio unius est compressio alterius. » Conclusio, 218.
2. Bien que Leibnitz, à l'époque de la Monadologie, ait cherché le fondement de l'élasticité essentielle des corps dans le principe métaphysique de la spontanéité de la substance, en vertu duquel il ne se produit en elle nulle action qui ne dérive de son propre fonds, il n'enseigne pas moins qu'en tant que phénomène et dans la nature, elle doit être rapportée à l'action d'un fluide infiniment

tion dispersive de l'éther ne produise ses effets que sur les corps les plus subtils (corpora subtiliora) comme l'air [1], tandis que sur les plus durs (duriora, densiora) prédomine l'action gravitative ; en sorte que Leibnitz se trouve amené à demander la cause prochaine de l'élasticité des corps visibles à l'air élastique qui en remplit les pores, quoique la gyration de l'éther en demeure toujours la cause première, mais pour ainsi dire éloignée. De cette ingénieuse théorie qu'il développe vers 1674-1675 dans une lettre à Claude Perrault publiée par Gerhardt [2] (Archiv I, 567) nous trouvons l'exposition méthodique dans la prop. 12 de la lettre à Fabri [3] : « Nimirum ex sola etiam gravitate sequitur vis Elastica in crassioribus, quemadmodum videmus embolum, quem antlia extraximus, manu dimissum magna vi introrsum redire pondere aëris incumbentis. Manifestum est autem corpora solida, inaequalitatibus distincta... », etc.

subtil en comparaison du corps considéré ; et même il n'est pas de fluide si subtil qui ne tienne son élasticité propre d'un autre plus subtil, et ainsi de suite : « Elasma ego corporibus essentiale puto ex rerum ordine et metaphysicis principiis, etsi in natura non aliter quam per fluidum intercurrens peragatur. In quo plane assentior Cartesio et Hugenio. Sed vel hinc sequuntur, ut sic dicam, Mundi in Mundis, atque adeo nullum esse Elementum primum, sed ipsum fluidum Elastrificum, etsi respectu corporis cui Elasma conciliat, uniforme videatur et simplex, revera tamen rursus proportione sua constare ex corporibus qualia sunt illa quæ videmus, atque adeo et ipsa rursus alia subtiliore fluido ad proprium Elasma indigere, et sic iri in infinitum. *Lettre à de Volder*. Gerh. *Phil.*, II, 161. Cf. *Specimen dynamicum*, II, Gerh. Math., VI, 249. L'universelle élasticité des corps est donc le mode sous lequel apparaît dans la nature physique, l'universelle spontanéité des substances ; et la variation à l'infini de la subtilité des fluides *élastrifica* résulte de la composition à l'infini des corps et du principe métaphysique de la continuité. Quoi qu'il en soit, le phénomène physique de l'élasticité recevra dans la première comme dans la deuxième période de la vie de Leibnitz la même explication.
1. *A Mons. Perrault.* (Archiv., I, 567.) « Car le même éther qui rencontre des corps solides qui ne le peuvent point suivre avec une vitesse égale à la sienne, fera un effort alternatif, c'est-à-dire ou de les dissiper pour les rendre aussi subtils que luy, comme par exemple de l'air même ; car il semble que l'air se dilate tant qu'il peut, naturellement quand il n'y a rien qui l'empêche... »
2. Archiv., I, p. 568.
3. Gerh., *Phil.*, IV, 252.

De cette théorie, déjà indiquée dans la *Theoria motus concreti*, quoiqu'elle y soit exposée avec moins de précision, Leibnitz déduisait dès 1670 cette cohésion des corps qu'il appelle *secondaire* parce qu'elle suppose la cohésion primitive dérivée des lois du mouvement abstrait et parce qu'elle s'en distingue, et qui leur donne tous les degrés compris entre l'absolue dureté et l'absolue mollesse en fonction des pressions externes et internes auxquelles ils sont soumis : « Certe a gravitatis elaterisve principio vis restitutiva in corporibus, compressorum explicatio, diductorum reductio sui, ad sensum spontanea, partim per memorata, partim per memoranda duci debet. Sentimus autem hanc vim non tantum in liquidis vase clausis, ut aqua, aëre, etc., sed et in iis quae sibi ipsis vasa sunt, id est, in consistentibus ejusmodi, quae neque absolute dura, neque absolute mollia sunt, sed mediam quamdam rationem habent [1]. » Et après être parti de ces principes pour exposer la nature du liquide, du dur, du flexible, du mou, du tenace, et du tendu, il en déduit en dernière analyse l'explication des principaux phénomènes physiques et même physiologiques, tels que les lois de Huygens et Wren sur le choc des corps élastiques [2], les lois de la réflexion et de la réfraction lumineuses [3], les vibrations pendulaires et leur isochronisme [4], les mouvements du vent [5], voire même la circulation du sang [6] et l'action physiologique des nerfs sur les muscles [7]. « His jam in quolibet puncto sensibili, et versus quodlibet punctum sensibile, seu in quolibet angulo sensibili, et ita in corpore ad sensum continue tendibili suppositis tensionis et strictionis causis, demonstrari illa tam multa praeclara theoremata Physico-Mathematica possunt, quae et experienti et ratiocinanti in

---

1. *Ibid.*, § 59, p. 212 sqq.
2. *Ibid.*, § 22, p. 190.
3. *Ibid.*, § 21, p. 187.
4. *Ibid.*, § 22, p. 190, et § 59, p. 216.
5. *Ibid.*, § 59, p. 215.
6. *Ibid.*, p. 214.
7. *Ibid.*, p. 215.

promptu sunt, atque in novam quamdam partem Matheseos mixtae, quam Elasticam appellare licebit, coire poterunt... Atque hic admirari licet praxin Dei in œconomia rerum geometrisantis[1]. »

Ce n'est pas le moindre mérite de Leibnitz d'avoir compris dès sa jeunesse la nécessité d'attribuer à tous les corps un degré quelconque d'élasticité ; et peut-être a-t-il ainsi contribué plus qu'aucun autre a faire renoncer ses contemporains à l'habitude de les traiter comme absolument durs, ce qui fut pendant longtemps le plus grand obstacle à l'établissement des véritables lois du choc. En ce qui le regarde personnellement, l'universel mouvement de l'éther, qui engendre à la fois la gravité des corps et leur élasticité, lui permettait de rattacher à la géométrie des lois abstraites du mouvement les lois mécaniques et physiques du mouvement concret qui s'en distinguent, et de corriger les conséquences inadmissibles et fausses du principe de la conservation du mouvement, ramenée à la pure et simple composition des vitesses. Il y renoncera plus tard d'une manière plus décisive et y substituera pour les raisons que l'on sait, le principe de la conservation des forces vives ; mais si l'hypothèse physique qu'il avait imaginée pour rendre à la masse son sens dynamique véritable ne lui paraît plus suffisante, on peut dire en tout cas qu'elle l'a mis par son insuffisance même et par les réflexions qu'elle lui fit faire sur la voie des solutions futures et de la théorie dynamique qui est à la base de la monadologie.

Quoi qu'il en soit, l'effort de Leibnitz pour rattacher au même mouvement universel de l'éther ou à sa circulation autour de la terre les phénomènes, d'apparence différente, mais d'origine semblable, de la pesanteur et de l'élasticité est tout à fait remarquable, et Leibnitz complète son œuvre en y rattachant en outre les mouvements « sympathicos et antipathicos » sous lesquels il désigne les

---

1. *Ibid.*, § 59 à la fin, 216.

phénomènes de l'aimantation (verticitatem magnetis) et des réactions chimiques. Les uns et les autres dérivent, selon lui, de l'effort de l'éther pour rétablir « motus turbati acquabilitatem », le premier, comme la pesanteur, par la dépression des corps dont la cohésion empêche la dispersion, les seconds, comme l'élasticité de l'air, par l'action dispersive de l'éther triomphant d'une cohésion trop faible des corps hétérogènes [1].

Pour ce qui regarde « verticitatem magnetis », l'explication la plus claire qu'en ait donnée Leibnitz est dans la prop. 17 de la lettre à Fabri [2], quoiqu'il ne fasse qu'y reprendre en termes plus courts l'explication donnée aux paragraphes 33 et 34 de la *Theoria motus concreti* [3]. Il en rend compte par la tendance des corps qui troublent la gyration de l'éther à gagner le lieu le plus faible de la sphère éthérée, « id est ubi minor est motus, adeoque vel versus centrum », d'où dérive la pesanteur, « vel (cum ille locus jam occupatus est) versus polos et quidem via in sphaera brevissima, id est per meridianos ». Étant admise, en effet, l'hypothèse qui fait tourner l'éther d'un mouvement de rotation uniforme autour de l'axe de la terre, il est clair que le mouvement des parallèles voisins du pôle est d'autant plus faible qu'ils en sont plus rapprochés et que, dans un même plan parallèle, le mouvement des cercles concentriques l'est aussi d'autant plus que leur rayon est moindre ou qu'ils sont plus rapprochés de l'axe de la terre. Mais dans cette hypothèse, ce n'est point vers le centre, c'est au contraire vers l'axe de la terre que devraient tendre les corps dans leur mouvement de chute, et c'est pourquoi sans doute dans la lettre à Fabri il préférait, en 1676, faire dépendre la pesanteur, non plus de la gyration simple de l'éther autour de l'axe de la terre, mais d'un effet particulier de cette gyration, en vertu duquel « fluida vel

---

1. Voilà pourquoi Leibnitz a fait de *Gravitas*, *Elasticitas* et *Verticitas*, les trois principes de tous les phénomènes. Voir Gerh., *Phil.*, I, 77.
2. *Ibid.*, IV, p. 254.
3. *Ibid.*, IV, p. 197.

etiam solida [1]... fluidis heterogeneis circumdata in guttam rotundam colliguntur [2] »; il en déduisait alors la rotondité de la terre [3] et l'action par laquelle les parties de celle-ci qui s'en détacheraient seraient ramenées vers la goutte et par conséquent vers le centre de la terre [4]. Quant à l'action magnétique, elle résulterait des mêmes causes que la pesanteur, avec cette différence que le corps hétérogène empêché par les corps interposés de gagner le centre de la terre, ne peut plus que tendre vers les pôles, c'est-à-dire « via in sphaera brevissima » ou par les méridiens.

Mais l'hypothèse qu'il indique d'une action du soleil agissant comme un vent sur les bandes concentriques de l'éther pour donner aux bandes polaires une vitesse plus grande qu'aux autres bandes parallèles, et dans un même parallèle aux bandes concentriques extérieures une vitesse plus grande aussi qu'aux bandes intérieures, est à la fois très compliquée et presque inadmissible et nous éloigne en tout cas beaucoup de la gyration simple de l'éther autour de l'axe de la terre telle qu'elle est exposée dans la *Theoria motus concreti*.

Quoi qu'il en soit, il est bon de noter que la verticitas ainsi expliquée ou, comme il dit, « is Boreae amor ad directionem tam constantem tamque universalem [5] », il voulait la voir « non in magnete tantum, sed et in plerisque rebus, etsi impari gradu, nam alia aliis magis aetheri pervia, ac poris suis motui ejus proportionata sunt magnes ferrumque prae caeteris [6]... ». Et il en déduisait, en tenant compte par conséquent de la structure des corps, toutes les attractions et répulsions non seulement magnétiques, mais encore électriques [7]. Insistons enfin pour finir sur ce rapprochement de la pesanteur et de l'attraction magné-

---

1. Prop. 8, p. 250.
2. Prop. 7.
3. Prop. 9.
4. Prop. 10.
5. § 33.
6. *Th. m. concr.*, § 33, 197. Cf. Gerh., *Phil.*, I, 78.
7. §§ 34 et 35, 197 sqq.

tique qui donnait dans sa pensée aux phénomènes électriques, par une anticipation remarquable des théories modernes, la même portée et la même universalité qu'à la gravitation.

Aux mouvements sympathiques qui sont « verticitas et attractio [1] », Leibnitz opposait le mouvement antipathique ou réaction, « cujus subtilissimis varietatibus in natura rerum pleraque peraguntur [2] », quoique, disait-il, « si interiora spectes, nulla est in corporibus nec antipathia nec sympathia ». Et de même qu'il attribuait les premiers au mouvement par lequel le mouvement de l'éther « deprimit » les corps hétérogènes qui le troublent et les « rejicit in locum debiliorem, scilicet versus centrum telluris vel versus polos », de même il attribuait le second, auquel il ramène l'ensemble des réactions chimiques, au mouvement par lequel il disperse, quand il le peut, les parties des mêmes corps, pour les réduire à une subtilité égale à la sienne. Et la réaction chimique se trouvait ainsi rapprochée de l'élasticité, comme l'attraction magnétique de la gravitation. Le principe supérieur d'où il tire l'interprétation générale des phénomènes chimiques semble être que, pour chaque région du monde traversée par l'éther, mais occupée par la terre, par l'eau, par l'air ou même par l'éther seul, un tel régime d'équilibre doit à la fin s'établir entre les mouvements de ces différents éléments et la circulation de l'éther, que celui-ci ne peut plus rien changer au mouvement de ceux-là. A peine est-il besoin d'ajouter que l'équilibre résulte tant de leurs mouvements que de leur densité. Si donc l'on donne comme Leibnitz le nom de masses (massae) tant à ces éléments [3] qu'à la ma-

1. *Ibid.*, § 33.
2. *Ibid.*, § 36, p. 200.
3. *Ibid.*, §§ 46 et 52. Par masses Leibnitz semble avoir entendu la matière indéterminée (principia componentia indeterminata § 52) et par conséquent fluide ou liquide (solida = bullas, liquida = massas, § 46), des quatre éléments (« Igitur sunt quatuor massae grandiores, seu elementa ». § 52 ; et plus haut : « massarum motus motui universali terrae, aquae, aëris, aetheris conformis est ; neque enim alterius cujusdam massae grandis statuendae

tière contenue dans les bulles organisées, lesquelles sont comme des vases et comme des contenants à l'égard de cette matière (contenta, seu contentilia), on conçoit que les bulles soient elles-mêmes en équilibre dans un certain lieu quand la masse qu'elles contiennent répond par son mouvement et par sa densité, au mouvement et à la densité qui conviennent à ce lieu ; on les appelle alors ordinaires ou naturelles : « Ordinariae et naturales sunt, in quibus tantum Massarum aliarum, terrae, aquae, aëris, tantum item aetheris, quantum locus fert, in quo bulla sita est. » Mais il peut arriver qu'elles se trouvent transportées « motu massarum universalium » en un lieu pour lequel cet équilibre cesse ; et alors se produit une tendance à la rupture qui développe en elles certains mouvements extraordinaires « ruptura exscerendos », « prorsus ut vasa aëre exhausta aut distenta huc illuc circumgestata, quandocunque aperta, aut exonerantur aethere et sorbent aërem, aut exonerantur aëre et sorbent aetherem » ; elles deviennent alors extraordinaires ou violentes[1]. La réac-

necessitatem reperio », § 47), par opposition aux bulles dans la composition desquelles entrent les éléments en proportions variables, et qui ont toujours un degré défini de fermeté et de solidité (bullas = solida), § 46). Et c'est pourquoi il considère les masses tantôt comme des principes indépendants et indéterminés de la composition des choses (« principia componentia indeterminata », § 52), tantôt comme le contenu des bulles (« contenta », quand elles y sont emprisonnées en fait, « contentilia », quand elles sont seulement considérées comme susceptibles d'y entrer). — On se tromperait d'ailleurs si l'on considérait comme absolue l'indétermination des masses, alors que toute matière et que l'éther lui-même est constitué par des bulles à l'infini, quoique plus petites (« neque enim negarim quaedam extra bullas volitare, etsi forte et ipsa rursum constantia minoribus bullis », § 46 ; et plus loin : « Is tamen aether non putandus est omnino liber esse et dissolutus, cum vix quicquam tale sit in rebus, et in minimis atomis innumerabilium specierum varietas lateat ; plerumque igitur erit et ipse collectus in bullas suas jam liquida, jam sicca forma velatas... » etc., § 60, p. 217). Mais par rapport à une organisation et à une cohésion d'un degré plus élevé, on peut les considérer comme indéterminées. Les bulles sont donc ordinaires ou naturelles quand le mouvement de leur contenu ou de leur masse est conforme au mouvement universel de la terre, de l'eau, de l'air et de l'éther, ou plus exactement du lieu où elles se trouvent momentanément ; elles sont extraordinaires ou violentes dans le cas contraire.

1. *Ibid.*, § 47-48, p. 203.

tion chimique n'est donc rien autre chose qu'une forme particulière de l'élasticité, laquelle dérive elle-même en chaque bulle des proportions infiniment variables d'air, d'eau, de terre, d'éther qu'elle contient, et laquelle se développe ou reste enveloppée, selon que la bulle rencontre autour d'elle des conditions de rupture ou des conditions d'équilibre [1].

On comprend ainsi l'importance du mélange (mixtura) et de la trituration dans le mortier qui rapproche les unes des autres les bulles hétérogènes et prépare leurs réactions mutuelles : « Nam cum antea unumquodque corpus suis limitibus continebatur, quibus diutino motu liquidum ambiens assueverat, nihil nisi acquivalens elabebatur vel illabebatur ; itaque ubi crassa erant corpora, alia crassa succedebant, et subtilibus subtilia ; nunc postquam mixtura hos motus liquidorum turbavit, rupta sunt vincula (quae ut dixi non alia erant, quam hi ipsi motus) et materia per utrumque corpus diffunditur virtute conatus ad uniformitatem ; unde omnibus discussis et disjectis tumultus, qui denique desinit in quietem, id est motum conspirantem et qualemcunque uniformitatem : qualemcunque, inquam, non omnimodam ; hanc enim praecipitata in novum corpus coitio praevenire solet. Unde fit, ut nova semper reactionum materia supersit, neque unquam Elementaria quaedam corpora plane pura habituri simus [2]. »

On comprend enfin que l'origine de toutes les réactions chimiques soit en général, conformément aux doctrines très justes, quoique trop énigmatiques, des anciens chimistes [3], l'opposition « exhausti et distenti, seu, ut cum Democrito loquar, vacui et pleni ; atque haec est unica origo omnis fermentationis, omnis deflagrationis, omnis displosionis, omnis pugnae inter ignem et aquam, acidum et alcali, sulphur et nitrum [4] ». Il ne resterait donc pour

---

1. §§ 47-48, p. 203. Cf. à Fabri, prop. 19. 20. 21. Gerh., *Phil.*, IV, p. 255-256.
2. *A Fabri, ibid.*, p. 255.
3. *Th. mot. conc.*, §§ 37-38, p. 200. Gerh., *Phil.*
4. § 39. 200. Cf. *ibid.*, I, 79.

déterminer sinon toutes les espèces, indéfinies en nombre[1], des bulles existantes, du moins leurs classes et leurs genres, qu'à marquer les degrés principaux exhaustionis constipationisque, de leur débilité et de leur fermeté, de leur grandeur et de leur petitesse, et Leibnitz l'a tenté dans un tableau annexé au paragraphe 51 de la *Theoria motus concreti*.

En déduisant du mouvement de l'éther, sous la supposition d'ailleurs gratuite du mouvement du soleil et du mouvement de la terre, qui donne à l'un et à l'autre une cohésion primitive de degré défini, la gravité et l'élasticité, Leibnitz a donc tenu sa promesse de faire dériver l'une et l'autre « caetera non naturae minus quam artis machinamenta ». L'hypothèse physique qu'il avait conçue lui permettait donc non seulement « varias aliorum hypotheses jungere inter se et conciliare ; ubi deficiunt supplere : ubi subsistunt provehere ; ubi obscurae sunt et ἄρρητοι, explicare atque intelligibiles reddere[2] », mais encore de déduire, comme il l'avait promis, des lois du mouvement abstrait, appliquées dans toute leur intégrité aux mouvements de l'éther, les lois des mouvements concrets qui, au premier abord, semblent en différer, mais qui y trouvent pourtant leurs fondements et leurs principes, en un mot tous les phénomènes de notre monde sensible, tels qu'ils apparaissent à l'observation et à l'expérience (experienti et ratiocinanti). Et il n'est pas douteux que dans son esprit une telle hypothèse, « hypothesis nostra », dit-il, est « paulo plus

---

[1] « Etsi enim possint in subtilitate et virtute dari graduum progressus in infinitum, dantur tamen summi gradus sensibiles, ita ut quod ultra est, ne virtute quidem, nedum forma sensibili ad nos pertingat ; in hoc ergo limite Philosopho pariter atque Empirico subsistendum. » § 60, p. 218.

[2] P. 219. Leibnitz n'a en effet négligé aucune occasion de discuter, puis d'éclaircir, de compléter ou de remplacer les hypothèses d'Aristote sur le mouvement du ciel, sur le plein, sur les éléments et sur les formes substantielles (§ 56), de Digby sur le rare et le dense (§ 56), de Boyle sur l'élasticité (§ 57), de Descartes et Gassendi sur les éléments primitifs (§ 56), des chimistes anciens sur les principes des réactions et des fermentations (§§ 35, 45, 50, 60) de Willisius et de Lowerus sur le mouvement des muscles (57), etc...

aliquid quam hypothesis [1], bien qu'il ait formellement déclaré qu'elle n'était à ses yeux qu'une fiction et qu'un « imaginationis adjumentum », suffisant à rendre compte des phénomènes en les faisant partir d'un commencement tel qu'il aurait pu être, mais tel qu'il n'est point nécessaire qu'il ait été [2]. Le mérite d'une telle hypothèse est en tout cas de montrer la nécessité d'une organisation primitive et d'une économie persistante du monde si l'on veut réussir à rattacher l'ensemble des phénomènes concrets ou du monde sensible aux lois rationnelles du mouvement abstrait ; et qu'on y réussisse par une voie ou par l'autre, peu importe au fond, pourvu que le succès, fût-il seulement relatif, d'une hypothèse compréhensive rende à la science le service de coordonner et de rendre intelligibles les phénomènes, et pourvu qu'elle prouve tout au moins la nécessité et la possibilité d'en faire une [3]. Or, à y bien regarder, cette preuve porte avec elle un double enseignement : l'urgence d'expliquer mécaniquement tous les phénomènes de la nature, si on veut les rendre intelligibles, et l'insuffisance du mécanisme pur ou des lois abstraites du mouvement à en rendre raison, dès lors qu'elles devraient rendre compte de toutes les différences et de toutes les qualités dans le monde sensible, et dès lors qu'elles exigent une première différence ou une première hétérogénéité qu'elles ne peuvent expliquer, puisqu'elles la supposent.

Telle est, dans l'hypothèse de Leibnitz, la première différence de la cohésion du soleil et de la terre, par rapport à la fluidité de l'éther qui remplit tout l'espace intermédiaire: cohésion qu'il dérive sans doute d'un mouvement de rotation autour de leurs axes ; mais qui a engendré ce mouvement de rotation, sinon Dieu qui l'a établi ainsi que les mouvements internes et projectifs du soleil comme le pre-

---

1. § 46, 202. V. aussi Gerh., *Phil.*, I, 77 : « Ut videatur etiam nonnullis aliquid Hypothesi certius. »
2. Cf. § 7, 183, la définition de la philosophie par Hobbes.
3. Rapprocher de ceci la théorie ingénieuse de Poincaré sur les hypothèses physiques en tête de l'Optique.

mier état et la première condition de l'économie du monde ?

Ainsi, dès cette première période de sa pensée philosophique, si Leibnitz est encore bien loin de cette vue profonde qui lui fera chercher les fondements et les lois du monde phénoménal dans les lois plus profondes d'un monde réel dont le premier n'est rien que l'apparence, et s'il se contente de rattacher à la pratique (praxin Dei geometrisantis) d'un Dieu transcendant le monde réel du mouvement mécanique, il se sent cependant déjà tenu de chercher les fondements du mécanisme dans un principe supérieur au mécanisme même. Et c'est d'une part en approfondissant le sens de cette nécessité, et de l'autre en corrigeant sa Théorie du mouvement abstrait, qu'il aboutira enfin à la forme supérieure de son dynamisme philosophique. Le grand intérêt de la *Theoria motus concreti* est de montrer le point de départ de ce développement de la pensée de Leibnitz.

On ne peut donc point reprocher à Leibnitz d'être parti de certains postulats pour expliquer les lois du mouvement concret, puisque c'est la condition même de toute explication mécaniste du monde de ne pouvoir s'édifier et de ne pas même pouvoir commencer sans en imaginer quelques-uns et sans en partir. On peut se demander seulement si l'hypothèse d'un fluide primitif remplissant tout l'espace était préférable de tous points, par la simplicité et la fécondité, à l'hypothèse atomistique, quand ce n'est point seulement quelques différences en petit nombre qu'il requiert dans le monde dès l'origine, mais des différences nombreuses et en elles-mêmes injustifiées, telles que celles non seulement de la cohésion du soleil et de la terre, sans parler de l'éther, mais en outre des quatre éléments, dont la distinction reste vague et indécise[1]. Et en tout état de cause, ce qu'il faut lui reprocher, c'est, alors même qu'il se proposait d'expliquer mécaniquement et géométriquement

---

1. V. Lasswitz. *Gesch. d. Atom.* II, 463.

tous les phénomènes de la nature, de n'avoir pas songé que pour en faire, comme il l'écrira un peu plus tard à Claude Perrault, « res calculi et geometriae [1] », il était nécessaire de les déduire, par une analyse rigoureuse, de certains théorèmes. Or, de tels théorèmes et de telles déductions, on ne trouve nulle trace là même où ils eussent été le plus nécessaires, à savoir dans le développement de la théorie des bulles et dans l'établissement de leurs propriétés ; et Leibnitz se contente de les rattacher par des liens trop lâches et nullement géométriques aux lois abstraites du mouvement et satisfait ainsi aux apparences sensibles plutôt qu'aux exigences de cette Phoronomia elementalis dont il avait pourtant une notion si juste.

En cela il ne faisait, d'ailleurs, que suivre les errements de ceux qui, dans ce même XVII° siècle, avaient conçu comme lui le projet d'une synthèse mathématique de tous les phénomènes de la nature ; et de lui on pourrait dire ce qu'il avait un jour écrit de Descartes dans une lettre à Thomasius : « In Cartesio ejus methodi tantum propositum teneo ; nam cum in rem praesentem ventum est, ab illa severitate prorsus remisit, et ad hypotheses quasdam miras ex abrupto delapsus est [2]. »

Quant à ses modèles, si, sur plus d'un point, l'Hypothèse physique fait songer à Descartes, lorsque notamment il élève l'action de la lumière au premier rang parmi les phénomènes de la nature et lorsqu'il fait de l'Optique comme le centre et le foyer de toute la Physique, il faut bien avouer que sur tout le reste, et notamment dans la théorie des bulles qu'il substitue aux éléments cartésiens du premier et surtout du second élément [3], il le combat plutôt qu'il ne le suit, et qu'avant tous les autres il s'inspire de Hobbes. Témoin le rôle capital qu'il fait jouer à la gyration de l'éther, dont il remplit, comme Hobbes, tous

1. Archiv. I, 574.
2. Gerh., Phil., I, 16.
3. V. § 57, p. 209 en haut. Prop. 20 de la Lettre à Fabri. Cf. ci-dessus note 2, p. 121.

les espaces intersidéraux ; témoin l'explication qu'il donne de la lumière, non plus, comme chez Descartes, par une simple pression transmise en ligne droite et d'un seul coup du centre à la périphérie des tourbillons par les corpuscules ronds du second élément, mais par une projection ou par une émission de particules solaires, et par le conatus qui en résulte dans l'éther et qui s'y propage à l'infini conformément au principe de Hobbes ; témoin l'explication capitale et qui domine tout dans l'*Hypothesis physica nova*, de la cohésion dite première des corps, laquelle dérive toujours d'un mouvement conspirant, et même de cette cohésion dite secondaire par la pression d'un fluide extérieur élastique, tel que l'air, laquelle explique dans les corps tous les degrés de la fermeté ou de la solidité [1]. Témoin enfin le sens particulier que prêtait Hobbes à la divisibilité à l'infini, et qui le conduisait à admettre l'existence à l'infini aussi de fluides de plus en plus subtils, ou, comme s'exprime Leibnitz, en en faisant l'application à la théorie des bulles, de mondes dans les mondes à l'infini [2]. Ce qui lui est commun avec Descartes, c'est la foi dans les principes généraux du mécanisme et notamment dans le principe de la conservation des quantités de mouvement ; mais en ce qui regarde la foi dans le mécanisme, elle n'était pas plus grande chez Descartes que chez Hobbes, et on reconnaît sans méprise possible l'influence de Hobbes dans le principe professé par Leibnitz qu'aucun corps ne se meut qui ne soit mû par un autre contigu au premier ; et en ce qui regarde le principe de la conservation des quantités de mouvement, nous avons déjà vu comment Leibnitz, en le rattachant au principe hobbésien de la composition des conatus, l'entendait en un sens qui, bien loin de s'accorder avec celui de Descartes, y répugnait au contraire aussi bien par la négligence du terme de la masse (magnitudo) dans l'expression de la quantité du mouvement (mv) que par la conséquence de la ten-

---

1. Gerh., *Phil.*, IV, § 59, p. 211.
2. § 43, p. 201.

dance au repos absolu de tous les mouvements actuels de notre monde sensible.

Dans ces sortes de questions, le grand danger est d'affirmer ou de nier d'une manière trop absolue l'influence d'un homme sur la formation de la doctrine d'un autre, quand on affirme la ressemblance intégrale sur la donnée d'une ressemblance partielle, ou quand on nie la seconde sur l'absence de la première ; nous voudrions nous tenir à l'abri de ce danger ; mais sans nier le moins du monde que l'exemple de Descartes qui avait écrit les Principes ait comme dominé tout l'effort de Leibnitz et qu'il l'ait comme entraîné dans la conception de l'Hypothesis physica nova, il faut pourtant reconnaître que celui qu'il suit avec prédilection et auquel il s'attache dans l'établissement des principes comme dans le développement des lois tant du mouvement concret que du mouvement abstrait, c'est l'auteur du *De corpore*, et ce n'est point, comme on l'a cru longtemps par un défaut d'attention presque inexplicable, l'auteur des *Principia philosophiae*[1].

V

Conclusion.

L'idée maîtresse de l'*Hypothesis physica nova* et notamment de la *Theoria motus abstracti*, où elle est l'objet d'un développement spécial, est que si tout dans la nature, y compris la grandeur et la figure des corps et de leurs éléments, est en définitive réductible au mouvement, comme l'établissait déjà d'une façon assez nette la lettre VI de Leibnitz à Thomasius, le mouvement à son tour, en tant qu'on peut le définir « mutatio loci vel spatii » et qu'il est de son essence d'être avant tout représenté comme un déplacement plus ou moins rapide d'un mobile dans l'espace ou comme une vitesse, n'est objet de connaissance que pour

---

1. Tönnies. Selver. Voir l'éloge continuel de Hobbes dans les *Lettres à Thomasius* et dans l'*Hypothesis*. V. Lasswitz. *G. d. Atom.* II, Tönnies. *Phil. Monatshefte*, p. 562.

le géomètre et dépend premièrement des lois et théorèmes de la géométrie.

« De même, écrivait-il en 1676, qu'un philosophe distingué du siècle a appelé la géométrie une Logique mathématique, de même, à mon avis, la Phoronomie est une Logique physique [1]. » Et antérieurement, dans une lettre à Arnauld, il avait écrit ceci : « Videbam geometriam, seu philosophiam de loco, gradum struere ad philosophiam de motu [2]... » Dès lors, si complexe que soit le mouvement dans la nature, et si grande que puisse paraître parfois la difficulté d'en rattacher les suites, c'est-à-dire l'ensemble des qualités sensibles ou des propriétés des corps, aux lois rationnelles et purement géométriques du mouvement abstrait, comme à un théorème ses conséquences directes, tout y est à ce point, selon ses propres expressions, « res calculi et geometriae [3] » qu'il n'hésite pas à écrire à Perrault vers 1674 : « Ainsi je tiens que nous sommes en estat à présent de prétendre à une physique véritable et sans hypothèse [4] », entendez à une physique tout entière soumise à la géométrie et à une « manière d'analyse générale... par laquelle on raisonne géométriquement et sans deviner sur toutes les matières, autant qu'on a des phénomènes donnés là-dessus [5] ». C'était donc une proposition solidement établie pour Leibnitz non seulement que tout dans la nature se fait mécaniquement, mais en outre que tout dans le mouvement et les lois du mouvement dérive des seules lois de la géométrie ; et de là vient que, dans la *Theoria motus abstracti*, il ne considérait dans le mouvement que la seule vitesse, de laquelle dépendrait, ainsi qu'il le dit formellement, toute puissance dans la nature [6].

On sait comment Leibnitz reviendra lui-même plus tard sur ce point de vue lorsqu'il dira, en en faisant la critique,

1. *Pacidius Philalethi*. Archiv. p. 212.
2. Gerh., *Phil.*, I, 71.
3. Archiv. I, 571.
4. P. 571.
5. P. 575.
6. Gerh., *Phil.*, IV, 187 en haut.

que l'*Hypothesis physica* serait le vrai s'il n'y avait dans la nature que ce qu'y considère le géomètre, à savoir l'étendue et la vitesse, et lorsqu'il soutiendra qu'il y faut considérer en outre, pour mettre d'accord les lois mêmes de la vitesse avec l'expérience et la réalité, un autre élément que la pure étendue, à savoir la force, et d'autres principes que les principes purement géométriques, à savoir des principes dynamiques et métaphysiques. En un sens tout y sera encore, dans le monde des phénomènes, conforme aux lois d'une géométrie rigoureuse, mais à la condition que la géométrie même et qu'en tout cas le mécanisme y soient subordonnés à des principes plus élevés et comme d'un autre ordre.

De cette doctrine future, il serait faux à coup sûr de soutenir qu'on trouve plus qu'une ébauche dans l'*Hypothesis physica nova*. On y trouve du moins le sentiment très vif des difficultés qui devaient peu à peu y incliner Leibnitz, et il n'est pas jusqu'à la solution qu'il en imagine, et par laquelle il donne une pleine satisfaction aux exigences de la géométrie, qui ne justifie la prépondérance de celle-ci dans la science de la nature, et qui, du même coup, n'en démontre l'insuffisance.

S'il fallait, en effet, définir le géométrique, pour expliquer comment il jouit chez Leibnitz d'une telle faveur, il faudrait dire qu'il est l'objet d'une science telle que l'extériorité de l'objet de cette science à l'esprit ou, en d'autres termes, sa réalité en soi n'empêche pas qu'elle soit rigoureusement conforme aux lois de la logique, qu'elle soit même, selon les propres termes de Leibnitz, une Logique mathématique, ou, en un mot, que toutes les propositions y soient enchaînées en vertu du principe d'identité ou de contradiction, c'est-à-dire analytiquement. Et de ce privilège, qui confère à cette science la même certitude que si l'esprit eût créé à la fois et l'objet de la science, c'est-à-dire l'espace, et les combinaisons des figures dans l'espace, la géométrie est entre toutes les sciences la seule qui en jouisse ; les autres, du moins, n'en jouissent que dans la mesure de ce qu'il entre en elles de géométrie. Tout l'effort de la science de la Nature ou de la Physique, qui aspire à la certitude, doit donc être de tendre à se laisser pénétrer tout entière par la géométrie.

Est-il vrai cependant que, dans la géométrie même, tout se règle sur les lois de la seule logique ou que tout s'y ramène au principe d'identité ou de contradiction ? Il en serait ainsi, semble croire Leibnitz, s'il n'y était question, des quantités étant données, que de les ajouter ou de les soustraire entre elles ; car il semble qu'ajouter et retrancher, et, d'une manière générale, effectuer sur la quantité les opérations du calcul, c'est l'analyse même. Mais sans soulever ici la question de savoir comment le géométrique ou comment la figure peut être quantité et comment il est permis de le traiter comme tel, Leibnitz a révélé jusqu'en géométrie ou tout au moins en cette géométrie du mouvement qui est la Phoronomie, la présence d'un principe qui n'est pas le principe de contradiction et qui n'est point logique, mais qui est bien plutôt un principe de convenance, d'ordre et de symétrie. Lorsqu'il traite, par exemple, de la composition des conatus et qu'il aborde au paragraphe 23 de la *Theoria motus abstracti* le problème de la composition de deux conatus égaux, mais de direction différente, il reconnaît lui-même qu'il ne saurait être question d'une addition ou d'une soustraction brute de quantités égales (« sola substractione bruta acqualium »), ni dès lors d'une application pure et simple du principe d'identité : la seule détermination dans les deux mouvements qui puisse être modifiée, c'est leur direction ; et s'ils en prennent une troisième intermédiaire, ce n'est point par une nécessité logique, mais « electione tertii propioris, mira quadam sed necessaria *prudentiae* specie res conficitur, quod non facile alioquin in tota Geometria aut phoronomia occurrit ». Et Leibnitz ajoute : « Cum ergo caetera omnia pendeant ex principio illo, totum esse majus parte, quaeque alia sola additione et substractione absolvenda Euclides praefixit Elementis, hoc unum cum fundamento 20 pendet ex nobilissimo illo, (24) *Nihil est sine ratione*, cujus consectaria sunt, quam minimum mutandum, inter contraria medium eligendum, quidvis uni addendum, ne quid alterutri adimatur, multaque alia, quae in scientia quoque civili dominantur[1]. » Ainsi apparaît, pour la première fois sans doute, chez Leibnitz, ce principe de raison suffisante[2] qui devait jouer dans sa philosophie le rôle que l'on sait, et qui, en portant après lui dans la géométrie les principes de symétrie et de continuité, y introduit à côté ou plutôt au-dessus des relations purement logiques la domination d'un principe emprunté à la philosophie civile et morale, ou, comme dira Leibnitz un peu plus tard, au Règne de la Grâce et des Causes finales.

Par ce côté il entre donc déjà dans la Phoronomie, même « elementalis et rationalis », ou dans la géométrie du mouvement, un élément qui n'est point, au sens étroit du mot, purement géométrique, bien loin que dans la nature tout relève exclusivement de la géométrie.

Mais eût-on constitué cette science du mouvement, et la présence en elle du principe de raison suffisante menacerait-elle aussi peu de lui enlever son caractère géométrique que l'usage du principe de symétrie et de continuité menace peu de ruiner la géométrie elle-même, qu'il resterait encore impossible d'en déduire le mouvement concret, ou, comme dit Leibnitz, l'ensemble des phénomènes de notre monde sensible. « Quas leges motus apparentis (id est, concreti) qui confundit cum regulis veri (id est, abstracti), ei similis est qui quantum ad demonstrationes inter mechanica et geometrica nihil interesse credit[3]. » Du géométrique au mécanique, ou mieux des lois du mouvement vrai ou abstrait aux lois du mouvement apparent ou concret, un passage est ouvert qui permet de soumettre aux raisonnements rigoureux du géomètre les phéno-

---

1. Gerh., *Phil.*, IV, 232.
2. Hic est velut apex rationalitatis in motu. *Ibid.*
3. *Ibid.*, p. 188.

mêmes, quels qu'ils soient, de notre monde sensible ; mais pour permettre l'application de la géométrie aux apparences de la nature, la géométrie même ne saurait suffire ; elle peut, quand on suppose dans l'espace infini une première différence ou un premier ensemble de différences figurées, suivre plus ou moins loin les conséquences qui en dérivent, et même elle est le seul instrument qui permette d'y réussir avec précision ; mais ce qu'elle ne peut pas, c'est déterminer par ses propres forces et pour des raisons logiques cette première différence ; et il reste qu'elle dérive, tant dans l'ordre du connaître et pour le physicien qui la suppose à titre d'hypothèse, que dans l'ordre de l'être et pour le créateur du monde qui l'a voulue et comme préférée, non de principes logiques ou mathématiques, mais d'un principe d'ordre et de choix ou, pour rappeler l'expression de Leibnitz, d'économie. Le géométrique postule donc lui-même, même s'il préside dans le monde à tous les développements des purs phénomènes, et même si tout y est en un sens réglé par les seules lois de la géométrie, une économie, un ordre et des principes qui ne soient point rigoureusement géométriques, et d'où dérivent tout au moins les lois du mouvement concret, sinon, comme on l'a vu, jusqu'aux lois mêmes du mouvement abstrait.

N'est-ce point, en d'autres termes, déjà dire nettement que ce qui suffit à la géométrie, à savoir l'étendue et tout ce qui en dépend, est si loin de suffire, comme le pensait Descartes, à la réalité, qu'il ne suffit pas même au mouvement, où de plus en plus Leibnitz inclinait à trouver l'essence même du réel ? Et en partant de là, serait-ce forcer outre mesure sa pensée que de soutenir qu'il tendait, tout en laissant à la géométrie et à la mathématique dans l'ordre du connaître leur portée universelle, à donner, dans l'ordre du réel, aux principes du mouvement une telle prépondérance sur les principes de la géométrie, et au mouvement lui-même sur la pure étendue, qu'il incline déjà à rejeter celle-ci au rang des pures relativités et à n'y voir qu'une suite du mouvement lui-même ou du moins des tendances (*conatus*) qui en constituent l'élément essentiel ?

Avec une décision qu'on ne rencontre point dans ses écrits antérieurs, même dans cette lettre VI à Thomasius où il lui attribuait pourtant dans la genèse des corps un rôle si important, Leibnitz ne se contente plus, dans l'*Hypothesis physica nova*, de voir dans le mouvement l'une des conditions de l'existence des corps, mais il va jusqu'à dire, dans une lettre à Arnauld où il commente les principes de l'*Hypothesis*, qu'il en constitue l'essence : « essentiam corporis potius consistere in motu[1]. »

Point de corps, en effet, qui ne possède au moins cette qualité première d'avoir une cohésion par laquelle il résiste à la pénétration ; et point de cohésion qui ne dérive d'un mouvement conspirant, qui seul l'a pu faire naître et qui seul la conserve, et partant d'une vitesse d'où dépend, selon les propres termes de Leibnitz, toute puissance dans la nature. Tandis, en conséquence, qu'étant encore imbu, dans la lettre à Thomasius, de l'esprit de l'atomisme, ce qu'il songeait seulement à demander au mouvement, c'était la détermination de la grandeur et de la figure du corps, par lesquelles à vrai dire le corps ne se distingue point, sinon pour notre imagination, de l'espace qu'il remplit, ce qu'il lui demande maintenant, c'est avec la figure, ce degré fini, quel qu'il soit, de fermeté ou de solidité et, pour tout dire, d'impénétrabilité, sans lequel il n'y a point de corps.

Mais à ce compte, s'il devait aboutir à cette doctrine remarquable que tout dans les corps et dans leurs éléments, y compris les bulles mêmes, ces stamina rerum, et jusqu'aux *liens*[2] qui semblent les retenir dans leurs limites propres[3], se résout en une diversité pour ainsi dire infinie

---

1. Gerh., *Phil.*, I. p. 72.
2. Vincula. *A Fabri. Ibid.*, IV, 255. Rupta sunt vincula (quae ut dixi non alia erant quam hi ipsi motus).
3. Unumquodque corpus suis limitibus continebatur. *Ibid.*

de mouvements conspirants, qu'allait-il advenir de cette matière première où il voyait encore, dans la lettre à Thomasius, une autre condition de l'existence des corps ? Si d'un corps en repos, ou même qui, après avoir été mû, retomberait à l'état de repos absolu, il est en droit de dire qu'il n'est rien, dès lors qu'il ne différerait en rien de l'espace vide [1], à plus forte raison le peut-il dire aussi de la matière première, avant l'apparition du mouvement ; et de fait il écrit vers 1670 : « Materiam primam si quiescat esse nihil [2]. » Or, il est de l'essence de la matière première d'être en repos, puisqu'alors même qu'elle posséderait cette forme de l'impénétrabilité que lui reconnaissait, sous le nom d'antitypie, la lettre à Thomasius, et qui, n'étant rien d'autre que la possibilité d'être mue ou la mobilité [3], est antérieure au mouvement, il serait contradictoire qu'elle la tînt du mouvement. Elle n'est donc, à vrai dire, rien d'autre que l'espace vide, et on ne sait même plus ce que serait en elle cet acte entitatif [4] ou cette *antitypia* que lui avait naguère attribuée Leibnitz. Car ce qui n'est point mû, d'après les propositions fondamentales de l'*Hypothesis*, ne possède nulle puissance, pas même la puissance de résister au mouvement : « nam si corpus motum impingat in quiescens, totum *perforabit* sine ulla refractione, etsi impingens arenacei grani magnitudine, recipiens mille leucarum crassitie esset [5]. » D'impénétrabilité, la matière première ne pourrait donc posséder que celle qui appartient à l'espace vide *lui-même* et qui se résout chez ce dernier dans l'extériorité tout idéale de ses parties (« partes extra partes ») ; et si d'elle on peut dire, pour rappeler avec Leibnitz « quod quidam scolastici obscure dixere », qu'elle ne saurait tirer une existence quelconque que de la forme et par conséquent

---

1. « Et inveni corpus quiescens nullum esse, nec a spatio vacuo differre. » Gehr., *Phil.*, I. A Arnauld, p. 71.
2. *Ibid.*, VII, 259.
3. *Ibid.*, I, 17 et 24.
4. *Ibid.*, p. 17 en bas.
5. *Ibid.*, IV, 188.

du mouvement [1], n'en faut-il point conclure qu'elle est la même chose que l'espace, comme le dit d'ailleurs Leibnitz en terme exprès [2] et que toute raison tombe de l'en distinguer ?

Cependant si l'on songe que, pour enlever toute existence à la matière première ou à un corps quelconque, il suffit d'avoir démontré qu'il ne diffère en rien de l'espace vide, quelle existence aurait ce en quoi toutes les choses qui s'y laissent ramener perdent toute existence ? Comment, en d'autres termes, l'espace existerait-il, s'il suffit qu'une chose se confonde avec l'espace pour cesser d'exister ? Nous n'avons garde de soutenir que Leibnitz ait, dès cette époque, formellement reconnu l'inexistence de l'espace ; mais s'il en fait encore une condition de l'existence des choses, et une condition même du mouvement, par lequel sont les choses, il fallait cependant que l'existence de l'espace et l'existence des choses ne fussent point du même ordre, et que, tandis que les unes existeraient d'une existence réelle, l'autre n'eût par exemple qu'une existence idéale et comme relative ? Et de quoi serait-elle relative, sinon du mouvement d'où, au dire de Leibnitz, relève toute existence ?

C'est, à vrai dire, un fort paradoxe que de faire du mouvement une condition de l'espace, quand il semble, au contraire, qu'en dehors de l'espace, on ne pourrait pas même se représenter le mouvement. Mais s'il est vrai, d'une part, qu'on ne peut constituer la science du mouvement sans l'appuyer sur la science du lieu ou la géométrie [3], il en résulte si peu que l'ordre des conditions soit dans l'ordre du réel le même que dans l'ordre de la représentation, que de l'étendue toute seule et de tout le géométrique on ne ferait pas naître le plus petit mouvement.

---

1. *Ibid.*, VII, 259. « Materiam primam etiam existentiam a forma habere. »
2. *Ibid.* « Omnia esse plena, quia materia prima et spatium idem est. »
3. « Videbam geometriam, seu philosophiam de loco, gradum struere ad philosophiam de motu seu corpore. » *A Arnauld*, I, 71.

Si l'espace est nécessaire à la représentation du mouvement, il pourrait donc se faire que le mouvement à son tour fût nécessaire à l'existence de l'espace. Et il n'est pas jusqu'à la théorie des indivisibles, telle qu'elle est exposée dans la *Theoria motus abstracti*, qui ne dût porter Leibnitz à cette conclusion.

D'un idéal seulement on peut dire, en effet, ce qu'il a dit de l'espace, à savoir qu'il possède un nombre infini de parties ; et la contradiction inhérente à la supposition qu'elles y seraient en acte éclate dans cette remarque qu'il faudrait, pour qu'elles fussent vraiment inétendues, qu'elles fussent indivisibles, et qu'on ne peut admettre, si elles sont cependant des parties de l'étendue, qu'elles soient des minima. De vrai, il n'y a pas plus de parties réelles de l'espace qu'il n'y a de réalité dans l'espace lui-même, lequel n'existe pas plus que la matière première : il n'y a donc en lui de parties qu'en puissance, et il n'y a pas deux principes qui leur donnent l'existence, comme il n'y en a pas deux qui puissent la donner à une grandeur finie quelconque dans l'étendue ; mais il n'y en a qu'un, et c'est le mouvement. Si l'indivisible géométrique existait, en effet, d'une existence réelle, il exclurait d'emblée la possibilité de l'indivisible phoronomique, puisqu'il faudrait que le conatus occupât à la fois un nombre infini de points géométriques, ce qui exclut la possibilité du mouvement, ou qu'il les occupât successivement, ce qui exclut encore la possibilité du mouvement en excluant l'indivisibilité du conatus. Mais exclure la possibilité du mouvement, c'est exclure la possibilité d'une existence quelconque, et on aboutirait à cette inadmissible conclusion que l'existence en soi des parties indivisibles de l'espace exclut la possibilité de l'existence des corps.

De vrai, il n'y a d'abord d'indivisibles dans l'espace, comparables entre eux par leurs grandeurs diverses, que les lieux parcourus dans une durée très petite par des mouvements différents ; et si l'espace nous est, dans la représentation, nécessaire pour les mesurer, le mouvement est nécessaire à son tour pour qu'ils soient dans l'espace autrement qu'à l'état de purs représentés et de purs possibles, et pour qu'ils y soient d'abord déterminés. Des indivisibles géométriques ou des inétendus, on peut dire, semble-t-il, qu'ils peuvent avoir, tout en restant inétendus, toutes les grandeurs, disons mieux, tous les degrés possibles de réalité (« punctum puncto majus »); car à peine est-il besoin de remarquer à ce propos que, pour l'indivisible, être en *acte*, c'est être de dimensions définies, et qu'autrement il ne serait qu'en puissance. Or, à quoi ces points de l'espace plus grands les uns que les autres devraient-ils les dimensions qui, pour la première fois, les font passer de la puissance à l'acte, sinon au mouvement, variable à l'infini quant au degré, et avant lequel il n'y a dans l'espace, au dire de Leibnitz lui-même, que le vide et le néant, et duquel dans les corps résulte toute puissance et toute réalité ?

Ce n'est donc point outrer la pensée de Leibnitz que de dire qu'il tendait, dès cette époque, quoique inconsciemment, à voir dans le *conatus* le fondement non seulement du réel, mais de l'existence même de cette extension qui, avant le conatus, n'existe qu'en puissance, et qui n'existe en acte que par le mouvement. Et dès lors qu'on ne peut trouver au conatus un fondement suffisant ni dans le géométrique, puisqu'il est, au contraire, ce qui le détermine, ni non plus en lui-même, puisqu'en tant que conatus et qu'élément du mouvement il s'exprime tout entier dans le géométrique, il reste qu'il le trouve dans une réalité plus haute [1] qui le détermine d'abord et qui, du même coup, détermine le lieu qu'il définit en le parcourant. Du point de vue du réel, le géométrique postule donc le conatus, lequel à son tour postule, comme nous le verrons mieux dans le chapitre suivant, une réalité d'un ordre plus élevé, qui n'est autre que l'esprit : et voilà pourquoi Leibnitz,

1. *A Arnauld.* Gerh., *Phil.*, I, p. 75. Leibnitz écrit (1671) : « Principium motus seu substantiam corporis extensione carere. »

dès 1671, écrivait à Arnauld : « Videbam geometriam sive philosophiam de loco, gradum struere ad philosophiam de motu seu corpore, et philosophiam de motu ad scientiam de mente [1]. » Et il n'est pas douteux que le degré inférieur postule par son insuffisance même le degré supérieur.

En revanche, le supérieur ne trouve son expression que dans l'inférieur, l'âme dans le conatus, le conatus dans l'indivisible ou le géométrique, et l'un et l'autre en dernière analyse dans l'espace qu'ils déterminent. Mais ne laisser à l'espace d'autre rôle que d'être en quelque sorte le lieu de l'expression des choses, n'est-ce point le rapprocher d'autant plus d'une forme toute relative et comme idéale d'existence, qu'il est plus éloigné de la réalité? Nous ne voulons point dire que, dans l'*Hypothesis*, Leibnitz ait nettement aperçu et déjà enseigné cette relativité et pour ainsi dire cette phénoménalité de l'espace; mais elle ouvrait la voie qui devait l'y conduire, et il y arrivera par des progrès rapides; dès 1676, dans le *Pacidius Philalethi* [2], il aura renoncé à la réalité de l'indivisible géométrique, pour ne l'admettre qu'en puissance, ce qui était faire de l'Espace un idéal et non plus un réel si la marque des idéaux, comme il l'écrira plus tard à de Volder, est que le tout y est antérieur aux parties, tandis que « in realibus unitates multitudine sunt priores, nec existunt multitudines nisi per unitates [3] »; et nous avons au reste dans le *Phoranomus* [4], son propre témoignage que ses réflexions sur le caractère non géométrique du mouvement furent liées de bonne heure à celles qui devaient le conduire à la doctrine de l'idéalité de l'espace : « Cum enim olim spatium concepissem tanquam locum realem immobilem, sola extensione praeditum, motum absolutum definire poteram mutatione spatii hujus realis. Sed paulatim dubitare

---

1. *Ibid.*, I, 71. Cf. IV, p. 188; p. 233.
2. Archiv. I, p. 214.
3. Gerh., *Phil.*, II, 279 en haut.
4. Archiv. I, 580.

cœpi, utrum tale esset Ens in natura, quod spatium vocant » ; et il est très vraisemblable que ces doutes lui furent suggérés par les tendances mêmes des idées principales de l'*Hypothesis*.

Quoi qu'il en soit, même s'il fait encore de l'espace dans l'*Hypothesis* « tanquam locum realem immobilem, sola extensione praeditum », on peut dire qu'il ne comporte plus à ses yeux rien de tel que ces éléments purs, rigides et absolus [1], où l'atomisme de Gassendi et où Descartes lui-même, au dire de Leibnitz, voyaient les fondements des choses, mais qu'ils s'y déterminent et s'y conservent par la perpétuité du mouvement. A la place de l'élément absolu et inorganisé, il substitue pour toujours un élément pour ainsi dire vivant et organisé; et même il faut qu'il enveloppe à l'infini d'autres éléments vivants et organisés, s'il n'y a point de vide, et s'il n'y a point non plus de partie du temps, « in quo non cuilibet corporis parti vel puncto aliqua obtingat mutatio vel motus [2] ». De là ces propositions remarquables où s'annoncent déjà les principes de la *Monadologie*, à savoir : « Cum continuum sit divisibile in infinitum, quaelibet atomus erit infinitarum specierum quidam velut mundus, et dabuntur mundi in mundis in infinitum [3] » ; et dans le *Pacidius Philalethi* :. « Nullum esse corpus tam exiguum, in quo non sit infinitarum creaturarum mundus [4]. »

On peut donc dire que dans l'*Hypothesis* Leibnitz a, pour la première fois, définitivement rompu avec l'esprit de la philosophie atomistique ; et s'il y enseigne encore, comme il l'enseignera toujours, que tout se fait mécaniquement et même géométriquement dans la nature, l'excès géométrique des définitions et des lois du mouvement qu'il y formule ne l'empêche point de pressentir dès lors qu'il y a quelque chose de réel et d'absolu dans le mouvement

1. Prop. 20 de la *Lettre à Fabri.* Cf. Th. M. C. Gerh., *Phil.*, IV, 209.
2. Archiv., I, 214.
3. Gerh., *Phil.*. IV, 201, § 43.
4. Archiv., I, 214.

et que ce quelque chose n'est point mathématique[1]. Si ces tendances, nouvelles chez Leibnitz et destinées à le conduire plus tard à une philosophie plus profonde, n'aboutissent point encore à dégager pleinement sa doctrine du mouvement ou du corps ni même sa doctrine de l'esprit d'une sorte d'excès géométrique, encore l'*Hypothesis* ouvrait-elle toute grande la voie qui devait le conduire, selon ses propres expressions, des causes mathématiques et en quelque sorte sourdes[2] des choses à leurs causes ou principes métaphysiques. Par là, elle marque le point culminant de la philosophie de Leibnitz avant 1672 et le point de départ de sa philosophie postérieure ; et elle nous a paru mériter toute l'attention et les longs développements que nous lui avons donnés.

1. *Phoranomus*. Archiv. I, p. 580. « Quod in motu reale et absolutum est non consistere in eo quod est pure mathematicum ».
2. *Ibid.*, p. 581. Causas rerum non esse surdas ut ita dicam et pure mathematicas... etc...

DEUXIÈME PARTIE

L'ESPRIT

I

Lorsqu'il écrivait à Arnauld vers la fin de 1671 : « Ego inter tot distractiones vix alteri me argumento vehementius incubuisse arbitror quantulocunque tractu hujus vitae meae, quam quod me securum redderet de futura (vita) », et lorsqu'il ajoutait : « et hanc unam mihi multo maximam fuisse fateor etiam philosophandi causam [1] », Leibnitz ne faisait que résumer en deux mots le caractère saillant de sa philosophie. Et ce fut, en effet, pendant toute sa vie sa préoccupation dominante de demander à la science, ou, comme on disait alors, à la philosophie du corps ou de la nature, les moyens de s'élever à la connaissance de l'esprit, de sa nature et de ses destinées. D'ailleurs, tandis qu'on lui ferait injure en supposant qu'il était prêt, pour satisfaire ses tendances religieuses, à combattre la science et, si besoin était, à faire violence à ses enseignements, il faut dire tout au plus qu'elles l'inclinèrent de bonne heure à comprendre comment l'existence même des corps et les lois du mouvement postulent l'existence de Dieu et de l'âme, ou comment les principes mathématiques et mécaniques de la

---

1. Gerh., *Phil.*, I, 71.

nature requièrent l'existence de principes métaphysiques et y sont comme suspendus. Abandonner les premiers, ce serait, à ses yeux, non point fortifier, mais ruiner les seconds, et nous savons avec quel zèle il embrassa les principes de cette « philosophiam hodiernam a Galilaeo, Bacono, Gassendo, Cartesio, Hobbesio, etc., emendatam [1] », tant il était convaincu, selon les belles paroles de Bacon qu'il rappelle, « philosophiam obiter libatam a Deo abducere, penitus haustam reducere ad eumdem [2] ». Et le fait est, si l'on voulait lui faire à lui-même l'application de ces paroles, qu'on le vit, dans cette période de sa vie qui nous occupe, approfondir d'autant plus la nature non seulement de Dieu, mais de l'esprit en général, qu'il allait plus avant, par des progrès successifs que nous avons marqués, dans la connaissance des lois et des principes du mouvement.

Tant qu'il n'essaye point, comme dans l'*Hypothesis*, de constituer la science du mouvement et d'en approfondir les lois et les principes, et tant qu'il se contente d'affirmer que dans la nature tout s'explique par la grandeur, la figure et le mouvement, sa doctrine se réduit à chercher par delà la grandeur, la figure et le mouvement des atomes, et par delà le mouvement, quand le mouvement sera devenu à ses yeux le principe de toute détermination de grandeur et de figure, la cause première de tous les mouvements qui se produisent dans la nature ou le premier moteur. Mais du premier moteur tout ce que nous savons, c'est que n'étant point le mouvement, puisqu'il en est la cause et qu'il n'appartient point au mouvement d'être cause de soi, il reste, s'il existe, qu'il en soit différent ; et comme en dehors de ce qui est mû, ou du corps, nous ne pouvons convenir d'autre existence que celle de l'esprit [3], il reste que le premier moteur soit une

---

1. Gerh., *Phil.*, I, 61.
2. *Ibid*, IV, 105.
3. « Quis enim imaginari sibi potest ens quod neque extensionis, neque cogitationis sit particeps? » *A Thomasius. Ibid.*, I, 25. Voir surtout p. 11.

intelligence suprême : *Mens totius mundi Rectrix*.

Dans la première forme que prend le mécanisme chez Leibnitz, le seul principe auquel le conduise ce qu'on pourrait appeler l'absence d'autonomie ou la relativité du mouvement, est donc une cause première qui, à elle seule, suffit pour rendre compte du mouvement ; et si elle est Esprit, s'il faut même dire à cause de l'unité du monde qu'elle est une, à cause de l'ordre du monde et du choix qu'il suppose qu'elle est intelligente et sage, « ob earum (rerum) obedientiam ad nutum [2] » qu'elle est puissante, encore l'esprit « universi rectrix » que postule le mouvement est-il un Dieu transcendant, qui ne conserve le monde qu'autant qu'il l'a créé, sans que d'une analyse rigoureuse du mouvement Leibnitz ait su déduire ni la nécessité d'une action divine qui le conserve par sa présence actuelle et par son immanence, ni encore bien moins un préjugé quelconque en faveur d'esprits secondaires, tels que l'esprit humain, en quelque sorte mêlés à la vie de l'univers. Et le fait est que, lorsqu'il en vient dans la *Confessio naturae* à la démonstration de l'immortalité de l'âme [3], il part de l'existence de l'esprit humain et du fait qu'il pense [4] comme d'une donnée de l'expérience, bien loin qu'il aperçoive en quel sens et de quelle manière l'existence d'un tel esprit est liée à celle du corps ou du mouvement. Le seul effort qu'il puisse tenter est donc, dès lors, que de tels esprits sont donnés, de les rattacher comme des esprits secondaires à l'esprit premier ou à Dieu, de la pensée duquel dérive leur pensée propre [5] ;

---

1. *Ibid.*, I. p. 11, IV, 109 (*Confessio naturae*), 1668.
2. *Ibid.*, IV, 109.
3. *Ibid.*, IV, 109.
4. « Mens humana est ens cujus aliqua actio est cogitatio. » *Ibid.*
5. « Scis eam mihi sententiam esse, omnium rerum causas efficientes esse cogitationem et motum, motum inquam localem : neque enim alium credo : cogitationem autem primae mentis i. e. Dei (a qua ipsae secundae habent quod cogitant). » *A Thomasius*. L. XI. Gerh., *Phil.*, I, 33. Quoique cette lettre soit datée du 19/29 décembre 1670, et quoique le passage cité résume en quelque sorte le principe supérieur d'un *somnium physicum* qui n'est autre que l'*Hypothesis physica nova*, on peut la prendre aussi comme l'évo-

en sorte que cette doctrine de l'esprit, constituée presque tout entière en dehors de toute considération du mouvement, n'éclaircit en rien la nature du mouvement, en même temps qu'elle tend vers une confusion des esprits secondaires dans l'esprit divin, lequel a seul une raison d'être en face de la nature. Le seul bénéfice qu'il convienne de noter en faveur de l'esprit en général et, par conséquent, de l'esprit humain en particulier est que, par le fait même qu'il se distingue du mouvement, il se trouve affranchi des lois du mouvement et du déterminisme rigoureux qui en découle [1], et qu'il est le principe ou le lieu de toute spontanéité et de toute liberté, comme l'exprime Leibnitz dans la lettre VI à Thomasius : « Hinc in solas mentes cadit libertas et spontaneum [2]. »

Mais lorsque dans l'*Hypothesis* Leibnitz soumettra enfin pour la première fois à une analyse rigoureuse la nature du mouvement, les liens jusqu'alors restés lâches entre la doctrine du mouvement et la doctrine de l'esprit se resserreront d'eux-mêmes d'une manière si étroite qu'il écrira à Arnauld : « Videbam Geometriam, seu philosophiam de loco, gradum struere ad philosophiam de motu seu corpore, et philosophiam de motu ad scientiam de mente [3]. » Et ce fut, dès lors, chez lui, l'objet d'une conviction si nettement arrêtée qu'il en faisait part à Oldenbourg dès les premières lettres où il lui parlait de son hypothèse physique [4], et qu'il avait certainement conçu, en même temps que les deux traités du mouvement abstrait et du mouvement concret.

---

cation d'une doctrine ancienne, rappelée par Leibnitz à Thomasius, et si cette doctrine peut prendre un sens nouveau dans les conditions où est placé Leibnitz au moment de la *Th. M. concreti*, elle ne pouvait avoir au temps de la Lettre VI que le sens que nous indiquons.

1. Le principe du déterminisme mécanique est dans cette loi que le mouvement d'un corps lui est toujours imprimé par un autre. En échappant à cette loi, l'esprit, en tant que forme, peut être conçu comme principium motus in suo corpore. *Ibid.*, I, 22.
2. *Ibid.*, I, p. 22.
3. *Ibid.*, I, 71. Cf. *Th. M. C.* § 21, p. 188. *Th. m. a. Usus*, p. 238.
4. Gerh., *Phil.*, I, p. 15. Cf. *Ibid.*, I, 18, lettre de Oldenbourg du 11 avril 1671.

un traité sur l'esprit qui en était à ses yeux le complément naturel : un passage d'une lettre à Jean Frédéric (*21 mai 1671*) semble même indiquer qu'il en avait écrit, sous forme de discours, une première ébauche [1]; mais il ne s'en était point tenu là ; et nous avons la preuve, dans sa lettre à Arnauld, que dès la fin de 1671, c'est-à-dire peu de temps après la publication de l'*Hypothèse physique*, il préparait des éléments philosophiques sur l'esprit [2], à l'achèvement desquels il n'avait point renoncé en mars 1673, comme le prouve la lettre qu'il écrivait de Paris à cette date au duc Jean Frédéric [3]. Il n'est pas jusqu'au titre de ce nouveau traité qui ne prouve à quel point il était lié dans son esprit aux traités du mouvement, puisqu'il projetait de l'intituler *Elementa de mente*, comme il eût pu intituler sa *Théorie* du mouvement abstrait ou sa Phoronomia Elementalis *Elementa de motu seu de corpore*. Il semble toutefois qu'il ne l'ait ni publié ni même achevé ; nous ne sachions pas du moins qu'on en ait rien retrouvé parmi ses manuscrits ; mais il a donné sur cette doctrine de l'esprit dans la *Theoria motus abstracti* et surtout dans les lettres contemporaines à Jean Frédéric et à Arnauld assez d'indications pour qu'il nous soit possible de la reconstituer.

II

La doctrine a l'époque de l'*Hypothesis*.

C'est peut-être le trait le plus remarquable de l'*Hypothesis physica nova*, comme nous l'avons vu dans le chapitre qui précède, d'aboutir à la conciliation de ce double

---

1. Gerh., *Phil.*, I, 52.
2. « ...Quaeque alia multa spero me demonstraturum in iis, quae motior, Elementis de Mente. » *Ibid.*, I, 73.
3. « Meine Elementa philosophica de Mente (denn wir bisher nur philosophiam de Corpore haben)... verlangen unterschiedliche treffliche Leut ausgemacht zu sehen. » Paris, 26 mars 1673. *Ibid.*, I, 67.

résultat, qui restera le propre de la philosophie de Leibnitz à toutes les époques de sa vie, sauf les modifications internes de la doctrine, à savoir : 1° qu'il n'y a rien dans le mouvement, et par conséquent dans le corps, lequel n'est autre que le mouvement, dont il ne soit possible de rendre rigoureusement compte par des raisons géométriques, d'où suit précisément la nécessité d'une Phoronomia elementalis ; et pourtant 2° que le mouvement postule, avant de se réaliser dans l'espace, des causes qui dépassent toute géométrie, parce qu'elles sont supérieures à la pure étendue. Et la raison en est que Leibnitz pressentait déjà, quoique confusément, que si le développement de toute réalité aboutit pour nos sens à une certaine détermination de l'espace et trouve ainsi dans l'ordre des phénomènes comme il dira plus tard, une expression géométrique exacte et rigoureuse, il s'en faut cependant qu'on soit dispensé par là de chercher le réel au delà de l'idéal, ou au delà de l'expression l'origine de ce qui s'y exprime. Et de là vient, selon nous, cette liaison intime de la doctrine de l'esprit à la doctrine du mouvement, dès lors qu'aux yeux de Leibnitz, ce dont l'action réelle s'exprime dans le mouvement n'est, comme on va le voir, rien d'autre que l'esprit.

A le considérer d'un premier point de vue, nul n'a le droit cependant de relever dans le mouvement un élément quelconque qui ne soit géométrique, et ce serait notamment tomber dans une grave erreur, produite par la signification équivoque d'un mot, que de prêter d'emblée au conatus de la *Theoria motus abstracti*, comme est tenté de le faire un lecteur inattentif, le rôle qu'aura par exemple l'appétition, l'énergie ou l'effort, dans la Monade de la doctrine future. Pour le rappeler brièvement, de même que le mouvement n'est rien que « mutatio loci ou spatii », ce qui conduit Leibnitz, trompé, comme il le remarquera lui-même, par sa tendance abusive à ne voir dans le mouvement que ce qu'y peut saisir le géomètre, à n'y considérer que la vitesse, de même le conatus n'est encore qu'une vitesse, considérée dans un instant plus court que toute durée donnée : « Velocitas sumpta cum directione, écrira-t-il encore en 1695 [1], conatus appellatur » ; du conatus au mouvement, il n'y a donc pas d'autre différence que du point à la ligne, de la ligne à la surface, de l'instant à la durée, bref que de l'indivisible ou de l'inétendu à l'étendu, ou, pour parler le langage des modernes, de la différentielle à l'intégrale, et de l'élément à la somme des éléments. Dans cette réduction du mouvement à ses éléments différentiels, où nous trouvons le premier et remarquable emploi de l'analyse infinitésimale par Leibnitz, qui s'inspire d'ailleurs directement de Hobbes et de Cavalieri, ce serait donc méconnaître entièrement sa pensée que de voir un passage, ou du moins un passage direct et immédiat, du géométrique au métaphysique. Différentier la vitesse, c'est définir encore une vitesse, quoique infiniment petite ; et, à le prendre dans sa signification précise, le conatus n'est rien encore qu'un mouvement, par lequel seulement est parcouru un chemin plus petit que toute longueur donnée dans un instant plus court que toute durée finie.

Cependant le passage que l'analyse toute seule ne saurait franchir, il faut pourtant reconnaître qu'elle nous y prépare et qu'en quelque manière elle nous y contraint. Si, d'une part, en effet, il faut dire du mouvement qu'il est dans le temps ce qu'est dans l'instant le conatus, et s'il se trouve ramené, par la vertu même de l'analyse différentielle, à n'être qu'une somme de vitesses élémentaires, comme toute durée finie est une somme d'instants, c'est, d'autre part, la définition même d'une vitesse élémentaire de ne pouvoir durer au delà d'un instant : « nullus conatus sine motu durat ultra momentum [2]. » En tant qu'indivisible, et en tant qu'il n'est qu'une étendue infiniment petite parcourue dans un temps infiniment petit, en tant, en d'autres termes, qu'on est tenu de n'y voir que ce qui y

1. *Specim. dynamicum.* Gerh., *Phil.,* VI, 237.
2. Gerh., *Phil.,* IV, 230.

relève de la géométrie, tout conatus cesse, par définition, au moment même où il commence ; en vain soutiendrait-on que pourvu qu'on supprime devant lui tout obstacle et qu'il dispose, en quelque sorte, d'une durée finie, il y devient mouvement ; car le mouvement n'est rien, au sens géométrique, qu'une somme infinie de telles différentielles ou de tels conatus ; et pour avoir le droit de rapporter le mouvement au conatus unique par lequel il commence, il faudrait qu'il en fût non seulement une partie géométrique intégrante ou le commencement, mais encore le principe, et qu'il eût la vertu de se répéter, ou mieux de se diffuser (diffusio) à l'infini dans la durée et dans l'espace. Ce que le géométrique exprime du conatus, c'est l'espace infiniment petit qu'il parcourt dans l'instant ; mais ce qu'il ne saurait exprimer, c'est la puissance qu'il a d'en parcourir un autre dans l'instant ultérieur, et dans une somme finie d'unités de durée d'en parcourir autant que cette somme renferme d'unités ou d'instants. Le mouvement, en un mot, n'est que le prolongement dans le temps d'un indivisible qui, à tout prendre, n'existe que dans l'instant ; il faut donc reconnaître à cet indivisible la puissance d'intégrer dans un moment unique tous les moments du mouvement, et une telle puissance n'appartient qu'au souvenir ou aux êtres qui sont capables de souvenir, c'est-à-dire aux esprits.

Ainsi le conatus n'enveloppe la puissance de s'intégrer lui-même à travers la durée ou de devenir mouvement qu'autant qu'il est souvenir ; il n'est tendance [1], en d'autres termes, qu'autant qu'il est conscience ; et le géométrique, qu'on y saisit d'abord, n'y est que l'expression de la conscience qu'il suppose. De là vient que Leibnitz, bien qu'il l'ait tout d'abord défini dans la langue de la géométrie comme une différentielle, n'hésitait pas ailleurs à y voir l'expression et l'action de l'esprit : « Dann gleich wie actiones corporum bestehen in motu, so bestehen actiones

---

1. Tendentia. Voy. le mot dans le *Phoranomus*. Archiv. I, 578.

mentium in conatu, seu motus, ut sic dicam, minimo vel puncto [1] » ; dans la lettre à Arnauld, il allait même plus loin et y voyait nettement l'essence de la pensée : « cogitationem consistere in conatu, ut corpus in motu [2]. » De l'esprit au corps, il n'y a donc pas d'autre différence, comme le prouvent les textes que nous venons de citer, que du conatus au mouvement ; l'esprit est l'indivisible vrai [3] ; l'indivisible géométrique, ou mieux phoronomique et le mouvement qui s'ensuit, n'en sont que l'expression dans le temps et dans l'espace ; et le corps, à vrai dire, est dans le même rapport avec l'esprit que le mouvement, allons même plus loin, que le conatus sans souvenir ni conscience [4] de la géométrie, avec l'indivisible vrai qui en est le fondement et qui enveloppe à la fois tendance et souvenir.

Mais ce n'est là, pourrait-on dire, qu'une conscience élémentaire, comme le mouvement rectiligne et uniforme est en géométrie le plus simple et le plus élémentaire de tous les mouvements, et, à vrai dire, il n'y a pas plus dans la nature de conscience élémentaire réduite à elle-même et isolée qu'il n'y a dans le plein de mouvement rectiligne et uniforme ; tous les mouvements y reviennent, au contraire, sur eux-mêmes [5], de telle sorte qu'il n'est pas un seul point de l'espace où l'on ne puisse affirmer qu'un mobile soit le lieu de conatus multiples qui concourent ensemble et qui se composent. Or, tandis que c'est la loi suprême des conatus dans l'espace, lorsqu'ils concourent en un même mobile et tout au moins lorsqu'ils s'opposent, de se retrancher les uns des autres et, en ce sens, de disparaître et de ne point durer au delà d'un

---

1. Gerh., *Phil.*, I, 52.
2. *Ibid.*, 72.
3. «Hobbius tollit mentes incorporeas, tollit indivisibilia vera ». *Ibid.*, IV, 240.
4. « Nullus conatus sine motu durat ultra momentum, praeterquam in mentibus. » *Ibid.*, IV, 230.
5. « Ergo omnem motum esse circularem aut ex circularibus compositum, aut saltem in se redeuntem. » Gerh., *Phil.*, VII, 259. Cf. à Arnauld. *Ibid.*, I, 72.

moment, c'est au contraire la loi suprême des mêmes conatus dans l'esprit d'y durer par le souvenir et d'y persévérer sous leur composition géométrique et sous le mouvement simplifié qui en résulte ; du corps, qui est l'ensemble de ces mouvements continuellement modifiés, il faut donc dire qu'il ne retient point au delà d'un moment, à l'instant du concours, son conatus propre et le conatus étranger qui le modifie[1] ; par le souvenir, au contraire, l'esprit garde l'un et l'autre. Et Leibnitz pouvait dire que si dans les corps le conatus, qui ne laisse trace de soi dans le mouvement résultant que par la direction qu'il contribue à lui imprimer, est indestructible seulement quoad determinationem, tandis que disparaît le degré de sa vitesse, dans l'esprit au contraire il garde jusqu'au degré de sa vitesse[2], ou du moins jusqu'au degré de la tendance qui en est le fondement. Ce qui est dans l'espace composition géométrique, diminution, et simplification, et ce qui n'y dure, en engendrant le corps, que dans la trajectoire des mouvements résultants, persévère dans l'esprit comme synthèse d'éléments qui constituent une harmonie jusque dans leur opposition : « ut corpus in motuum tractu, ita mentem in conatum harmonia consistere[3] » ; et, à vrai dire, tout état de conscience est une harmonie présente qui naît de la composition des harmonies antérieures, comme le mouvement présent d'un corps naît de la composition des conatus précédents : « motum corporis praesentem oriri ex praecedentium conatuum compositione, conatum mentis praesentem, id est voluntatem, ex compositione harmoniarum praecedentium in unam novam... [4] »

Au moment du concours, et dans l'instant précis où, se

1. « ...Conatum simul suum et alienum contrarium... non retinet ultra momentum. » *Ibid.*, IV, 230.
2. « Conatum omnem in corporibus quoad determinationem esse indestruibilem, in mente etiam quoad gradum velocitatis... » *Ibid.*, I, 73. Il est clair que la ponctuation du texte de Gerhardt est défectueuse.
3. *Ibid.*, I, 73.
4. *Ibid.*

composant d'une part et s'harmonisant de l'autre, les
conatus subsistent sans soustraction et sans diminution,
entre le corps et l'esprit il n'y a donc réellement aucune
différence ; mais entre la composition qui les confond et
les efface dans le mouvement résultant, et la synthèse qui
les conserve même quand ils s'unissent, il y en a une
grande ; et l'identité du corps et de l'esprit ne saurait dépasser la durée d'un instant. Le corps n'est donc, selon
la belle formule de Leibnitz, qu'un esprit momentané [1] ;
et par cela seul qu'il manque de mémoire, et que « nullus
conatus sine motu » n'y dure au delà d'un moment, il se
trouve dépouillé de ce qui fait le propre de l'esprit, à
savoir du sentiment et de la conscience : « duobus enim,
actione et reactione, seu comparatione ac proinde harmonia, ad sensum et sine quibus sensus nullus est, voluptatem vel dolorem, opus est [2] » ; or, puisqu'il ne saurait
retenir ensemble au delà d'un moment « conatum simul
suum et alienum contrarium », « caret memoria, caret
sensu actionum passionumque suarum, caret cogita-
tione [3] ».

Ainsi le mouvement, et le corps dont l'essence consiste
dans le mouvement, n'apparaît dans l'espace que comme
une expression de l'esprit et de la conscience, mais comme
une expression affaiblie et appauvrie. C'est sa loi, en
effet, parce qu'il est de son essence de manquer de souvenir (caret recordatione), d'effacer graduellement sous
les lois supérieures de l'addition algébrique ces conatus
et ces différentielles qui sont les sources vives du mouvement dans le monde ; tout ce qu'il en conserve, c'est une
direction rectiligne résultante, où se marque nettement le
caractère incomplet de sa nature : et Leibnitz le dira plus
tard en termes qu'on peut rappeler ici, parce qu'ils restent rigoureusement conformes aux principes de l'*Hypothesis* : « La matière n'est pas même capable de garder

---

1. *Ibid.*, IV, 230 ; I, 73, à *Arnauld*.
2. *Ibid.*, IV, 230.
3. *Ibid.*

un mouvement circulaire, parce que ce mouvement n'est pas assez simple pour qu'elle s'en puisse souvenir pour ainsi dire. Elle se souvient seulement de ce qui lui arrive dans le dernier moment ou plutôt in ultimo signo rationis [1], c'est-à-dire elle se souvient de la direction selon la droite touchante, sans avoir le don de se souvenir du précepte qu'on luy donneroit de se détourner de cette touchante pour demeurer toujours dans la circonférence. C'est pourquoy le corps ne garde pas le mouvement circulaire, quoyqu'il ait commencé de l'exercer, à moins que quelque raison ne l'y oblige [2]. » Mais ce n'est point seulement en direction que les conatus concourants s'amoindrissent [3], c'est aussi et c'est à un tel point dans le degré de leur vitesse [4] que Leibnitz n'hésite point, dans une pièce du même temps que l'*Hypothesis* déjà citée, à écrire : « Plures circulationes conari coire in unam, seu corpora omnia tendere ad quietem, id est annihilationem [5]. » Bien loin d'être éternel, ou comme disent les modernes et comme disait Descartes, bien loin que la même quantité s'en conserve dans le monde, le mouvement, au contraire, s'y éteindrait donc d'autant plus rapidement que les conatus y entrent en conflit en chaque point de l'espace, s'il n'était soumis qu'aux lois et aux principes de la géométrie.

Il faut donc, s'il s'y conserve d'une manière évidente, qu'il y soit encore soumis à d'autres principes et qu'il y soit maintenu par une cause qui ne peut être encore que l'esprit. Leibnitz n'en a clairement indiqué les raisons que bien des années plus tard [6], mais elles étaient en germe

---

1. Ne faut-il pas lire *durationis* ?
2. Gerh., *Phil.*, IV, 513.
3. Nous avons cité plus haut un passage où Leibnitz semble dire le contraire, à savoir : « conatum omnem in corporibus quoad determinationem esse indestrubilem ». *Ibid.*, I, 73 ; mais c'est en ce sens seulement que la détermination qu'il imprime pour sa part au mouvement résultant *in ultimo signo durationis*, se retrouve dans la direction de ce mouvement : ce n'est point à dire que la direction de tous les conatus composants s'y conserve.
4. *Ibid.*, I, 73.
5. *Ibid.*, VII, 261.
6. En 1702, *Ibid.*, IV, 513.

dans la doctrine que nous venons de rappeler sur les réels rapports de l'âme et du corps. Si la composition géométrique des conatus aboutit, en effet, à n'en plus rien laisser dans le mouvement résultant qu'une direction où se perdent leurs directions multiples et qu'un degré de vitesse qui ne représente point la somme de leurs vitesses, on ne peut oublier que le souvenir d'autre part les préserve dans l'esprit de toute altération et de toute diminution. Bref, tandis que la matière tend par sa nature propre à la fusion de tous les conatus dans une résultante finale de direction unique, qui équivaut pour le monde au repos absolu, il est tout au contraire de la nature de l'âme d'assurer la persistance de leur action dans l'avenir, ce qui ne peut arriver sans qu'elle assure du même coup la persistance dans le mobile des changements de direction; Leibnitz l'a dit en termes si précis dans le texte déjà cité de 1702 que nous ne résistons pas au désir de les rappeler ici [1] : « ...Un atome ne peut apprendre que d'aller simplement en ligne droite, tant il est stupide et imparfait; il en est tout autrement d'une âme ou d'un esprit. Comme elle est une véritable substance, ou un Être complet, qui est la source de ses Actions, elle se souvient pour ainsi dire (confusément, s'entend) de tous ses états précédents, et en est affectée. Elle ne garde pas seulement sa direction, comme fait l'Atome, mais encore la loy des changements de direction ou la loy des courbures, ce que l'atome n'est point capable de faire [2]... » A moins que la correspondance du corps et de l'esprit ne puisse pas durer au delà de l'origine du mouvement, il faut donc que l'esprit corrige de quelque manière et à chaque instant de la durée la tendance du mouvement à l'uniformité; et Leibnitz

---

1. Ce texte est en effet si parfaitement d'accord avec l'*Hypothesis* que Leibnitz le fait remarquer lui-même à la fin du passage : « Si M. Bayle avait considéré cette différence entre les conatus des corps et ceux des âmes, dont j'avois déjà eu quelque légère notion dans ma première jeunesse, en donnant une Hypothèse physique au public... » etc. *Ibid.*, IV, 544.
2. Gerh., *Phil.*, IV, 543-544.

n'avait le choix qu'entre deux hypothèses : ou bien au conatus purement géométrique, soumis en tant que tel aux lois de l'addition et de la soustraction, il fallait qu'il donnât en quelque sorte la puissance de renaître, ce qui ne pouvait se faire qu'en le ramenant lui-même à une source plus haute et en lui assignant un fondement dans l'esprit ; ou bien sans supposer une telle renaissance, qui eût ruiné par la base le mécanisme même, il fallait tout au moins que le mouvement qui tend à l'uniformité rencontrât en chaque point de l'espace des impulsions nouvelles pour rétablir l'accord de l'esprit où ne se perd nul conatus ancien, et du corps qui en est, à tous les instants de la durée, l'expression momentanée. Et il fallait pour cela d'abord que le monde fût plein, ou que tous les points de l'espace fussent sans exception le lieu de conatus appelés à modifier le mouvement qui les traverse, puis qu'il y eût dans le monde une telle économie que le concours incessant de tous ces conatus, bien que restant soumis aux lois géométriques, maintînt dans les corps non seulement une diversité, mais encore une unité qui y fussent le symbole de la diversité et de l'harmonie des conatus des âmes. Il fallait, en un mot, non seulement que le monde, en tant qu'il est le lieu d'une telle économie, fût l'œuvre d'une intelligence suprême, mais que tous les mouvements y fussent circulaires ; et comme on peut concevoir que de tels mouvements s'enveloppent et se multiplient à l'infini dans l'espace, ainsi que le font les bulles de la Théorie du mouvement concret, c'est en eux que la multitude également infinie et hiérarchisée des esprits pouvait enfin trouver son expression corporelle. De là vient, selon nous, que Leibnitz fixait le siège de l'esprit non seulement dans un point, mais, comme il l'a plus d'une fois répété, dans le centre d'un cercle : « Mentem consistere in puncto, seu centro [1] » : « locum verum mentis nostrae esse punctum quoddam seu centrum [2] » ; et la raison en est que le centre d'un cercle est

---

1. Gerh., *Phil.*, I, 61, à Jean Frédéric.
2. *Ibid.*, I, 72, à Arnauld.

le seul lieu concevable où puissent concourir tous les mouvements, de toutes ses parties, puisqu'il est le seul lieu où concourent tous les angles et par conséquent toutes les vitesses angulaires ; et cette raison qu'on trouve exposée « nûr populariter [1] » dans une lettre à Jean Frédéric, du 21 mai 1671, et dans une autre un peu postérieure qui n'est point datée [2], Leibnitz ne faisait que la reprendre en termes plus précis, sans lui laisser, il est vrai, d'autre valeur que celle d'une comparaison, lorsqu'il écrivait le 12 juin 1700 à la princesse Sophie : « On voit donc que, comme dans le centre se représentent les degrés, ainsi les unités de substance, et par conséquent les âmes, qui sont comme des centres, représentent en elles ce qui arrive dans les multitudes qui les regardent, selon le point de vue de chaque unité ou âme, sans que les âmes ou les centres cessent par là d'estre indivisibles et sans étendue [3]. »

Ainsi, sans renoncer au mécanisme universel, bien plus au moment même où il concevait une Hypothèse physique permettant de ramener aux lois du mouvement abstrait tous les phénomènes de la nature, Leibnitz prononçait donc, dès 1670, que le mouvement lui-même et sa conservation ne sauraient s'expliquer s'il ne se rattachait à une source plus haute : « Si corpora sint sine mente, écrivait-il vers le même temps, impossibile est motum fuisse aeternum [4] » ; et la raison en est qu'il diminuerait sans fin [5], comme il l'indiquait lui-même dans une note manuscrite, s'il n'était comme perpétuellement restauré et conservé par l'action de l'esprit. Les principes du mécanisme, bien loin de ruiner l'existence des âmes, requièrent donc au contraire en tout corps un principe du mouvement qui soit incorporel, et, ainsi qu'il l'ajoute en termes non équivoques, qui soit une substance : Ich will weissen, écrit-

1. *Ibid.*, 1. 53.
2. *Ibid*, 62.
3. *Ibid.*, VII, 555.
4. *Ibid.*, VII, 260.
5. « Ueber die Worte motum fuisse aeternum hat Leibnitz geschrieben : potest diminui sine fine. » Note de Gerhardt, *Phil.*, VII, 260.

il à Jean Frédéric [1], vi principiorum philosophiae emendatae necesse esse, ut detur in omni corpore principium intimum incorporeum substantiale a mole distinctum, et hoc illud esse, quod veteres, quod Scholastici substantiam dixerint, etsi nequiverint se distincte explicare, multo minus sententiam suam demonstrare. » De même à Arnauld : « principium autem motus seu substantiam corporis extensione carere [2]. » Et il n'est pas douteux que ces conséquences, loin de lui être apparues tardivement, étaient présentes à son esprit dès l'époque où il écrivait la *Theoria motus abstracti*, puisque nous y lisons : « hic aperitur porta prosecuturo ad veram corporis mentisque discriminationem, hactenus a nemine explicatam [3]. »

Au reste, c'est le trait tout à fait remarquable de la doctrine de Leibnitz que si le corps, d'une part, comme un être incomplet et qui n'est point la source de ses actions, requiert à tout instant l'existence et l'action d'une substance véritable, il est vrai, en revanche, que celle-ci, d'autre part, y trouve une expression si juste de son action, que non seulement le monde des corps et le monde des esprits sont comme les deux faces d'une même réalité, mais qu'en outre, il n'est rien dans la nature de l'âme qui, en quelque manière, ne prenne corps dans l'espace et qui, en conséquence, ne soit susceptible d'être expliqué géométriquement [4].

C'est, en effet, parce que l'âme est un point, ou mieux parce qu'elle est un centre qu'on peut enfin comprendre ses deux propriétés fondamentales qui sont en premier lieu, malgré la multiplicité, sinon de ses parties, du moins de ses actions, d'être « sibi intime praesens », et d'exercer sans cesse cette action sur soi qui la distingue du corps [5]

---

1. *Ibid.*, I, 62.
2. *Ibid.*, I, 75.
3. *Ibid.*, IV, 210. Cf. Lettre de Oldenbourg à Leibnitz du 8 décembre 1670, en réponse à une lettre de Leibnitz du 18 septembre.
4. Dadurch die ganze natura mentis geometrice erklärt werden kann. *Ibid.*, I, p. 61.
5. « Mentem agere in se ipsam, nullam actionem in se ipsam

et qui est la réflexion : « Geben wir dem Gemüth einen grössere Platz als einen Punkt, lisons-nous dans la lettre à Jean Frédéric [1], de 1671, so ist ess schon ein Körper, undt hat partes extra partes, ist daher sich nicht selbst intime praesens, undt kann also auch nicht auff alle seine Stücke undt Actiones reflectiren. Darin doch die Essentz gleichsamb des Gemüthes bestehet. » Dans le même ordre d'idées, Leibnitz se faisait fort ailleurs de démontrer, outre l'incorruptibilité et l'immortalité de l'âme [2], la célèbre proposition de Descartes, à savoir que l'âme pense toujours, et cette autre proposition, plus remarquable encore, en ce qu'elle touche peut-être au plus profond de la nature de l'âme, à savoir qu'elle est incapable d'oubli [3] : qu'est-ce, en effet, que l'âme, ou mieux que la conscience, sinon une harmonie présente résultant, comme il l'a dit en propres termes, de la composition des harmonies antérieures, lesquelles à leur tour se résolvent dans une multiplicité et une opposition de conatus indestructibles ? L'âme est donc une synthèse dont la suprême loi est de se continuer dans une série sans fin de synthèses qui en sortent, d'où il résulte d'abord qu'elle pense toujours, et dont les éléments sont tels qu'aucun d'eux, sans ruiner du même coup le monde du mouvement ou des corps et celui de la pensée ou des esprits, ne peut se perdre dans l'oubli. Mais il fallait encore que l'âme fût un centre, pour qu'elle fût une telle synthèse ou, selon le mot de Leibnitz, une telle harmonie : d'un conatus unique peut-être peut-on dire, en effet, qu'il est un élément de l'âme ou de la pensée ; mais on ne peut point dire qu'il soit une conscience ; et la raison en est qu'un conatus unique, même

esse motum, nullam esse actionem corporis praeter motum, ac proinde mentem non esse corpus. » *Ibid.*, I, 61.

1. *Ibid.*, I, 53.
2. *Ibid.*, I, 53. « Gesetzt nun das Gemüth bestehe in einem Punct, so ist es untheilich und unzerstörlich. »
3. *Ibid.*, I, 72 : « Cum enim sit a me demonstratum locum verum mentis nostrae esse punctum quoddam seu centrum, ex eo deduxi consequentias mirabiles de mentis incorruptibilitate, de impossibilitate quiescendi a cogitando, de impossibilitate obliviscendi, de vera atque intima differentia inter motum et cogitationem. »

s'il pouvait à lui seul fonder un sentiment, reviendrait en tout cas à sentir la même chose dans une durée finie ; or, selon le mot de Hobbes, dont il n'y a guère de doute que Leibnitz se soit souvenu encore ici : « sentire semper idem et nihil sentire ad idem recidunt[1] » ; et ainsi, comme dit Leibnitz, « actione et reactione, seu comparatione ac proinde harmonia, ad sensum et sine quibus sensus nullus est, voluptatem vel dolorem, opus est. » Penser, en d'autres termes, c'est se souvenir, quand toute comparaison suppose d'autre part la persistance des termes comparés jusque dans la synthèse où ils s'opposent et jusque dans l'harmonie où ils se réunissent ; et il ne faut rien de plus pour démontrer enfin qu'elle ne saurait se trouver ailleurs qu'au point de réunion de conatus multiples, et qu'elle n'en est le lieu qu'autant que, d'autre part, elle est une synthèse incapable d'oublier et, par suite, incapable de cesser de penser.

C'était donc satisfaire à toutes les propriétés des âmes, et notamment à celle qu'elles ont d'être la réunion d'une multiplicité d'actions allant à l'infini tout en restant « sibi intime praesentes » que de leur assigner leur véritable lieu dans des points de l'espace ; car telle est pour Leibnitz la nature du point que, de même que par la multitude infinie de ses parties, il répond en quelque sorte à la multitude infinie des Actions de l'Esprit, de même parce que ses parties sont indistantes et parce qu'il est inétendu, il répond à l'unité formelle de la conscience, « laquelle est comme un monde rassemblé en un point[2] ».

Peut-on dire cependant que l'âme indivisible convienne d'une manière si parfaite avec l'indivisible géométrique, tel du moins que le définit Leibnitz, qu'elle y trouve non seulement son véritable lieu[3], mais encore son essence ?

---

1. *De Corpore*, p. IV, ch. xxv, § 5. V. Gerh., *Phil.*, IV, p. 230.
2. Gerh., *Phil.*, I, 61. Also ist Mens eine Kleine in einem Punct begriffene Welt.
3. Locum verum mentis nostrae esse punctum quoddam seu centrum. *Ibid.*, I, 72. — Locabam Animas in punctis. A. *Des Bosses*, II, 372. — Mentem consistere in puncto seu centro. *Ibid.*, I, 61.

Pour y être indistantes, on ne peut dire qu'il n'y ait pas de parties dans un point ; et quoique dans la pratique du géomètre, on admette en un sens qu'elles soient inassignables ou « inconsidérabiles », elles le sont, en effet, si peu dans l'absolu que le tout qu'elles constituent se prête à la considération du plus grand et du plus petit, puisqu'il y a des points plus grands que d'autres points. Or, il n'est pas douteux que, même dans ces limites et sous de telles réserves, l'âme ne soit affranchie de toute condition de grandeur et de quantité. C'est d'une manière absolue, et non pas seulement d'une manière relative, qu'elle n'a point de parties, quand le fait pour elle d'avoir des parties la rendrait incapable d'être sibi intime praesens, ainsi qu'elle l'est en fait, quelle que soit d'autre part la multiplicité de ses actions. Et ce n'est pas pour rien que Leibnitz a dit d'elle que, non seulement elle est, comme tout indivisible, incorporelle et inétendue, mais qu'elle est une substance. Si donc elle conserve avec l'indivisible géométrique quelque correspondance et quelque proportion, il faut pourtant reconnaître qu'elle est encore plus que lui vraiment indivisible, et qu'elle ne saurait l'être qu'en étant complètement dépourvue de parties. Est-ce à dire que Leibnitz, qui se trouve engagé dès lors dans la voie qui le conduira plus tard aux monades véritables, songe à voir déjà dans de telles âmes des atomes formels ou des points de substance ? Nous n'avons garde de le soutenir ; mais ce point sans parties qu'on ne peut concevoir géométriquement que comme une limite de ces indivisibles plus grands les uns que les autres le ramène si près du point mathématique, qu'il semble qu'il en ait réintroduit la notion dans sa doctrine en même temps que celle des âmes incorporelles [1]. Bien qu'elle garde avec lui de très réels rapports, l'âme est donc bien moins l'indivisible relatif de la géométrie qu'elle n'en est la limite ; en sorte que, n'al-

---

1. Voyez le rapprochement de ces deux termes dans la critique qu'il fait de Hobbes à la page 239 de la *Th. m. abstr.* Gerh., *Phil.*, IV. Tollit mentes incorporeas, tollit indivisibilia vera.

lant point par là jusqu'à la faire sortir de l'espace, Leibnitz ne pouvait l'y réaliser qu'en un point, et en un point mathématique, comme il le dit formellement dans la lettre à Jean Frédéric de 1671 [1], et comme il le rappellera plus tard au P. des Bosses [2].

A ce mouvement de sa doctrine qui l'oblige à reporter, sans qu'il s'en soit rendu peut-être un compte exact, le véritable lieu de l'âme jusqu'au centre mathématique et rigoureusement indivisible d'un cercle, se rattache à nos yeux une curieuse théorie dont nous trouvons l'indication dans la même lettre au duc Jean Frédéric. Si l'âme est, en effet, le point où se rencontrent une multitude innombrable de conatus dont elle est la synthèse, comme au centre d'un cercle se réunissent par leurs sommets un nombre infini d'angles, c'est un fait cependant qu'elle ne s'en distingue que comme une limite des termes qui s'y rapprochent, et que si l'on peut dire, d'un premier point de vue, qu'elle en est l'expression exacte et rigoureuse, il faut dire en revanche, d'un point de vue opposé, préférable au premier, qu'elle y trouve pour la première fois dans l'espace l'expression qui lui convient. La substance de l'âme ne serait point, en effet, le principe du mouvement, comme Leibnitz l'a reconnu cependant en propres termes, si ce n'était point d'elle que part le rayonnement du mouvement dans l'espace. Mais si de ce point de vue elle trouve dans le mouvement et partant dans les corps, qui consistent dans le mouvement, une expression d'elle-même qu'on peut dire éloignée, ce ne peut être qu'autant qu'elle ait trouvé d'abord, dans ce qui est dans l'espace l'élément du mouvement, ou dans les conatus qui concourent en elle comme en un point central, une expression prochaine. Du mouvement qui étend le corps dans l'espace, il faut donc distinguer non seulement cet inétendu qui est l'âme ou la substance, mais ces inétendus d'un autre ordre qui,

---

1. ...Animae in puncto mathematico constitutae... *Ibid.*, I, p. 54.
2. Ante multos annos, cum nondum satis matura esset philosophia mea, locabam Animas in punctis. *Ibid.*, II, 372.

groupés autour du centre qu'elle occupe, comme autour d'un point tous les angles d'un cercle infiniment petit, expriment en quantité [1], il est vrai, infiniment petite, avant de l'exprimer en extension, toutes les actions de l'âme dont il est vrai de dire qu'elle n'échappe pas moins à toute quantité qu'à toute extension.

Il y a donc dans les corps ce qu'on pourrait appeler un véhicule de l'âme, autour de la substance un noyau substantiel, qui en est, selon Leibnitz, l'organe le plus prochain (proximum instrumentum), et qui consiste, selon ses propres expressions, en un point physique, comme elle consiste elle-même en un point mathématique [2]. Et comme on ne peut concevoir un seul corps qui ne soit l'extension dans l'espace, sous la forme du mouvement, des tendances virtuelles ou mieux des conatus groupés dans ce noyau, Leibnitz était d'avis qu'il n'est pas un seul corps qui en soit dépourvu : « Nemblich, écrit-il à J. Frédéric [3], ich bin fast der Meinung, dasz ein jeder leib, sowohl der Menschen als Thiere, Kräutter und Mineralien einen Kern seiner Substanz habe, der von dem capite mortuo, so, wie ess die chymici nennen, ex terra damnata et phlegmate bestehet, unterschieden. » Il n'est donc comparable qu'au punctum saliens qui, dans le fœtus ou le fruit des animaux, rassemble en soi le noyau du corps tout entier [4]; il est, en d'autres termes, dans tous les corps, qui sont par suite sans exception organisés à la manière des corps des animaux, un principe de vie et d'organisation ; et, sans qu'on puisse concevoir qu'il augmente ou qu'il diminue [5], puisque, étant constitué par des indivisibles, il est lui-même inétendu, il est le point d'où partent tous les mouvements des corps, quand ils grandissent ou qu'ils

---

1. Angulum esse quantitatem puncti. Ibid., I, 72.
2. Ibid., I, 54, Kern der Substanz, in puncto physico consistens (proximum instrumentum et velut vehiculum Animae in puncto mathematico constitutae).
3. Ibid., I, 53.
4. Ibid., I, 53.
5. Ibid., I, 53.

s'accroissent dans le cours naturel de leur développement, de même qu'il est le point où le corps tout entier se réduit et se concentre, quand il subit naturellement ou même par accident des pertes de substance [1]. Et ainsi ni le feu ni l'eau, ni en général aucune force visible [2] ne saurait porter atteinte à ce qui, par essence, échappe à toute division et à toute corruption ; en sorte que l'éternité des germes organiques, qui enveloppe la possibilité de la résurrection des corps [3], de même qu'elle en assure, sous leurs changements incessants, l'identité dans cette vie [4], devenait chez Leibnitz la contre-partie naturelle de l'immortalité des âmes.

En affirmant ainsi entre le corps et l'esprit le degré intermédiaire du noyau substantiel qui est dans le même rapport ou égard au mouvement, que l'est au point physique ou à l'indivisible de la *Theoria motus abstracti* le point mathématique, Leibnitz ne faisait qu'accuser la tendance qui le portait dès lors, sans qu'il s'en rendît compte, vers ces unités ou atomes de substance qui, sans être quantité, enveloppent cependant toujours une multitude d'actions internes. Mais ce qu'il voyait nettement, c'est qu'il fallait aller, pour les réaliser quelque part dans le monde, au delà de ce noyau qui en est cependant, dans le monde physique, l'expression la plus prochaine, mais qui, par ses parties réelles, quoique indistantes, tombe déjà trop sous les prises de la quantité pour qu'on puisse le confondre avec l'unité de l'âme. Au reste, on ne peut concevoir l'existence d'une seule âme qui ne soit en quelque sorte tenue de s'y exprimer ; et comme Leibnitz a dit qu'il en est l'instrument ou l'organe le plus prochain, puis comme cet organe est, en outre, le principe d'où ne saurait naître un corps sans qu'il l'organise, il eût pu en tirer, pour la première fois, cette double conséquence, qu'il n'y

---

1. *Ibid.*, 53 et 54.
2. Noch einige sichtbare Gewalt. *Ibid.*, p. 54.
3. *Ibid.*, p. 53. De resurrectione corporum.
4. Salva identitate corporis. *Ibid.*, p. 54.

a point, d'une part, de corps, si petit qu'il soit, qui ne soit organisé et même qui ne le soit à l'infini, et de l'autre qu'il n'est pas d'âme qui ne possède son organisme propre, ou qui soit, selon le mot de la *Monadologie* [1], « tout à fait séparée ». En éloignant toutefois du corps ou des espèces, où en un certain sens on peut dire cependant qu'elle s'exprime toujours, l'âme qui s'en distingue encore plus que le mouvement de sa différentielle, et qui n'occupe enfin qu'un point mathématique, Leibnitz la dégageait dès lors si complètement de tout ce qui touche à l'étendue qu'il prononçait déjà à l'occasion de l'âme, laquelle est, d'autre part, le principe du mouvement, qu'elle est une substance. Entre elle et les espèces, telles que sont les bulles de l'Hypothèse physique, et qui ne sont, après tout, que des mouvements complexes qui leur donnent à la fois et le degré défini de leur cohésion propre et toutes leurs qualités, Leibnitz mettait même une si grande distance qu'il prétendait concevoir la possibilité de la répétition d'une même substance dans des espèces et partant dans des lieux différents et multiples, et résoudre par là toutes les difficultés de la Transsubstantiation, ramenée ainsi par lui, selon ses propres expressions, à une multiprésence réelle [2]. Quoi qu'il en soit, d'ailleurs, de ce point particulier, on peut dire qu'en posant le problème du mouvement, il n'avait pu maintenir les lois mathématiques qui le règlent, et notamment le principe de sa conservation, sans remonter jusqu'à l'esprit et jusqu'à la substance; en sorte que le trait de cette première forme de sa philosophie est de poser déjà le problème du mouvement et celui des rapports du corps et de l'esprit, comme il les posera dans un avenir encore éloigné, quelle que doive être d'ailleurs (dans des temps différents) la différence des solutions.

1. *Monadologie*, § 72.
2. Gerh. *Phil.*, I. 75-76.

III

Leibnitz n'est point le premier qui ait, à cette époque, songé à rapprocher la doctrine de l'esprit de la doctrine du mouvement. C'est même le trait saillant de la doctrine cartésienne d'avoir, en ramenant les lois du mouvement à n'être en quelque sorte que des pensées de Dieu, préparé entre les mouvements des corps et les pensées des âmes une si parfaite convenance que leur correspondance s'en trouvait assurée pour toute la suite des temps. Cependant s'il y a loin d'une telle doctrine à celle qui, dépassant ce point de vue cartésien d'un pur parallélisme, semble chercher dans le mouvement tantôt la condition immédiate et déterminante du sentiment et de la conscience, tantôt tout au contraire, comme l'expression et comme la suite également immédiates des pensées de l'esprit, on ne peut dire que Leibnitz, qui a fait l'un et l'autre, se soit directement inspiré de Descartes. Et le maître qu'il suit dans cet effort qu'il fait pour expliquer géométriquement, comme il le dit lui-même, la nature de l'âme, est le même que celui auquel nous avons vu qu'il avait emprunté sa doctrine du mouvement. L'*Hypothesis physica nova* prouve, en effet, tout entière, dans la partie mathématique comme dans la partie physique, avec quel soin il avait lu le *De Corpore* de Hobbes ; et il est impossible qu'il n'y ait point remarqué cette théorie profonde de la conscience qui y est développée et dont les traits principaux se retrouvent dans sa propre doctrine. Hobbes est, en effet, le premier, à notre connaissance, qui, tirant enfin parti de cette observation vulgaire, qu'un homme qu'on supposerait « oculis quidem claris caeterisque videndi organis recte se habentibus compositum, nullo autem alio sensu praeditum », et aussi « ad eamdem rem eodem semper colore et specie sine ulla vel minima varietate apparentem obversum » ne verrait en réalité pas plus « quam ego videor mihi per tactus organa sentire lacertorum meorum ossa[1] », en concluait d'abord que c'est ne rien sentir que sentir toujours la même chose[2], et par suite qu'on ne sent vraiment que ce qui change et qui, dans le changement, offre un contraste sans cesse renouvelé. Puis comme le changement même passerait inaperçu si l'on n'était capable sinon de persister à sentir ce qui n'est plus, du moins, selon la remarque expressive de Hobbes, de sentir qu'on l'a senti, et comme d'autre part sentir qu'on a senti n'est autre chose que se souvenir[3], il en résulterait qu'à ses yeux la mémoire apparaissait comme le fondement et comme l'essence du sentiment ou de la conscience. Quant au changement lui-même, Hobbes, qui voyait dans le corps ou mieux dans ce qu'il appelait les accidents de cette unique substance, dans la grandeur et le mouvement, le fond de toute réalité, ne pouvait point manquer de le ramener au mouvement, en sorte que la conscience trouvait sa condition objective et première dans le mouvement, et n'en était en quelque sorte qu'un résultat et qu'une suite. Encore n'en était-elle qu'une suite lointaine, car tant s'en faut qu'un mouvement uniforme, lequel n'est à tout prendre qu'un état persistant d'un unique mobile, produise le contraste requis par la conscience, qu'on ne peut concevoir d'opposition réelle qu'au point et au moment où concourent au moins deux mouvements opposés ; à peine est-il besoin, d'ailleurs, de rappeler qu'en ce point et en ce moment ces mouvements ne s'opposent que par leurs conatus, en sorte qu'il ne saurait y avoir de conscience que dans l'opposition d'au moins deux conatus, ou, ce qui revient au même, d'une action et d'une réaction[4]. Bien plus, à moins de soutenir, contre toute vraisemblance, l'existence

---

1. *De Corpore*, IV, ch. xxv, § 5.
2. « Adeo sentire semper idem, et non sentire, ad idem recidunt. » *Ibid.*
3. « Nam sentire se sentisse, meminisse est. » *Ibid.*, § 1.
4. Sensio est ab organi sensorii conatu ad extra, qui generatur a conatu ab objecto versus interna, eoque aliquandiu manente per reactionem factum phantasma. *Ibid.*, § 2.

d'une conscience dans tous les êtres réagissants, c'est-à-dire, en fin de compte, dans tous les êtres de la nature, même dans ceux qui sont manifestement privés de sentiment[1], on entrevoit dès lors la nécessité de n'attribuer la conscience qu'aux êtres dont l'action, loin de se laisser ramener à une réaction simple, résulte d'un ensemble de réactions internes ; un animal ne sent, par exemple, qu'à la suite d'une réaction du cœur sur l'action du cerveau[2], d'où il vient précisément que nous projetons au dehors l'objet de nos perceptions ; et pour un mécaniste cela revenait à dire que la conscience, loin de naître d'un conatus unique opposé à un autre, requiert l'opposition de conatus multiples, qu'on pourrait dire internes, aux mouvements extérieurs. Hobbes n'est donc pas loin de dire que la conscience, au lieu de résulter d'une réaction unique, résulte tout au contraire d'une harmonie d'actions, laquelle par le souvenir se rattache à une suite non seulement d'actions simples, mais d'harmonies semblables qui l'ont précédée.

Quoique Hobbes ne se soit jamais exprimé sur ce point en termes si explicites, on ne peut guère douter qu'une lecture attentive du *De Corpore* n'ait inspiré Leibnitz d'abord dans l'effort qu'il fait pour rattacher d'une manière générale la conscience au contraste de conatus multiples et même pour y voir, plutôt qu'une harmonie de conatus simples, une harmonie qui naît d'harmonies antérieures, puis dans l'idée profonde qu'il eut d'identifier la conscience et le souvenir ; on ne trouve, en tout cas, sur aucun de ces points, rien de tel chez Descartes.

Seulement, tandis que Hobbes, entraîné par la logique d'un strict mécanisme, aboutit rigoureusement à ne faire de la conscience qu'une suite du mouvement, et tandis qu'il s'engage dans la voie qui devait conduire ses successeurs à enseigner qu'elle n'est qu'un « reflet » ou qu'un « luxe », des tendances d'esprit tout à fait opposées et

---

1. § 5.
2. *Leviathan*. Pars I, ch. I. De sensu, p. 3.

une réflexion plus attentive devaient amener Leibnitz à reporter à l'esprit le fondement substantiel de toute réalité et notamment du mouvement, tout en laissant subsister l'étroite corrélation du mouvement et de la conscience. A y regarder de près, on ne saurait refuser l'élément de la mémoire et partant de la conscience à un conatus quelconque, non seulement si l'on veut comprendre comment il subsiste dans cette suite d'harmonies qui sont la conscience claire et qui, au gré de Leibnitz, sans que l'oubli en atteigne même un seul élément, résultent les unes des autres, mais même si l'on veut seulement concevoir la possibilité du mouvement ; le mouvement, en effet, ne serait dans l'espace qu'une somme de différences infiniment nombreuses, mais, à vrai dire, sans lien les unes avec les autres, s'il ne fallait chercher l'origine et le fondement de leur répétition dans une *tendance* qui dure et qui est le principe de leur intégration dans l'espace et dans le temps. Et du géométrique ou, en un mot, du corps à la substance ou à l'esprit, il y a cette différence que l'un est dans l'espace diffusion sans souvenir d'une unité qui dure, tandis que l'autre demeure par le souvenir le support durable de cette diffusion même, et, sans s'étendre elle-même, est vraiment le principe de toute extension.

Sans rien abandonner des vues profondes de Hobbes[1] sur l'étroite relation du mouvement et de l'esprit, Leibnitz dépasse donc d'emblée le point de vue de Hobbes, et à un tel degré qu'il incline dès lors, semble-t-il, à faire du conatus une tendance et une force indestructibles, qui font déjà songer à la monade future. Telle était cependant la séduction exercée à cette époque sur l'esprit de Leibnitz par la géométrie, et telle était la nature privilégiée du conatus, cet infiniment petit qui reste géométrique, bien que son inextension le rapproche extrêmement de la nature de l'âme, que Leibnitz, bien loin de songer à corriger l'excès

1. Tönnies, p. 500.

géométrique de ses lois du mouvement, attribue au contraire à la géométrie le pouvoir d'expliquer la nature de l'âme. Il en fait, à la lettre, un point géométrique, comme si, pour l'esprit, échapper à toute extension, ce n'était point, tant s'en faut, échapper à l'espace ; en sorte que, d'autre part, en dépit des tendances contraires que nous avons signalées, toute la différence comme toutes les relations du sentiment et du mouvement, du monde des esprits et du monde des corps, se réduiraient à celles de l'infiniment petit et des grandeurs finies. L'abus de la géométrie dans l'établissement des lois du mouvement conduit donc Leibnitz à un abus du même genre dans l'éclaircissement de la nature de l'âme.

Cependant, une remarque importante de Leibnitz eût dû le mettre en garde contre ces conséquences. S'il n'y avait dans le conatus que ce qui y relève de la géométrie, il est certain que la composition des mouvements se réglerait rigoureusement d'après les lois de l'addition et de la soustraction, d'où il suit que le mouvement et les conatus eux-mêmes seraient peu à peu conduits à l'anéantissement [1]. Comment dès lors dans leur ensemble le monde des esprits et le monde des corps resteraient-ils d'accord, si la loi de la conscience exige que subsistent dans l'harmonie présente non seulement toute la suite des harmonies passées, mais en celles-ci et jusqu'au dernier tous les conatus, non susceptibles d'oubli, qui les constituent ? A l'anéantissement du mouvement, nous savons que Leibnitz prétendait obvier non seulement par un recours à l'esprit, mais par une correction géométrique, en supposant que dans le plein tout conatus rencontre un nombre, voire un nombre infini de conatus qui assurent le rapport des modifications du corps et de la vie de l'âme. Mais la géométrie ne saurait seule sauver un monde géométrique de l'anéantissement final de tous les conatus, qui suit de leurs rencontres et de leur composition. Il fallait donc que l'âme, préser-

---

1. Gerh., *Phil.*, VII. Cf. *Phoranomus.* Archiv. I, p. 580.

vatrice de soi, fût en même temps préservatrice du mouvement ; et il fallait pour cela qu'elle s'affranchît elle-même non seulement de l'extension, mais de toute géométrie, pour affranchir le monde d'un anéantissement qui devrait suivre de lois purement géométriques.

Comme il le remarquera plus tard dans une lettre à des Bosses, réaliser l'esprit dans un point mathématique, c'est accomplir « quamdam, ut sic dicam, μετάβασιν εἰς ἄλλο γένος [1] » ; c'est dériver « sumere » leur unité « ex praedicamento quantitatis », alors qu'il faut la dériver « ex praedicamento substantiae », c'est-à-dire « ex vi quadam primitiva operandi ». Et bien qu'il soit encore assurément éloigné, à l'époque de l'*Hypothesis*, de cette vue précise qui lui fera placer résolument l'opération de l'âme dans la perception et son unité « in perceptionum nexu », « secundum quem sequentes ex praecedentibus derivantur », on peut dire cependant qu'il incline déjà vers une telle doctrine. C'est, en effet, l'essence de la mémoire non seulement de faire de conatus multiples une harmonie présente, mais de préparer sans cesse « conatum mentis praesentem ex compositione harmoniarum praecedentium in unam novam [2] », en sorte qu'elle n'est « sensus vel cogitatio » qu'autant qu'elle est d'une part, pour dire d'elle ce qu'il dira plus tard de la perception, « multorum in uno expressio », et qu'elle enveloppe d'autre part « voluntatem quamdam seu conatum agendi [3] ».

Si telle est, à ses yeux, dès la lettre à Arnauld, la nature de l'esprit, on pourrait s'étonner qu'il n'ait point du même coup senti l'insuffisance du point mathématique à en être l'expression adéquate et réelle. Au point mathématique ce qui ne saurait appartenir, c'est cette multitude qu'enveloppe toute pensée et c'est encore bien moins cette tendance qui fait de l'âme la source de toute action ; avec l'esprit il n'offre qu'une analogie, celle d'être comme lui

1. Gerh., *Phil.*, II, 372.
2. *A Arnauld*, I, 73.
3. « Sensum cogitationem, cum voluntate seu conatu agendi. » *A Arnauld*, I, 73.

rigoureusement indivisible ; mais si, à la différence des points physiques, qui sont réels, mais qui ne sont point exacts, on peut dire qu'il est d'une exactitude rigoureuse, il faut avouer, d'autre part, qu'il n'est point réel et qu'il n'est qu'une limite et qu'une modalité. Des points mathématiques tout au plus peut-on dire qu'ils sont les « points de vue » des âmes dans l'univers ; mais il n'y a que celles-ci qui, indivisibles comme eux, soient d'autre part réelles, comme les points physiques. Disons donc qu'elles sont des points métaphysiques ou des points de substance, dont les autres ne sont que l'apparence dans l'espace [1].

Devant ces conséquences, qu'il tirera bien plus tard, mais qui sont contenues dans les propositions de la lettre à Arnauld, ce qui retient Leibnitz, c'est la confiance inébranlable qu'il a à cette époque dans la géométrie ; aux lois du mouvement qu'il confond, par une erreur grave en mécanique, avec celles de la composition des vitesses, le conatus, tel que le définit Hobbes, est pleinement suffisant ; et pourvu qu'on y ajoute l'élément du souvenir, il ne faut rien de plus, à ses yeux, pour assurer la distinction du corps et de l'esprit. Mais qu'un jour vienne où Leibnitz, averti, par les découvertes de Huygens, de l'insuffisance radicale de la composition géométrique des vitesses ou de la phoronomie à rendre compte du choc et de toutes les particularités de l'échange du mouvement, et qu'éclairé par une science plus exacte il renonce à une foi dans la géométrie qui ne faisait d'ailleurs qu'accuser entre le monde des corps où le mouvement s'annihile, et le monde des esprits, qui tend, tout au contraire, à sa préservation, une disproportion croissante, et la doctrine future, dégagée des obstacles que soulevait devant elle une géométrie excessive et bornée, sortira spontanément des germes déposés dans la doctrine ancienne.

---

[1]. Gerh., Phil., IV, 483.

TROISIÈME PARTIE

DIEU

A la philosophie, où d'autres ne voyaient qu'une spéculation pure, c'est un trait à noter de la pensée de Leibnitz qu'il demandait, en outre, un moyen d'assurer le bonheur des hommes [1] et une satisfaction à leurs aspirations morales et religieuses [2] : et ces aspirations, entretenues chez lui, comme plus tard chez Kant, par la piété ardente de ceux qui l'avaient élevé [3], étaient chez lui si vives qu'elles entraînent son esprit jusque dans le développement de ses doctrines spéculatives. Plus une doctrine lui paraissait solide et rationnellement fondée, plus il lui semblait *a priori* impossible que, loin de contredire à l'existence de Dieu ou à l'immortalité de l'âme, elle ne nous donnât point au contraire des ressources imprévues et des lumières toutes nouvelles [4]. Et c'est très sincèrement qu'il est, avec Bacon, convaincu que « philosophiam obiter libatam a Deo abducere, penitus haustam reducere ad eumdem [5] ». Là est, à coup sûr, le secret de la tendance qui,

---

1. Gerh., *Phil.*, IV, 219.
2. *Lettre à Arnauld*. Ibid., I, 71. Cf. IV, p. 106.
3. Voir les souvenirs qu'il a gardés de son père, et le récit qu'il fait de son éducation par sa mère, devenue veuve de bonne heure, dans Guhrauer I, pp. 8 et 9. Cf. sur son père. *Vita Leibnitii a se ipso breviter delineata*. Guhrauer, II, 52-53. (Appendice.)
4. Hoc vero mihi admodum indignum visum est, animum nostrum suâ ipsius luce, id est Philosophia, praestringi. Gerh., *Phil.*, IV, p. 105.
5. *Confessio naturae*, ibid., IV, 105.

en mettant en éveil sa réflexion critique sur les principes de la science, les amène à ce point où ils ne sont, à ses yeux, en mesure de suffire à l'explication des phénomènes, qu'autant qu'ils trouvent eux-mêmes leur fondement dans l'esprit et en dernière analyse dans cet esprit suprême ordonnateur et gouverneur du monde qui est Dieu. Sans porter nulle atteinte à la rigueur de la science, mais au contraire en conduisant Leibnitz à en élucider et à en approfondir les principes, la préoccupation de l'immortalité de l'âme et de l'existence de Dieu est donc partout présente dans sa philosophie : et de même qu'elle en est l'un des principes de vie, de même il s'est trouvé, par un retour naturel et par une sorte de compensation, que la doctrine de l'esprit, comme nous l'avons déjà vu, et la doctrine de Dieu, comme nous allons le voir, profitèrent chez lui de tous les développements et de tous les progrès qu'il fit peu à peu dans la science de la nature. Même en ce qui regarde cette dernière, et pour qui croit que la philosophie de la nature est sinon le tout, du moins la principale partie de la vraie philosophie, c'est donc faire une œuvre importante que d'étudier sur Dieu la pensée de Leibnitz.

I. — (1661-1668).

La première preuve en forme de l'existence de Dieu qui s'offre à nous dans ses œuvres de jeunesse, est celle qui se trouve en tête de la *Dissertatio de arte combinatoria*. Il faut noter, d'ailleurs, qu'elle ne se rattache en rien à ce qui fait l'objet de cette dissertation, et qu'elle y est ainsi, selon les propres termes dont se sert Leibnitz, comme un pur et simple « additamentum [1] ». Mais le fait même qu'il se décide à l'imprimer en tête de la première œuvre de philosophie qu'il publie n'est-il point justement la preuve suffisante qu'une telle démonstration le préoccupe, qu'elle s'est offerte souvent à ses méditations, et qu'il saisit comme op-

---

1. *Synopsis dissertationis.* « Additamentum : Demonstratio existentiae Dei. » Gerh., *Phil.*, IV, 31.

portune la première occasion de la faire connaître ? C'est le temps où le mécanisme, sous la forme la plus simple, sous celle où il propose de rendre compte de toute la nature par la grandeur, la figure et le mouvement, a séduit son esprit ; et si à l'atomisme il donne son adhésion, c'est qu'il est l'expression et comme l'illustration la plus claire et la plus vraisemblable de ce premier principe. Reste à savoir seulement, et c'était pour l'esprit religieux de Leibnitz une question d'importance, si le mouvement qui, dans le monde, semble suffire à tout, n'y rendrait point l'action de la Divinité par là même inutile et du même coup son existence tout à fait illusoire. La preuve qu'il oppose à cette manière de voir est remarquable à plus d'un titre : en premier lieu par la prépondérance qu'il n'hésite point dès lors à reconnaître au mouvement : n'est substance, selon lui, que ce qui relève du mouvement, soit parce qu'il le produit, soit parce qu'il le subit : « Substantiam autem voco, énonce-t-il dans la définition 2, quicquid movet aut movetur [1]. » Mais en faut-il conclure, en vertu de l'axiome selon lequel dans la nature tout ce qui est mû l'est par un moteur étranger [2], que le mouvement ne suppose qu'une suite infinie de mouvements antérieurs, et qu'il suffise ainsi à soi comme à tout le reste par son éternité ? Ce serait, selon Leibnitz, entrer en contradiction avec le principe même du mécanisme, énoncé dans l'axiome. Rattacher, en effet, le mouvement d'un mobile A au mouvement d'un mobile B comme à sa condition, puis celui du mobile B à celui d'un mobile C, et reconnaître ainsi l'existence du mouvement dans chacune et dans toutes les parties de l'univers, sans exception, ce n'est point se dispenser de chercher le moteur du tout qu'elles constituent, et c'est tout au contraire, en vertu de l'axiome, s'obliger à le chercher en dehors de ce tout : il est donc une substance, puis-

---

1. *Ibid.*, IV, 32. Def. 2.
2. « Si quid movetur, datur aliud movens. » *Aliud* au lieu de *illud*, d'après une conjecture évidente de Selver. *Ibid.*, IV, Axiome 5, p. 32.

qu'il meut ; et il n'est point un corps, puisque, mouvant le tout, il est indispensable qu'il soit autre que ce qu'il meut.

Pour prouver qu'il est Dieu, il fallait cependant quelque chose de plus. Dieu n'est pas simplement une substance incorporelle, puisqu'il pourrait à ce compte être un esprit fini ; et il faut ajouter, comme le fait Leibnitz dans la définition 1 des *praecognita*, qu'il est « substantia incorporea infinitae virtutis [1] ». Mais remarquant ensuite que le tout de l'univers est un tout infini, « cum cujuscunque corporis » et *a fortiori* de la totalité des corps « infinitae sint partes [2] », et qu'en vertu de la définition 3 « potentia principalis movendi infinitum » est précisément une virtus infinita [3], il en conclut enfin que le moteur du monde est une « substantia incorporea infinitae virtutis », ou qu'il est Dieu.

Sans montrer les faiblesses de cette démonstration, il importe seulement de remarquer ici qu'elle repose sur le fait que le mouvement de l'univers ne saurait s'expliquer sans un premier moteur, lequel ne saurait être, d'ailleurs, qu'un esprit. Et, de cette vue, on peut dire que Leibnitz ne se départira plus, bien que nous soyons ici très loin du sens profond qu'il attribuera un jour aux relations du mouvement et de l'esprit.

Mais il y a encore un second point à noter. Pour avoir le droit d'identifier à Dieu la substance incorporelle ou l'esprit qui meut le monde, nous venons de voir que Leibnitz se croyait obligé d'établir tout d'abord que le monde est infini. Et non seulement du monde, mais d'un corps quelconque, il le prouve en rappelant qu'il est un continu, qu'il est, par conséquent, divisible à l'infini, ou, ce qui est tout un, qu'il possède un nombre infini de parties. Cette proposition est au moins surprenante de la part d'un atomiste, tel qu'est encore Leibnitz en 1666 ; faudrait-

1. Definitio 1. *Ibid.*, IV, 32.
2. Axiome 4. *Ibid.*, p. 32.
3. Définition 3, p. 32, *ibid.*

il donc penser que cette démonstration ne puisse se concilier avec la doctrine alors dominante dans l'esprit de Leibnitz? Nous ne le croyons pas : l'atome de Leibnitz, par cela seul qu'il possède, comme on l'a déjà vu, une grandeur finie et une figure finie, admet comme tous les corps une divisibilité qui va à l'infini ; et quoiqu'il soit en fait indivisible et incorruptible, ce n'est pas qu'il ne possède une multiplicité infinie de parties qu'Epicure lui-même admettait très bien [1]. L'essentiel, pour qu'il soit l'élément primordial des choses, est qu'il soit indissoluble, ou, ce qui est tout un, que dans son intérieur ses parties échappent pendant l'éternité à tout dérangement et à tout déplacement. Il se peut donc fort bien que, jusque dans l'atome, Leibnitz, comme Epicure, Lucrèce et Gassendi, ait vu un continu [2], partant un infini ; et sa démonstration n'en aurait à ses yeux qu'une force plus grande, puisque ce qu'il dit d'un corps [3], à savoir que s'il était mis en mouvement par une substance incorporelle, ce ne pourrait être, puisqu'il est continu, que par une substance d'une vertu infinie ou par Dieu, il peut le dire d'un atome ; en sorte que, pour donner la première impulsion, non seulement à l'univers dans sa totalité, mais à un seul atome, il ne faudrait rien de moins qu'une virtus infinita, ou que l'intervention de la puissance divine.

Cependant les progrès croissants de l'athéisme, liés sans nul doute pour une grande part à ceux d'une doctrine qui permettait de croire « phaenomena naturalia, seu ea quae in corporibus apparent, salvari et explicari posse, Deo non supposito, nec ad ratiocinandum assumpto », et peut-être l'émotion qui lui vint d'une lecture approfondie de Hobbes, ramenant la foi en Dieu « vel praeceptis civilibus, vel historiarum relationi », foi d'autant plus précaire qu'un livre de Spinoza venait de jeter un doute sur les sources de l'his-

---

1. Lucrèce, *De natura rerum* I, vers 599-634.
2. Il sait bien qu'il y a des parties dans l'atome : « Partes Atomorum ». Gerh., *Phil.*, IV, p. 108.
3. Prop. 1 à 12 inclusivement dans l'*Ecthesis. Ibid.*, p. 32.

toire et sur la vérité de l'Ecriture [1], décidèrent Leibnitz, deux ans plus tard, à faire l'épreuve suprême des doctrines nouvelles, tant il lui paraissait invraisemblable, indigne, comme il dit, « animum nostrum sua ipsius luce, id est Philosophia, praestringi » !

Tandis qu'à la critique, ce qu'il avait soumis jadis, en tête de la *Dissertatio de arte combinatoria*, c'était dans son ensemble le mouvement de l'univers, ce qu'il lui semble urgent d'aborder à présent, c'est, selon ses propres termes, l'analyse des corps, « tentaturus an eorum quae in corporibus sensu apparent rationem reddere possibile sit, sine suppositione causae incorporalis [2] ». Ce qu'il faut se demander, c'est, même lorsqu'on accorde aux philosophes modernes (hodiernis philosophis, Democriti et Epicuri ressuscitatoribus), ainsi que le fait Leibnitz sans aucune réticence, « in reddendis corporalium Phaenomenorum rationibus neque ad Deum neque aliam quamcumque rem, formamque aut qualitatem incorporalem sine necessitate confugiendum esse,... sed omnia quoad (ejus fieri possit ex natura corporis, primisque ejus qualitatibus magnitudine, figura et motu deducenda esse », si de ces trois qualités fondamentales et premières on peut rendre raison par la nature du corps. Que si on ne le peut point, on aura démontré, contre les naturalistes, « corpora sibi non sufficere, nec sine principio incorporeo subsistere posse [3] ».

Or quant à la figure et quant à la grandeur, nous avons déjà vu plus haut comment du terme de l'espace, qui appartient à la définition du corps, Leibnitz accorde qu'elles viennent naturellement : mais ce qui fait qu'un corps « tan-
« tum potius et tale spatium impleat, quam aliud, et ita
« cur exempli causa sit potius tripedale quam bipedale,
« et cur quadratum potius quam rotundum », cette détermination ne peut venir que de Dieu.

---

1. *Confessio naturae. Ibid.*, IV, 105.
2. *Ibid.*, p. 106.
3. *Ibid.*

Du mouvement, Leibnitz tire des conclusions analogues : « Re accuratius perpensa apparebit ex natura quidem corporis oriri mobilitatem, sed non ipsum motum... »

A la preuve de l'existence de Dieu qu'il avait déjà tirée en 1666, quoique d'une manière moins rigoureuse, de l'existence du mouvement, Leibnitz ajoute donc une preuve nouvelle fondée sur la détermination, qu'on ne peut tirer de l'espace, de la figure et de la grandeur des corps ; mais ce qu'il faut surtout remarquer, parce qu'elle contient de l'atome une critique décisive, c'est la preuve qu'il tire de la nécessité de reporter à Dieu la cohésion des corps et en dernière analyse des atomes eux-mêmes, comme une qualité qu'on ne peut décidément dériver ni de l'espace ni d'une matière première, et d'où bientôt il dira que relève dans les corps tout ce qu'ils ont de réel.

Notons enfin, avant de quitter la *Confessio naturae*, l'utilité de ces preuves, qu'il indique d'un trait, et notamment de la solidarité des mouvements de l'univers, pour établir l'unité, la sagesse et la puissance de Dieu[1].

Mais ce qui mérite d'être avant tout remarqué, c'est le secours réciproque que se prêtent chez lui le souci de développer la philosophie de la nature, et le souci non moins grand de fortifier par là plutôt que d'affaiblir les motifs de croire à l'existence de Dieu. C'est en fait ce dernier qui, tandis que la foi lui semblait chez tant d'autres compromise par les principes, d'ailleurs nécessaires à la science, de la philosophie dite corpusculaire, l'amène pour la première fois à la critique approfondie non seulement du mouvement, de la grandeur et de la figure, mais encore de la cohésion ou de la solidité, lesquels jusqu'alors lui avaient apparu comme autant de qualités premières ou de propriétés inhérentes à l'atome. Or, qu'il n'en soit rien et que de la seule nature du corps on ne puisse déduire ni ce qui donne aux corps leurs déterminations, ni aux éléments mêmes ce sans quoi ils cesseraient d'être

1. *Ibid.*, p. 108.

des éléments, et qu'enfin, à côté d'une matière première, laquelle de plus en plus va tendre à se confondre avec l'espace indéfini, notre esprit soit tenu de chercher et de poser un principe différent de détermination, tels sont les résultats auxquels allait conduire une critique attentive. On peut donc dire que de l'effort tenté dans la *Confessio naturae* allait suivre non seulement l'abandon décisif, et pour la première fois, de l'atomisme dans le sens où le prenait Gassendi, mais encore la préparation de la doctrine contenue dans la célèbre lettre à Thomasius et qui marque un moment important dans le développement de la pensée de Leibnitz.

II. — (1668-1669).

Les éléments de la preuve dont Leibnitz se servira, dans ses lettres à Thomasius, de 1668 (septembre) et de 1669 (20/30 avril), pour établir l'existence de Dieu, étaient donc déjà comme contenus en puissance dans la *Dissertatio de arte combinatoria*, et explicitement dans la *Confessio naturae*. Elle y revient, en effet, à prouver que le mouvement (en lequel il voit enfin le principe prochain et universel de la détermination des corps), dès lors qu'il ne saurait dériver de la matière, dérive, puisqu'on ne peut concevoir en dehors de la matière d'autre être que l'esprit, de l'intelligence et même d'une intelligence suprême, c'est-à-dire Dieu. « Cum enim corpus nihil aliud sit quam materia et figura, et vero nec ex materia nec figura intelligi possit causa motus, necesse est causam motus esse extra corpus. Cumque extra corpus nihil sit cogitabile praeter ens cogitans seu mentem, erit mens causa motus. Mens autem universi rectrix est Deus [1]. » L'argument n'était donc que la consécration de celui dont il s'était servi dans la *Confessio*, avec cette restriction qu'il n'était plus utile de l'appliquer ni à

---

1. *A Thom.* Lettre III, Gerh., *Phil.*, I, 10. Cf. à *Thomasius* VI. *Ibid.*, I, p. 22. Motus omnis principium Mens, et p. 26.

la grandeur, ni à la figure, ni même à la cohésion des corps, dès lors que le mouvement devenait le principe de toute figure, de toute grandeur et de toute cohésion, et, par suite, de tout ce qu'il y a de réel et de déterminé dans le monde des corps.

Par un retour imprévu, destiné, s'écrie Leibnitz, non sans un certain enthousiasme, à fermer la bouche aux athées [1], le mécanisme offre donc sur tous les autres systèmes, et notamment sur celui des formes substantielles, l'avantage d'assurer et même d'assurer seul l'existence de Dieu. Supposer, en effet, dans la nature autant de causes prochaines et immanentes du mouvement qu'il existe de mouvements, c'est se fermer à soi-même « demonstrandi Dei viam aptissimam [2] »; c'est renverser l'échelle par laquelle Aristote « ad primum motorem enixus est [3] ». Bien plus le mécanisme, par cela même qu'il impose à la nature un déterminisme rigoureux, nécessaire à la science, revendique pour Dieu, qui est l'esprit suprême, et pour tous les esprits, une spontanéité et une liberté en dehors desquelles il n'y a point de Dieu, et, en le ramenant à Dieu, fait du mouvement lui-même une sorte de suite de la liberté. Si tout dans la nature, en effet, est mouvement, il n'est pas possible d'y concevoir un phénomène qu'un mouvement échappant aux lois du mouvement. En revanche, c'est si bien la même chose à nos yeux d'être soumis à la nécessité ou de l'être aux lois du mouvement, qui sont géométriques, que d'un être, semble-t-il, on aurait démontré qu'il échappe à celle-là dès qu'on aurait prouvé qu'il échappe à celles-ci. Or, n'est-il point trop clair que si le mouvement requiert une cause motrice qui ne peut être qu'un esprit, il faut dire à la fois et que sur les seuls esprits, parce que seuls aussi ils diffèrent du mouvement, tombent la liberté [4] et la spon-

1. *Ibid.*, I, 26.
2. *Ibid.*, I, p. 11.
3. *Ibid.*
4. Gerh., *Phil.*, I, 23. Lettre VI à Thomasius.

tanéité (hinc in solas mentes cadit libertas et spontaneum), et que le déterminisme a sa source première dans la liberté aussi nécessairement que le mouvement dans l'esprit. Même si l'on peut dire que l'existence des corps n'est que la persistance de leur figure dans l'espace, n'est-ce point dire qu'ils y sont perpétuellement renouvelés ou mieux perpétuellement créés d'abord dans le mouvement[1], puis par la cause première du mouvement ou par Dieu ? Plus le monde apparaît donc à notre science humaine comme un strict mécanisme, plus il est vrai de dire, comme le répète Leibnitz, qu'il est l'horloge de Dieu[2] ; et moins il a besoin, pour la conservation des choses, du concours extraordinaire de Dieu, d'autant plus requiert-il son concours ordinaire[3].

Jamais, avons-nous dit plus haut, la pensée de Leibnitz ne fut peut-être plus voisine de celle de Descartes que dans cette période où, ne laissant presque plus à la matière première d'autre réalité que celle de l'espace, il rapporte au mouvement, comme au principe de toute détermination, la genèse des figures et l'existence des corps. Mais dans quelles limites il en suit la doctrine, et quelle indépendance il garde à son égard, même s'il fallait avouer qu'il lui fait des emprunts, la manière dont il prouve l'existence de Dieu suffirait à le montrer : en vain, dans toute la suite des lettres à Thomasius, chercherait-on une trace de la preuve ontologique, à laquelle se ramènent toutes les preuves cartésiennes ; et c'est par la critique du mécanisme même, ce que n'a jamais fait ni même tenté Descartes, que Leibnitz s'efforce de remonter jusqu'à Dieu. En cela il ne relève, à vrai dire, que de lui-même ; et ce premier essai nous le montre déjà maintenant avec rigueur les lois du mécanisme, bien que le mouvement lui-même et les corps qu'il détermine ne puissent, selon lui, trouver de fondement solide que dans la spontanéité

---

1. *Ibid.*, I, 26.
2. *Ibid.*, I, pp. 25, 33.
3. *Ibid.*, I, 33, 19/29 décembre 1670.

ou, comme il dira plus tard, dans le monde des esprits et dans le Règne de la Grâce. Dans l'effort ingénieux qu'il tentait pour réduire à la figure les formes substantielles, puis la figure elle-même au mouvement qui postule un premier moteur, Thomasius[1] lui reprochait, non sans quelque raison, de se tenir moins près d'Aristote que d'Epicure, et la vérité est que, quoiqu'il ait, en fait, concilié le mécanisme de l'un et la finalité de l'autre, il est en somme infidèle et à l'un et à l'autre, à l'un quand il refuse d'admettre l'éternité de l'atome et du mouvement, à l'autre quand il affranchit le mouvement de l'étroite finalité des formes substantielles. Ni d'Aristote, ni d'Epicure ou de son maître Démocrite, ni même de Descartes, on ne saurait donc faire de Leibnitz le disciple, au sens étroit du mot, dans cette doctrine où il rapporte à Dieu, comme à leur cause première et comme à leur principe, les mouvements de l'univers, et où se fait jour déjà l'unité supérieure du Règne de la Nature et du Règne de la Grâce.

III

Lorsqu'il faisait du mouvement, dans ses lettres à Thomasius, en ne laissant à peu près à la matière première d'autre existence concevable que celle de l'espace, le facteur essentiel de l'existence des corps et de toutes leurs déterminations, au point qu'un peu plus tard il pouvait écrire à Arnauld[2] non seulement que dans la nature tout est en mouvement, mais, en termes décisifs, que tout y est mouvement, Leibnitz faisait faire à sa philosophie un progrès remarquable, d'une part en consacrant l'unité de l'objet qui devait désormais s'offrir aux réductions de l'analyse et de la science, de l'autre en rapprochant de Dieu la nature dans la même mesure qu'il rapprochait le

---

1. Réponse de Thomasius à la première lettre conciliatrice.
2. Essentiam corporis potius consistere in motu. Gerh., *Phil.*, I, 72. Cf. à Thom. *Ibid.*, I, 26, 20/30 avril 1669.

mouvement de sa cause incorporelle ou de l'esprit. Un même progrès interne de la philosophie de Leibnitz, loin de sacrifier l'une à l'autre science et théologie, tournait donc au contraire et tournait à la fois au profit de l'une et de l'autre.

Et pourtant le mouvement, dans cette conception, demeurait encore trop éloigné de l'esprit. Si l'on ne fait, en effet, de l'esprit qu'un moteur, la nature du mouvement est telle qu'il n'en réclame qu'une fois, à l'origine des temps, l'action productrice et l'intervention effective. Leibnitz a dit sans doute que réduire au mouvement actuel et au mouvement local l'existence des corps, c'est s'astreindre à penser qu'ils sont créés, non pas une fois pour toutes, mais continuellement dans la suite des temps ; mais la continuité de cette création, on ne peut cependant la rapporter à Dieu qu'autant qu'on y rapporte celle du mouvement ; or, ne remonter à Dieu que pour trouver en Dieu la cause efficiente du mouvement, ou, ce qui revient au même, ne réclamer de lui qu'une première impulsion, comme celle qui viendrait d'un moteur mécanique, c'est détacher de Dieu le mouvement, qui, dans le temps, se suffit à lui-même, pourvu qu'une fois seulement il ait été produit, et c'est par suite en détacher la nature, bien plutôt conservée par le mouvement lui-même que par l'action de Dieu. Ce qu'on exclut ainsi de l'ouvrage de Dieu, ce n'est plus seulement, à vrai dire, son concours extraordinaire, mais c'est aussi son concours ordinaire ; et cela pour avoir fait du mouvement et de l'esprit deux choses si complètement distinctes, voire même si complètement étrangères l'une à l'autre, qu'on ne comprend même plus comment Dieu serait la cause efficiente du mouvement. Du dehors il ne pourrait, en effet, donner une impulsion à la matière mobile qu'à la manière des moteurs mécaniques ordinaires ; et cette conception, d'ailleurs, serait absurde, s'il est incorporel et s'il est un esprit.

Ce n'est donc point du dehors et une fois pour toutes qu'on peut comprendre que Dieu fasse naître le mouvement ; il reste que ce soit du dedans qu'il le produise tout à la fois et qu'il le conserve, quand aussi bien la nature du mouvement est telle que c'est tout un pour lui que d'*être* simplement, ou que d'*être conservé*. Ce qu'il fallait montrer, c'est donc que le mouvement postule dans l'esprit encore plus qu'une cause efficiente et motrice, à savoir un fondement persistant et immanent ; et tandis qu'un esprit unique eût suffi après tout à l'unique impulsion que réclamait le monde d'un moteur transcendant, place allait être faite dans la doctrine nouvelle et à un Dieu unique qui demeure pour Leibnitz non seulement l'*ultima ratio* [1], mais l'harmonie des choses, et à autant d'esprits peut-être qu'il y a dans l'espace infini de mouvements distincts, ou du moins d'éléments et de commencements de mouvement. Pourvu qu'elle épargnât, même en les rapprochant, la distinction foncière du mouvement et de l'esprit, la doctrine nouvelle préservait donc, en outre, la multiplicité des âmes individuelles, que la doctrine ancienne n'obligeait nullement à distinguer de Dieu.

On sait déjà comment, en approfondissant la nature du mouvement, Leibnitz fut conduit à trouver dans ses lois et même dans son essence l'action toujours présente de l'esprit qui le soutient, et en dernier ressort de Dieu qui apparaît comme le monarque commun des corps et des esprits. La science du mouvement donnait ainsi sur l'esprit et sur Dieu des démonstrations jusqu'alors inconnues, et, ne fût-ce qu'à ce titre, exigerait qu'on apportât la dernière rigueur dans la détermination des lois du mouvement [2].

Or, le trait le plus frappant de ces lois rigoureuses est qu'entre les mouvements qu'elles feraient prévoir ou les mouvements abstraits, et les mouvements sensibles ou concrets de la nature, elles accusent dès l'abord de telles divergences qu'elles font comme toucher du doigt la nécessité, pour nous dans l'ordre de la connaissance, pour

1. Gerh., *Phil.*, I, 61-73.
2. *Ibid.*, IV, 238.

Dieu dans l'ordre de l'existence, d'en diriger sans cesse et comme d'en tempérer l'application. Tout est géométrique dans la nature sensible, mais d'une géométrie qui détruirait d'elle-même le mouvement dans le monde, si elle en réglait seule les distributions et redistributions successives ; en sorte qu'où il y a nécessité pour nous d'ajouter l'hypothèse à la géométrie, à savoir l'hypothèse d'une différentiation et d'un arrangement primitifs des choses, aux lois géométriques qui y trouvent d'ailleurs une application telle qu'elles se donnent à elles-mêmes les corrections convenables, il y a nécessité pour un Dieu géomètre d'introduire dans le monde une telle économie qu'il suffise du seul jeu des lois du mouvement pour préserver le mouvement de l'extinction graduelle où il tendrait sûrement sans cette économie. Nulle hypothèse, d'ailleurs, par cela seul que, se soumettant la géométrie, en revanche elle n'y est point soumise, ne peut être certaine d'une absolue certitude ; mais la nécessité d'en faire une, si l'on veut retrouver l'accord des lois concrètes et abstraites du mouvement, et plus encore peut-être la condition qu'elle soit à la fois une et simple et qu'elle rende compte pourtant de tous les phénomènes, si nombreux et si compliqués, met en pleine lumière l'économie du monde et porte témoignage de l'existence de Dieu. Leibnitz dira plus tard que la puissance divine exige la plénitude du temps et de l'espace : il dirait volontiers, à l'heure où nous sommes, que la nécessité de remplir le monde d'un éther qui assure, par l'universelle élasticité des corps, la perpétuité du mouvement et l'intégrité du monde, exige en sens contraire l'intervention de Dieu[1] : de même il en affirmera la puissance infinie en face de ces espèces enveloppant d'autres espèces, de ces mondes enveloppant d'autres mondes à l'infini[2], dont la nécessité suit de la même hypothèse, en même temps qu'elle reçoit de l'expérience une éclatante confirmation.

1. *Hypothesis*, § 21.
2. *Ibid.*, § 43.

De ce premier point de vue on peut donc déjà dire que le mouvement sans l'esprit ne serait point éternel ; de sa perpétuité Dieu est le seul garant par cette économie qu'il introduit dans le monde et par cette correction que, géomètre suprême, il prépare sans cesse à la géométrie par les seules ressources des lois géométriques. S'il faut, en d'autres termes, à toute déduction géométrique et notamment à celle des mouvements dans le monde, un point de départ bien défini dans une combinaison initiale de mobiles et de mouvements commençants, de toutes les combinaisons possibles, quelques-unes seulement, ou même peut-être une seule, étaient aptes à garantir, en vertu des seules lois géométriques, et, en un sens, *contre* elles, la perpétuité ou la conservation du mouvement. Par cette soumission des lois du mouvement à une loi supérieure d'ordre et d'économie, Dieu, en tant que recteur du mouvement dans le monde, apparaît donc aussi comme en étant déjà le fondement et le soutien.

Mais il faut aller plus loin et montrer que, pour Leibnitz, il devait en être, en outre, le fondement immanent et la source immédiate, en vertu de la liaison intime qu'il démontre entre l'esprit et le mouvement. Si le mouvement existe, c'est par un conatus, et par un conatus auquel, même isolé, il faut qu'on attribue un élément de mémoire ou un élément de conscience, d'abord pour qu'on comprenne que dans ces harmonies ou états de conscience qui, au dire de Leibnitz, suivent les unes des autres, il puisse persister (de impossibilitate obliviscendi), ensuite pour qu'il y ait, dans le mouvement lui-même, quelque chose qui l'intègre à travers la durée. Sans la tendance qu'il faut prêter au conatus, bref sans la mémoire, en dehors de laquelle il n'y a point de tendance, parce qu'il n'y aurait point d'abord de persistance, il n'y aurait point de mouvement qui n'est qu'autant qu'il dure, et pour lequel durer est la même chose qu'être. Un mouvement qui ne dure pas, au moins pendant un temps aussi petit qu'on voudra, n'est point un mouvement.

Or il ne faut rien de plus, à notre avis, si l'on approfondit la pensée de Leibnitz, pour établir la priorité non seulement sur le mouvement du conatus, mais sur les conatus eux-mêmes celle de ces harmonies qui sont autant de consciences, et qui les conditionnent en un sens bien plutôt qu'elles n'en sont conditionnées, enfin sur ces harmonies ou esprits secondaires celle d'une harmonie ou d'un esprit suprême qui, sans confondre en soi le monde et les esprits distincts, demeure le fondement de l'unité du monde, et mérite le nom d'*harmonie universelle* que Leibnitz lui donne.

A ne donner, en effet, au conatus que ce qu'il exige en tant qu'élément du mouvement, à savoir une grandeur, quoique infiniment petite, dans le temps et dans l'espace, on se mettrait hors d'état de laisser subsister, ne fût-ce que pendant une durée très courte, l'accord dans l'univers des esprits et du mouvement, accord pourtant requis par la pensée de Leibnitz. Car si, dans la conscience, la loi des conatus est telle que, dans les harmonies successives où ils entrent, on ne peut concevoir qu'il s'en perde jamais rien, c'est leur loi au contraire, dans les compositions où continuellement ils entrent dans l'espace, et où ils constituent des sommes algébriques, de se soustraire les uns des autres, en tout ou en partie, toutes les fois qu'ils s'opposent, et de tendre par là graduellement vers zéro. Si le mouvement se conserve néanmoins dans le monde, c'est donc qu'il y reparaît ou qu'il y est retenu, soit par les perpétuelles rencontres dans le plein par tout corps en mouvement de mouvements préparant sans cesse de nouveaux chocs, soit par l'exigence même de ces lois de l'esprit qui sauvent le conatus de l'annihilation géométrique par la nécessité de sa conservation psychique. Dans le premier cas, c'est, comme nous l'avons vu, déjà subordonner le mouvement à l'esprit en le subordonnant à cette « économie » qui est l'œuvre de l'esprit ; subordination d'ailleurs insuffisante, alors qu'il est trop clair que plus elles se répètent, plus, même dans le plein, les rencontres font tendre le mouvement vers zéro. Dans le second, en revanche, c'est d'emblée reconnaître la primauté de l'esprit et de sa loi suprême de conservation, sur la loi du mouvement qui le conduit tout droit à l'annihilation.

De l'état de conscience qui est une harmonie et qui l'est en vertu de ce que rien ne s'y oublie ni, partant, ne s'y perd, naît donc pour le mouvement et pour le conatus la garantie requise par la nature concrète contre leur destruction : tant s'en faut qu'on ait le droit, comme le faisait Hobbes, d'en faire une résultante et comme une surérogation d'un concours des mouvements ou de leurs différentielles ! Bien plus, il faut aller jusqu'à donner le pas à l'harmonie mentale non seulement sur ceux-ci et sur leurs conatus au sens géométrique, mais sur les conatus au sens où ils sont pris comme autant d'éléments de mémoire ou de conscience. C'est un fait, en effet, que, pour Leibnitz comme pour Hobbes, il n'y a de sensation que dans l'opposition : point de conscience, disait l'un, que par la comparaison[1] ; point de conscience, disait l'autre, et point de volonté, que dans une harmonie qui résulte toujours d'harmonies précédentes[2]. Est-ce donc dépasser la portée de la pensée que révèlent ces passages que de donner à l'esprit, synthèse et intégrale, le pas sur l'élément, qu'il n'intègre qu'après qu'il l'a déterminé, ou qu'autant, pour mieux dire, qu'il le détermine ? Aussi bien l'analyse rencontre-t-elle jamais un corps qui n'enveloppe des corps à l'infini, ou une sensation qui n'en enveloppe d'autres à l'infini aussi ? L'élément de conscience n'est lui-même conscient qu'autant qu'il soit déjà comparaison, selon Hobbes, harmonie, selon Leibnitz ; et c'est dire qu'il résulte bien plus de l'harmonie, que celle-ci d'éléments qui ne peuvent être assignés.

S'il y a donc une marche, qui plaît à la science, par laquelle nous croyons qu'on passe des conatus purement géométriques aux harmonies partielles qu'ils constituent

---

1. *De Corpore*, pars IV, ch. XXV, § 5, p. 195.
2. Gerh., *Phil.*, I, 73.

dans le monde, il en est une aussi, qui seule soutient l'autre et seule la justifie, et qui nous fait descendre, dans l'ordre du réel, des harmonies premières aux harmonies secondes, et de celles-ci en fin de compte aux éléments derniers qui étendent le mouvement dans le temps et dans l'espace et ainsi le préservent de toute destruction. La synthèse réussit où l'analyse échoue ; et tandis que l'infini des éléments multiples nous échappe toutes les fois que nous le posons avant l'unité qui l'intègre, rien en revanche n'est plus clair ni moins contradictoire quand il suit du progrès des déterminations d'une unité suprême.

De cette dialectique dont il ne parcourt point encore tous les degrés, Leibnitz en parcourait pourtant les principaux, quand en termes exprès il écrivait à Arnauld que le fondement du mouvement est dans une substance incorporelle, et quand, faisant de Dieu une harmonie universelle, il ne pouvait penser qu'elle est une résultante d'harmonies secondaires, comme l'esprit le serait, s'il en fallait croire Hobbes, de conatus multiples. Des harmonies secondes ou des consciences individuelles, il faut donc croire, ainsi qu'il l'écrivait d'ailleurs à Thomasius, qu'elles tiennent leurs pensées de cet esprit premier ; et comme elles sont enfin le fondement du mouvement, c'est donc que le mouvement, où ces esprits secondaires trouvent dans l'espace et le temps l'expression exacte de leurs actions internes, se rattache à Dieu comme à son premier fondement et comme à l'ultima ratio de toutes choses.

IV

C'est donc déjà un point acquis de la pensée de Leibnitz que les lois du mouvement, au moins du mouvement concret, ne seraient point ce qu'elles sont s'il était vrai qu'elles fussent exclusivement géométriques, ou qu'elles ne postulassent point d'autres principes que les principes de la géométrie. Et sur cette remarque, capitale dans son œuvre de 1670, nous croyons qu'il appuie deux preuves de l'existence de Dieu, mais deux preuves autant en progrès l'une sur l'autre qu'elles le sont toutes les deux, lorsqu'on les réunit, sur la preuve qu'exposait la lettre à Thomasius. La première, qui garde une forme exotérique, consiste en ce que l'accord réel, dans le monde physique, des lois au fond si différentes du mouvement concret et du mouvement abstrait, nous révèle dans le monde un ordre systématique et une économie qui requièrent l'action d'un principe ordonnateur et souverainement sage, ou, pour tout dire, d'un Dieu. Remarquons cependant qu'un tel Dieu resterait encore assez loin de son œuvre pour qu'on pût dire de lui tout au plus qu'il y met, du dehors, une économie ou une harmonie, mais non pas qu'il en est lui-même l'harmonie [1], ainsi que le dit Leibnitz en propres termes. Transcendant et séparé du mouvement, comme le premier moteur des preuves antérieures, on ne peut guère comprendre de quelle manière il agirait sur les mobiles ou sur le mouvement pour réduire les premiers en un système, ou pour conserver l'autre. Au surplus, il n'est pas jusqu'à cette conservation même qui ne reste douteuse, quand, même dans le plein, la loi des conatus est de se composer sans cesse et, par la répétition incessante de leur composition, de tendre, quoi qu'on fasse, peu à peu vers zéro. Il fallait donc aller plus loin : et dès qu'on s'engageait dans la voie où l'esprit apparaît comme le centre où se ramènent et où, à la faveur d'une harmonie qui repose sur le souvenir et sur la conscience, se conservent tous les conatus, l'économie du monde et le système entier des mouvements de l'univers allaient enfin requérir une harmonie suprême et universelle, dont les autres harmonies ne sont que les déterminations et en quelque sorte les degrés, et dont l'économie de l'univers physique n'est que l'extension ou que l'expansion dans l'espace et dans le temps. L'économie du monde reste donc encore comme

1. Gerh., *Phil.*, I, 61.

le témoignage et comme la manifestation de l'existence de Dieu ; mais sans se perdre en elle ou se confondre avec elle, Dieu en est plus que la cause, il en est le fondement : il est, dans toute la force du terme, l'harmonie universelle ; et, monarque commun [1] à des corps, dont le mouvement se continue par lui, et des esprits qui se déterminent en lui sée [2], il règne sur les uns, éternel géomètre, par les lois et qui ne pensent qu'autant qu'ils participent de sa pen- tempérées de la géométrie, et il règne sur les autres, éternel législateur, par des lois, en quelque sorte « civiles », de sagesse, de bonté et de spontanéité (ou de liberté) dont les effets se manifestent, à travers les esprits, qui en sont le soutien, jusque dans l'autre règne des corps et du mouvement.

A ce système, que manque-t-il pour qu'on ait le droit d'y voir le germe déjà vivant, mais encore enveloppé, ou comme l'ébauche informe du système futur, de l'harmonie préétablie et de la monadologie ? Répondons : une étude plus approfondie des rapports de Dieu et des âmes individuelles, qui préserve la toute-puissance et l'omniscience du premier, l'individualité et la personnalité des secondes ; une doctrine plus complète de la nature de l'âme, où il faut remarquer cependant qu'il voit déjà pensée et volonté, harmonie d'un multiple et tendance à agir ; enfin, pour effacer les dernières discordances des corps et des esprits, une notion plus correcte des lois du mouvement, et pour en rendre irréductible la réelle distinction, une reconnaissance décisive de l'idéalité de l'espace, qu'il entrevoit déjà, quoique confusément. Mais si dans ces difficultés partielles, que Descartes eût appelées les conditions du problème, nous n'avons garde de soutenir que, dès l'*Hypothesis*, Leibnitz l'ait traité d'une façon complète, du moins croyons-nous fermement qu'il l'avait posé, et même qu'il en entrevoyait et en anticipait dès lors la solution.

1. *A Hobbes.* Gerh., *Phil.*, I, 83.
2. *Pacidius Philalethi.* Archiv., I, 214 et Gerh. *Phil.*, I, 33.

CONCLUSION

Lorsque, au commencement de l'année 1672, Leibnitz se disposait à partir pour Paris, chargé, on le sait, par la cour de Mayence de présenter officiellement aux ministres de Louis XIV un projet de conquête de l'Égypte, le philosophe, qui allait trouver plus d'affaires à Paris que le diplomate, avait donc abordé et même résolu à sa satisfaction tous les problèmes essentiels sur le mouvement et sur l'essence des corps, sur l'esprit et sur Dieu, dont l'ensemble constitue la philosophie première. Qu'aux solutions qu'il en donne, au moins dans la teneur qu'il leur avait donnée vers 1670, il dût apporter bientôt des modifications importantes, cela n'est point douteux ; et le séjour qu'il fit à Paris et à Londres, voire même en Hollande, de 1672 à 1676, allait être précisément d'autant plus décisif en ce sens qu'il allait l'initier non seulement à des méthodes mathématiques et surtout à une géométrie à peu près complètement inconnues en Allemagne, mais même à des doctrines philosophiques que jusqu'alors il avait tout à fait ignorées ou qu'il connaissait mal. Entre la doctrine nouvelle et la doctrine ancienne de notre philosophe, ce voyage marque donc un moment si notable que, ne fût-ce que pour apprécier son influence exacte sur la doctrine nouvelle, il eût été déjà urgent de mettre au point sa doctrine antérieure. Mais il y a plus : quels que soient les progrès qu'il n'est pas difficile de noter de l'une à l'autre, l'étude que nous avons entreprise plus haut prépare une conclusion qu'on eût pu ne point attendre : elle prouve qu'ils eurent lieu beaucoup plus en profondeur qu'en extension, et que la philosophie qu'avait achevée Leibnitz en dix années de sa jeunesse, jusqu'en 1671, et qu'on pourrait appeler sa première philosophie, contenait en germe tous les développements et comme le dessin organique de sa philosophie future. L'une et l'autre, en effet, posent les mêmes problèmes, et même les posent de la même manière, dans le même ordre et le même enchaînement, en sorte que, dans la mesure où il est vrai de dire que poser les problèmes, et surtout les poser de telle et telle manière, c'est déjà en un sens les avoir résolus, la première philosophie de Leibnitz ne se distingue de la seconde que par un degré moindre de richesse intérieure et de développement, mais en contient déjà sinon tous les détails, du moins tous les articles essentiels et toute la contexture.

Le trait le plus frappant de cette première philosophie, trait qui, d'ailleurs, suffirait à lui seul à assurer l'accord des deux philosophies de Leibnitz, est l'adhésion complète, définitive, et inébranlable dès le premier moment, à ce principe des novateurs, que tout dans la nature se fait mécaniquement. A ce principe énoncé et vérifié avant lui et qu'il apprend d'autrui, il n'admet dès l'abord et n'admettra jamais aucune exception, à ce point qu'il rejette toute philosophie qui ne s'en accommode point, et ne retient des autres, par exemple de celle d'Aristote, que ce qu'il peut concilier avec le mécanisme. Le mécanisme est ainsi dès lors et demeurera toujours comme le *primum datum* de la philosophie de Leibnitz, parce qu'on peut faire la preuve *et en fait et en droit* qu'entre les phénomènes, qui ne sont que changement, et notre esprit, qui ne sait rien construire que le géométrique, le seul intermédiaire qui assure la pénétration des premiers par le second est le mouvement, le seul terme qui tienne à la fois du changement et du géométrique, d'un côté par l'espace qu'il parcourt, de l'autre par le temps qu'il met à le parcourir.

Mais c'est le second trait de la philosophie de Leibnitz d'avoir aussi nettement et dès le premier moment senti l'insuffisance du mouvement séparé à se soutenir lui-même, que son universelle présence dans la nature ; et c'est de l'effort qu'il fait pour en découvrir et pour en développer les principes qu'est sortie graduellement, on peut le soutenir sans crainte, toute sa philosophie, avec toutes ses ressources et toutes ses richesses. Car si le nom qui convient à la forme parfaite qu'il devait lui donner est celui d'*Elementa de Mente*, par lequel il en caractérisait lui-même la première ébauche, qui ne reconnaîtrait qu'il n'y eut jamais pour lui d'autre voie pour aller aux *Elementa de Mente* que de passer d'abord par une science sûre des *Elementa de Motu* ? C'est par là que l'auteur de la doctrine des Monades et de l'Harmonie préétablie est demeuré le même que celui de l'*Hypothesis physica nova* ; et en comparaison de ce point sur lequel il n'a jamais varié et qui, entre tous les mécanistes de son temps, lui assure une si grande originalité, ses autres variations, si notables qu'elles aient été, d'ailleurs, n'apparaissent plus pourtant que comme secondaires.

L'originalité de Leibnitz est donc surtout dans l'attitude toute spéciale qu'il observe à l'égard du mécanisme et qui, au reste, ne pouvait manquer de le conduire à de sérieux amendements du mécanisme même ; quant à ce dernier, il est clair qu'il ne l'a point inventé ; et dans la mesure où le mode sous lequel il en avait d'abord compris et défini les principes devait avoir une influence sur sa philosophie, c'est une question d'importance de savoir de qui il les avait empruntés ou reçus. Quoi qu'on en ait pu dire, ce n'est point de Descartes, si du moins le seul fait d'adhérer aux principes généraux du mécanisme n'est point une preuve suffisante, comme il semble qu'on soit parfois disposé à le croire, qu'on subit l'influence directe de Descartes. Le mécanisme est partout dans la science et même dans la philosophie du xviie siècle : il est d'abord et avant tout chez Galilée, qui n'en fait point sans doute, comme Descartes, la théorie philosophique, mais qui ne trouve les lois d'un phénomène quelconque qu'en le ramenant d'abord à un mode de mouvement ; et s'il fallait qu'il fût en quelque sorte éprouvé par la science avant de s'offrir aux spéculations de la philosophie, Galilée en est le père, et le transmet au siècle avec les lois mêmes qu'il venait de découvrir et avec la méthode qu'il venait de fonder. Descartes ne fait rien d'autre que de l'ériger en système ; mais il avait rallié, en dehors de Descartes, bien d'autres philosophes, et avant tous les autres Bacon, qui ne l'adopte que confusément, Gassendi qui le fonde sur la philosophie de Démocrite et d'Epicure, et Hobbes qui lui donne peut-être moins que Descartes de solides fondements dans notre connaissance, mais qui met en revanche plus de rigueur géométrique et plus de précision dans ses développements.

Lorsque Leibnitz affirme à plusieurs reprises qu'il n'est point cartésien, et lorsque nous avons toute raison de croire qu'il n'a point lu de près les œuvres de Descartes avant le commencement de son séjour à Paris, ce n'est donc point assez de son adhésion au mécanisme pour affirmer le contraire. Non qu'il ignore d'ailleurs d'une manière absolue la doctrine cartésienne ; non même qu'il en soit tout à fait affranchi, ou qu'on ne puisse relever sur l'existence distincte du corps et de l'esprit, en dehors desquels nous ne concevons plus l'existence de rien, sur l'âme des bêtes [1], et peut-être en d'autres domaines sur les fondements de l'analyse [2] et de la connaissance, plus d'un trait qui lui vient en droite ligne de Descartes. Mais si la ressemblance n'allait pas au delà de ces traits généraux, elle s'expliquerait assez par la diffusion même de la doctrine cartésienne à cette époque, sans qu'on en puisse déduire que Leibnitz en ait fait une étude sérieuse [3], et, à ce prix seulement, décisive pour le développement de son

1. Gerh., Phil., I, p. 25.
2. Diss. de Arte comb. Ibid., IV, p. 35. Cf. Lettre à J. Fréd Ibid., I, p. 57.
3. Il a lu des ouvrages de seconde main.

esprit. Il y a plus : Leibnitz connaissait même, bien qu'il semble n'avoir lu que les *Méditations*, et pas encore les *Principes*, en premier lieu le principe essentiel du mécanisme cartésien, à savoir l'identification de la matière et de l'espace, en second lieu au moins dans leurs grandes lignes ce qu'on pourrait appeler les Hypothèses physiques de l'auteur des *Principes*. Mais outre qu'il ne cesse de blâmer ces dernières, comme trop arbitraires et mal coordonnées, et que contre Descartes il maintient constamment la distinction de l'espace et de ce qui le remplit, comment soutenir qu'il se soit inspiré de la doctrine cartésienne, s'il n'en retient pas même ce qu'il y avait en elle de plus caractéristique et de plus essentiel ? Sans doute, il s'est trouvé un jour, et même de plus en plus, conduit à ne laisser à la matière première rien d'autre que ce qui lui est commun avec l'espace ; et c'est assurément par ce point de doctrine et par toute l'importance qui rejaillit par là sur le mouvement, comme sur le seul principe de la détermination des corps, que Leibnitz est le plus près de la pensée cartésienne. Mais sans diminuer la portée de cette remarque, on peut dire que cette vue ne suppose pas non plus une étude attentive des œuvres de Descartes ; que Leibnitz, poussé par la critique qu'il fait de la notion de l'atome, la trouve autour de lui dans le domaine commun et qu'il s'écarte au surplus notablement de Descartes dans la plus importante des conséquences qu'il en tire : car tandis que pour Descartes la cohésion et la solidité appartiennent d'emblée à toute portion de l'espace, pourvu que toutes les parties en soient rigoureusement immobiles, Leibnitz soutenait précisément le contraire et croyait que seul dans l'espace fluide le mouvement les engendre.

Au surplus, comment donc rapporter à Descartes le mécanisme de Leibnitz, quand il manque à ce dernier tout ce qui caractérise la doctrine cartésienne ? Dans la quantité de mouvement, Descartes faisait entrer le facteur de la masse : si Leibnitz l'eût suivi, comment donc expliquer qu'il ait commis la faute de confondre le mouvement avec la vitesse ? On reconnaîtra, en outre, que pour être cartésien, à tout le moins fallait-il adhérer au principe de la conservation des quantités de mouvement : on n'en trouve pas mention une seule fois chez Leibnitz, dans les œuvres antérieures à 1672 ; bien plus, ce n'est point la conservation, c'est, au contraire, l'annihilation du mouvement qui suit dans la *Theoria motus abstracti* de l'addition algébrique des conatus dans le choc : comment donc attribuer à l'influence de Descartes des opinions et des doctrines qui portent si peu la marque des idées cartésiennes, et qui portent surtout d'une manière si nette la marque d'une origine tout à fait différente ?

Le vrai maître de Leibnitz, celui dont l'influence éclate à tout instant dans l'œuvre capitale de ses années de jeunesse, c'est Hobbes. A Gassendi et peut-être à Bacon, il doit de l'avoir initié, cela n'est guère douteux, les premiers au mécanisme, à la philosophie corpusculaire, ou même, si l'on veut, à Descartes ; mais à ce qui, de Descartes, s'était vulgarisé et répandu dans le monde, il doit d'être sorti d'un atomisme étroit, et d'avoir eu l'idée de demander au mouvement le principe qui donne, dans l'espace ou dans la matière première indéterminée, leurs déterminations à la grandeur, à la figure, et, pour tout dire, aux corps particuliers. Mais quand il eut ainsi dégagé la valeur et comme la primauté du mouvement sur tout le reste, voire même sur l'espace, celui qu'il consulta, pour apprendre de lui la nature du mouvement, ses principes et ses lois, c'est l'homme dont depuis longtemps les œuvres politiques étaient de sa part l'objet d'une si haute estime, et qui n'avait montré ni moins d'autorité ni moins de profondeur dans la philosophie naturelle que dans la philosophie civile [1].

---

1. Il connaît en 1666 *(Diss. de Arte comb.)* la logique nominaliste de Hobbes. — A-t-il lu le *De Corpore?* Qui sait si l'édition d'Amsterdam (1668) n'est pas pour lui l'occasion de le lire à fond vers 1669 ? L'*Hypothesis* est de ce temps-là.

Il semble sûr d'abord que l'idée si sérieuse d'établir les « raisons abstraites », c'est-à-dire rigoureusement géométriques du mouvement, lui soit venue de Hobbes ; on a indiqué récemment [1] qu'elle lui était peut-être venue de Spinoza ; rien n'est moins vraisemblable : quand il serait démontré qu'il avait lu de ce dernier les *Renati Descartes principia philosophiae*, l'exemple de Spinoza et même de Descartes prouvent qu'il eût pu y prendre l'idée de traiter more geometrico toute sorte de sujets, surtout philosophiques, tout en continuant de traiter « more philosophico » les lois du mouvement. Or si Leibnitz affirme la nécessité de traiter géométriquement du mouvement et de ses lois, ce n'est nullement qu'il songe, comme Spinoza, à étendre la méthode géométrique à toutes sortes de sujets ; mais c'est parce que le mouvement n'a lui-même d'autre nature qu'une nature géométrique ; et il trouvait dans Hobbes ce double enseignement, d'abord que la physique n'a point essentiellement d'autre objet que le mouvement, ce qui nous interdit de la faire remonter au delà de Galilée qui le premier l'a compris et le premier a établi les lois du mouvement [2], ensuite qu'il n'y a de sûr, pourrait-on dire, dans la Physique, que ce qu'il y entre de géométrie [3]. Assurément, sauf cette appréciation très significative [4] des mérites de Galilée, Leibnitz eût pu trouver dans Descartes, du moins sur le second point, les mêmes enseignements ; mais si ce n'est pas tout d'énoncer le principe, et si ce qui importe est d'en tirer parti, la manière dont Leibnitz expose dans le détail les lois du mouvement et même dont il en suit, dans la *Theoria motus concreti*, les conséquences physiques, prouve jusqu'à l'évidence que ce n'est point Descartes, mais Hobbes qu'il prend pour guide. C'est à Hobbes qu'il emprunte, en en reproduisant presque

---

1. L. Stein. *Leibniz und Spinoza*, p. 38.
2. *Elem. philos.* Ep. dédic. « Galilaeus primus aperuit nobis physicae universae portam primam, naturam motus. Adeo ut neque ultra hunc computanda videatur esse actas physicae. »
3. *De Cive.* Epître déd. 3ᵉ page en haut. *De Homine*, p. 61 en bas.
4. On sait l'injustice de Descartes à l'égard de Galilée.

textuellement la définition, cette notion si remarquable et si profonde du conatus, sur laquelle repose toute la *Theoria motus abstracti* et tout ce qui s'y rattache ; et là ne se bornent point les emprunts qu'il lui fait : outre la notion du conatus, il lui en demande encore toutes les lois essentielles, la propagation à l'infini du conatus dans le plein, qui emporte l'omission théorique de la masse, la composition des conatus à leur point de rencontre sous la loi suprême de l'addition algébrique, qui règle tous les cas de la composition phoronomique et du choc des corps ; ajoutons enfin qu'il lui doit, sans aucun doute possible, l'idée de demander encore au conatus l'origine première de toute cohésion, et par suite de toute solidité des corps dans l'espace.

Assurément Leibnitz ne se fait point l'esclave de la pensée de Hobbes ; et en plus d'une occasion, notamment au sujet de la cohésion [1], ou des indivisibles et du point [2], ou de la rigueur de certaines propositions géométriques [3], il sait reprendre dans Hobbes ce qui lui paraît blâmable ; jamais cependant peut-être, en nulle autre occasion, n'a-t-il suivi de si près et jusque dans le détail la doctrine d'un autre. Même dans les parties les plus originales de l'*Hypothesis*, quand par exemple il fait de l'éther l'agent universel de l'élasticité et quand il lui demande d'assurer le passage des lois du mouvement abstrait à celles du mouvement concret, c'est encore de Hobbes qu'il tire sinon l'idée de réconcilier ces lois, du moins l'agent physique qui les réconcilie et l'élasticité qu'il met dans tous les corps. Enfin, il n'est pas jusqu'à cette profonde « doctrina de mente », si contraire en un sens aux tendances de Hobbes, qui ne lui soit inspirée par celui qui tantôt faisait de la conscience une résultante de conatus concourants et qui tantôt l'identifiait avec la mémoire.

L'influence de Hobbes sur la plus importante des œuvres

1. V. ci-dessus, p. 98.
2. Gerh., *Phil.*, IV, p. 229. *Ibid.*, 240.
3. Cf. *Ibid.*, IV, pp. 231 et 240.

de Leibnitz avant 1672, doit donc être notée avec d'autant plus de soin que cette œuvre n'est point une œuvre passagère et qu'elle contenait en germe tous les progrès futurs de la pensée de Leibnitz. A coup sûr des tendances qui n'étaient point chez Hobbes, et des idées maîtresses qui mettent sur tout ce qu'il touche la marque de son génie, assurent à son œuvre un caractère d'indépendance et une originalité qui ne sont point contestables. On peut dire cependant que ce que l'auteur futur de la Monadologie emprunte au *De Corpore* est choisi de telle sorte qu'il devait être par là, avec ce qu'il y ajoute, conduit aussi loin dans la profonde doctrine des monades et même de Dieu, considéré comme le siège et le fondement de l'harmonie universelle, qu'il pouvait aller dans l'état de ses connaissances scientifiques et philosophiques avant 1672. Les progrès qu'il fera dans ce dernier domaine pendant son séjour à Paris, ou quelque temps après, auront donc cet effet, si nous ne nous trompons, d'offrir à sa doctrine le moyen de surmonter certaines difficultés, nées d'une science inexacte ou au moins incomplète, et de lui assurer les riches développements qui devaient la conduire à sa forme parfaite, plutôt que d'en modifier sur les points essentiels les tendances et le fond.

On sait déjà comment la conception du conatus et le parti judicieux qu'en avait tiré Hobbes, soit dans l'établissement des lois générales du mouvement, soit même dans l'analyse des relations immédiates de la conscience et du mouvement, avaient séduit Leibnitz vers 1669 au point qu'il y subordonne tout dans les deux Théories qui forment l'*Hypothesis*.

Elle avait d'abord le mérite d'apporter une rigueur toute nouvelle et toute géométrique à la science du mouvement, et notamment à l'étude analytique des lois de la composition des mouvements et du choc des corps. Or si les phénomènes naturels ne se laissent point ramener seulement à des mouvements, mais à des mouvements sans cesse modifiés par d'incessants échanges et d'incessantes rencontres de mobiles, on pouvait croire au mécanisme d'une foi toute platonique, mais on ne pouvait guère se vanter d'en tirer une explication des choses certaine et rigoureuse, tant qu'on ne se serait point mis en état de soumettre à la démonstration les suites de ces rencontres et de ces compositions. Ou le mécanisme est le vrai, et il n'y a dans les choses que ce qu'il y a dans le mouvement, à savoir des données soumises en toute rigueur aux lois géométriques ; ou bien si l'on admet qu'il y ait dans la nature des choses inaccessibles à la géométrie, autant vaut avouer que le mécanisme est faux. Il y a donc des lois abstraites du mouvement, dont on ne peut point douter qu'elles aient partout dans la nature et jusque dans le détail le plus particulier une application rigoureuse ; et le mérite de Hobbes est d'avoir rencontré un concept qui permît de les analyser et de les démontrer. Leibnitz était d'ailleurs d'autant mieux disposé à en saisir toute la portée, qu'il y était préparé par une lecture récente de Cavalieri.

Or, tandis qu'il en tire ces conclusions remarquables que toute puissance dans la nature, omission faite de la masse, dépend de la vitesse, et que toute fermeté et toute cohésion, c'est-à-dire tout ce qui reste du corps pris en lui-même en dehors de son mouvement actuel et de son étendue, y naissent de conatus opposés et en dernière analyse encore du mouvement, tandis, en d'autres termes, que toute réalité dans la nature se ramène au mouvement et le mouvement lui-même au pur géométrique, Leibnitz allait tirer du mécanisme même, par une méthode constante dans sa philosophie, la preuve que le mécanisme ne saurait se suffire, lui qui suffit à tout pourtant dans la nature, et qu'il requiert autant le concours ordinaire d'un souverain ordonnateur du monde qu'il en repousse le concours extraordinaire, d'ailleurs indigne de Dieu.

Les moments de cette preuve méritent d'être rappelés : notons d'abord qu'il n'est pas jusqu'au géométrique, où les lois de l'addition et de la soustraction devraient cependant, semble-t-il, tout régler, qui ne révèle la présence d'un principe quasi civil de choix et de raison, principe qui domine, sans la troubler dans ses applications, la règle de l'addition et de la soustraction, et où nous trouvons peut-être pour la première fois, dans la philosophie de Leibnitz, l'opposition et la conciliation des principes d'identité et de raison suffisante.

Mais ce n'est pas l'unique motif de remonter à Dieu : le plus grave et en même temps le plus intéressant pour nous, parce qu'il restera le même, mutatis mutandis, à travers toute l'évolution de la pensée de Leibnitz, est dans l'opposition des lois abstraites et des lois concrètes du mouvement, désaccord qui, on le sait, resterait irréductible si Dieu, grâce à l'éther qui remplit tout l'espace et qui, enveloppant jusqu'aux éléments des corps, leur communique à tous une élasticité dont ils sont originairement dépourvus, ne remédiait aux suites des lois abstraites de la réfraction et de la reflexion, et plus généralement à celles de la composition algébrique des mouvements qui tend directement à les annihiler. Pour que le mouvement fût éternel ou, en langage moderne, pour qu'il se conservât dans le monde en quantité constante, il fallait donc que Dieu introduisît dans le monde une telle économie que, sous les lois supérieures et en quelque sorte civiles de cette économie, les lois abstraites y modérassent d'ellesmêmes leurs suites ordinaires, bien qu'elles s'y appliquassent d'une manière rigoureuse. Qu'était-ce dire, sinon qu'aux lois du mouvement concret des principes géométriques en un sens suffisent, remarque qui justifie le mécanisme de la science, mais qu'en un autre sens ils exigent l'appui de principes métaphysiques, autre remarque qui limite la valeur du mécanisme et qui impose à la science l'emploi de l'hypothèse ?

On peut n'être pas entièrement satisfait de cette solution qui, au reste, repose sur des erreurs graves de mécanique : on peut, notamment, se demander si le concours ordinaire de Dieu suffit pour corriger l'effet des lois abstraites du mouvement qui, même dans le « système », doivent tendre en fin de compte à son annihilation. Qu'adviendrait-il dès lors du mécanisme, s'il fallait que Dieu retouchât parfois à son ouvrage? Ou qu'adviendrait-il du besoin de recourir à son concours ordinaire, et partant de la preuve qui remonte du mécanisme à l'existence de Dieu, si d'elles-mêmes et toutes seules les lois géométriques assuraient dans le monde l'éternité du mouvement?

Quant à la première de ces difficultés, l'un des premiers progrès que fit faire à Leibnitz son étude à Paris des œuvres de Descartes et surtout ses relations avec Huygens, l'amena après de mûres, mais lentes réflexions, à la résoudre à sa satisfaction et à s'en rendre maître. En ce qui regarde Descartes, il ne put pas manquer d'attacher enfin au principe cartésien de la conservation des quantités de mouvement l'importance capitale qui lui appartient, et quoique ce principe fût soumis en un sens, comme il le montra le premier dans un débat célèbre, aux mêmes inconvénients que ses propres principes, parce qu'il était lui-même soumis à la règle de la sommation algébrique, il eut pourtant le mérite d'éveiller l'attention de Leibnitz sur des formules voisines qui se trouvaient échapper à ces inconvénients. Dans un mémoire célèbre de 1663, mais présenté seulement en 1669 à la S. R. de Londres, Huygens avait montré que dans le choc des corps élastiques, il ne se conserve pas seulement la même quantité de mouvement, mais aussi la même quantité de force vive. Leibnitz avait pu lire en 1669 le mémoire de Huygens, sans y remarquer d'abord cette formule capitale. Mais que pendant son séjour à Paris, quand il eut avec Huygens ce commerce incessant où il fut initié par lui aux secrets de la géométrie et de l'analyse cartésiennes, il n'ait jamais avec Huygens abordé le sujet du mouvement, ou que, dans le cas où il l'aurait fait, Huygens n'ait point alors appelé son attention sur la conservation si remarquable de la force vive en même temps que de la quantité de mouvement dans le choc élastique, cela est à peine croyable [1] ; et quoiqu'il n'ait qu'assez tard compris tout le parti qu'il en pouvait tirer [2], la manière constante dont il évalue le travail d'une force ou son « effet violent » par la force vive, au lieu de l'évaluer par la demi-force vive, prouve qu'il avait repris purement et simplement la notation de Huygens dans le mémoire cité. Toujours est-il que, vers 1685 [3], Leibnitz était en mesure d'asseoir le mécanisme sur le double principe de la conservation de la

1. Cependant le passage d'une lettre de Leibnitz à de Volder (1698-1699) semble soulever ici une difficulté : « Ipse Dn. Hugenius de virium conservatione fassus est se non cogitasse, postea a me admonitus vires quae conservantur appellavit Ascensionales, non male quidem, sed tamen non satis plene... » Gerh., *Phil.*, I, p. 158. — Cf. *Lettre à de l'Hospital* : « Quant aux dynamiques, je croy que M. Huygens estoit de mon sentiment dans le fonds, et qu'il reconnaissoit qu'il se conserve tousjours la même force, comme j'avois avancé. Après avoir examiné mon sentiment, il trouva à propos d'appeler cette force Ascensionale, parce qu'il se conserve tousjours autant qu'il faut pour faire monter le même poids à la même hauteur... » (Gerh. *Math.*, II, p. 320.) Mais si l'on se reporte à la lettre écrite par Huygens à Leibnitz, le 11 juillet 1692, on appréciera au juste la part de l'un et de l'autre. « Sur la matière du mouvement, écrit Huygens, j'ai bien des choses nouvelles et paradoxes à donner, que l'on verra quand je publieray mes démonstrations des règles de la percussion insérées autrefois dans les Journaux de Paris et de Londres. Je communiquai ces démonstrations à nos MM. de l'Académie, et j'en envoiay aussi quelques-unes à la Société Royale, dans lesquelles j'employay avec autre chose cette *conservatio virium aequalium* et la déduction au mouvement perpétuel, c'est-à-dire à l'impossible, par où vous réfutez aussi les règles de Descartes, qui estant reconnues partout pour fausses et estant posées sans fondement, ne méritoient pas la peine que vous prenez. » (Gerh. *Math.*, II, p. 140.)
2. C'est un fait qu'en quittant Paris, il ne se satisfait pas encore sur les lois du mouvement.
3. Cf. *Disc. de Métaphys.* (1686), Gerh. *Phil.*, IV, pp. 409 et 442 sqq. *Brevis dem. erroris memorabilis Cartesii* (1686). Gerh. *Math.*, VI, p. 117. Pourtant je ne sais si Leibnitz n'a pas déjà trouvé dès 1678-1679 cette nouvelle estimation de la Force qui lui appartient bien. C'est ce qu'on peut, si je ne me trompe, conclure de ces passages de lettres à Conring et à Gallois. A Gallois, déc. 1678 : « J'ay quelques pensées mécaniques qui auront des suites. » (Gerh. *Math.*, I, p. 186.) A Conring (vers 1678) : « Sed de vi elastica quam vocant corporum post flexionem se restituentium ac de corporum inter se concurrentium legibus nunc primum certa Elementa me demonstrata habere arbitror Archimedeo plane rigore. Unde constabit non Cartesium tantum, sed et alios summos viros nondum ad intimam hujus argumenti notitiam pervenisse nec proinde hactenus Scientiae Mechanicae Elementa absoluta haberi. » Gerh., *Phil.*, I, p. 202.

quantité de force vive et de la quantité de progrès, et
de dispenser Dieu, dans la mesure même où ces principes
assurent mathématiquement la conservation du mouvement, de la nécessité servile de retoucher son ouvrage.

Mais si ces principes sont rigoureusement mathématiques, en revanche l'occasion ne va-t-elle point nous manquer de réclamer le concours ordinaire de Dieu dans
l'économie du monde et d'évoquer au-dessus des principes
géométriques certains principes métaphysiques et en quelque sorte civils, quand elle n'était venue, au temps de
l'*Hypothesis*, que de la disproportion des lois du mouvement abstrait et des lois du mouvement concret? Si la
disproportion n'existe plus, qu'avons-nous donc besoin de
l'économie du monde? et si les principes mathématiques
suffisent, quelle raison d'invoquer des principes métaphysiques? A vrai dire et dans le fond, il n'y en a aucune ;
et l'œuvre grandiose du dynamisme leibnitien reposerait
sur l'illusion symbolique d'un mot, à savoir le mot
« force » par lequel il désigne une formule [1] où il n'entre
que des quantités, si le charme de l'*Hypothesis* n'opérait
encore, même au temps de l'âge mûr, tant restèrent décisives sur sa propre pensée ces premiers et spontanés
essais de son génie ! Leibnitz ne s'est jamais, en effet,
complètement détaché, et il l'a dit lui-même à plusieurs reprises, de cette conviction, que les lois de la *Theoria motus
abstracti* seraient le vrai, et que cet « *essay d'un jeune
homme* » serait un monument définitif, s'il n'y avait dans
le monde que du géométrique. Et de même en disait-il du
principe cartésien, qui, par la valeur exagérée et en quelque sorte absolue attribuée à la vitesse dans la formule
mv, allait aux mêmes conséquences que des lois du mouvement abstrait. C'est à savoir que toute puissance dépendrait dans la nature uniquement de la vitesse, et non point
de la masse, originairement du moins, que le plein y serait
dès lors absolument perforable, ou, ce qui revient au même,

---

1. mv^2.

propre à propager à l'infini une impulsion quelconque [1], qu'il serait donc identique à l'espace cartésien, et qu'aucune inertie, qu'aucune antitypie ne distinguerait le corps de son étendue vide, qu'enfin le mouvement ou bien s'y annihilerait, ou bien, ce qui ne choque pas moins la raison, parfois y naîtrait de rien, comme l'exigerait en certains cas le principe cartésien [2]. Si donc la mécanique requiert l'inertie naturelle des corps et la constance exacte à travers la durée, de la somme des forces vives ou dérivatives, c'est qu'à une géométrie trop simple, mais qui serait exacte, s'il n'y avait dans le monde que du géométrique, il convient de substituer une géométrie plus sublime, mais exacte tout autant, et qui n'est plus sublime que parce qu'elle rattache les forces dérivatives au fondement substantiel des forces primitives, l'apparent au réel, le géométrique au métaphysique et l'existence du monde au décret par lequel Dieu choisit le meilleur. L'économie du monde et l'action de son auteur rentrent donc par là dans la seconde philosophie de Leibnitz [3]; mais si elles n'y rentrent plus par le besoin d'une correction désormais inutile des lois géométriques, ne peut-on dire du moins qu'elles y rentrent par le contraste des lois de l'*Hypothesis* dont Leibnitz persiste à croire à tort qu'elles seraient seules vraies, s'il n'y avait dans le monde que du géométrique, et du principe des forces vives qui, en dehors de ce contraste, n'exigerait par lui-même nul fondement substantiel des forces dérivatives?

La seconde philosophie de Leibnitz a donc dû, sur le point qui nous occupe, à une information plus exacte en

---

1. Gerh., *Phil.*, IV, p. 164.
2. Gerh. *Math.*, IV. *Illustratio ulterior objectionis contra cartesianam naturae legem*, pp. 123, 125. — Cf. *ibid.*, p. 199; *epist. ad Bayle*. Gerh., *Phil.*, III, pp. 43, 45, 46, 50; *ad de Volder. Ibid.*, II, p. 153 sqq.
3. Cf. *Specimen Dynamicum*, Gerh. *Math.*, VI, p. 241 : « ... ideo tunc quidem (scilicet eo tempore quo « libellus Hypotheseos physicae titulo exciit. ») Putavi, *et vere quidem*, sapientissimum rerum Autorem structura systematis vitasse, quae per se et nudis motus legibus a pura Geometria repetitis consequerentur. »

ce qui regarde les lois de l'échange du mouvement, le progrès incontestable en vérité et en beauté qu'elle marque sur l'*Hypothesis*; mais outre qu'elle reprend dans des termes identiques le problème qui y était posé et qu'elle le résout de tout point dans le même esprit, n'a-t-on pas le droit de dire que l'*Hypothesis*, par la place qu'elle occupe dans la solution même, vit encore et persiste jusque dans la plus profonde philosophie de Leibnitz? Ce n'était donc pas, comme l'a dit légèrement Guhrauer[1], une œuvre médiocre; ou si elle l'est quant à sa valeur scientifique absolue, elle ne l'est pas du moins, et c'est ce qui nous importe, quant au développement de la pensée de Leibnitz.

Mais venons à ce que Leibnitz dit de l'esprit. Pour être préoccupé d'asseoir le mécanisme sur de solides bases et d'atteindre la véritable essence des corps, il ne l'était pas moins d'atteindre celle de l'esprit, d'en démontrer l'existence, et même d'en définir avec le corps les relations exactes. Or, il faut reconnaître qu'en un temps où Descartes venait de proclamer la distinction réelle de la chose pensante et de la chose étendue, et où par suite l'inextension était devenue couramment comme la première marque de l'esprit, la ressemblance sur ce point du conatus et de l'esprit apparaissait trop vive pour qu'elle n'exerçât point son charme sur Leibnitz.

Et, en effet, le conatus, nous l'avons vu, est un indivisible et un inétendu. Le conatus n'est donc point le mouvement, et, si tout corps est mouvement, n'est point non plus un corps : que reste-t-il donc qu'il soit, sinon un esprit, dès qu'en dehors du corps il n'existe que l'esprit?

Voilà donc que Leibnitz a déjà découvert, comme il le dit lui-même, par la recherche exacte des principes du mouvement, trop négligée des philosophes, la véritable distinction du corps et de l'esprit : c'est, avec précision, celle du conatus au mouvement, ou du point à la ligne, non, comme on pourrait le croire, celle de 0 à 1, mais

---

1. Gurh., I, p. 73.

d'un réel, d'où est exclu le repos qui n'est rien, à un autre réel.

Mais là ne se borne point le résultat de l'analyse : il est beaucoup plus riche, et nous livre bien plus qu'une simple distinction, en nous livrant en outre toutes les relations du corps et de l'esprit. Le conatus, en effet, offre ce caractère de porter en lui-même, quoiqu'il soit hors de la durée et hors de l'étendue, toutes les déterminations du mouvement fini ; ce qu'est le mouvement dans le temps, il l'est donc dans l'instant ; et même il vaut mieux dire, comme il n'y a rien dans le temps qui n'ait été d'abord dans l'instant, que le mouvement n'est dans le temps que ce qu'il est dans l'instant. De là à dire que le conatus ou l'esprit est tout ce qu'est dans le temps le mouvement ou le corps, et qu'il l'est avant le corps, et qu'il l'est plus que lui, en sorte que le corps procède de l'esprit, quoiqu'il s'en distingue, il n'y avait qu'un pas : et ce pas est franchi, quand Leibnitz, prenant le corps dans ce premier instant où il procède du conatus, proclame sans hésiter : « Omne enim corpus est mens momentanea [1]. »

Cependant si le conatus échappe à toute extension, est-il vrai qu'il échappe aussi à toute durée ? A prendre à la rigueur sa définition, il n'y a, à vrai dire, aucun doute sur ce point ; et Leibnitz dit lui-même : « Nullus conatus sine motu durat ultra momentum [2]. » Or, à le dépouiller ainsi de toute durée, il n'y aurait point d'esprit, mais il n'y aurait pas non plus de mouvement. Le mouvement, en effet, n'est qu'une somme, disons, qu'une intégrale de conatus multiples, comme le temps de durées, et l'espace d'étendues infiniment petites : pour qu'il y ait mouvement, espace ou temps finis, il faut donc qu'il y ait répétition de conatus, de points (au sens de Leibnitz), et d'instants. D'une telle répétition, le géomètre ne cherche point la cause, parce qu'il part toujours d'un fini pour reporter

[1]. Gerh., *Phil.*, IV, 230.
[2]. *Ibid.*

les rapports constituants de ce fini sur l'infiniment petit ; et le fini pour lui est toujours antérieur à l'infiniment petit. Quand Leibnitz reporte sur l'infiniment petit cette antériorité, et quand il le fait être avant le mouvement et plus que le mouvement, il ne se contente donc plus, comme le géomètre, d'y voir simplement un moment du mouvement ; de fait, il le transfigure, et en fait non seulement le commencement, mais le principe. Or comment le serait-il, s'il n'était, bien plutôt que l'infiniment petit, ce par quoi avant tout les infiniment petits du mouvement se répètent ? Et comme il arriverait s'il était successivement ces infiniment petits, et si, en fin de compte, il en était la somme, qu'il serait le mouvement lui-même, il est donc tout au plus le premier d'entre eux, ou, pour mieux dire, il est ce par quoi le premier se répète en tous les autres, se succède à lui-même et se somme ou s'intègre dans l'espace parcouru pendant que le temps s'écoule. Il est ce qui se retrouve à travers la durée le même sans se répandre, et qui est le principe de ce qui se répand, principe par qui commence et se continue le mouvement, sans être jamais lui-même un moment du mouvement. Il dure donc comme principe, tandis que, comme partie intégrante du mouvement, il ne saurait durer : ce qui revient à dire qu'il dure hors du mouvement, tandis que dans le mouvement chaque instant de la durée le voit naître et périr.

Voilà pourquoi Leibnitz, à cette proposition selon laquelle « Nullus conatus sine motu durat ultra momentum », croyait avoir le droit, si l'infiniment petit se répète et si le mouvement existe, d'ajouter : « *praeterquam in mentibus* ». Il y dure sans se répandre, comme le mouvement lui-même, dans l'espace ; et c'est ce qui, foncièrement, le distingue à la fois du mouvement et du corps ; il y dure comme souvenir à l'égard de l'esprit, et, à l'égard du mouvement, dont il est le principe, il y dure comme tendance : en sorte que la tendance, sans laquelle le mouvement ni ne se continuerait, ni en somme ne serait, est au fond souvenir, pensée ou conscience, et qu'il n'y a pas plus de tendance sans souvenir que de souvenir qui n'enveloppe toujours quelque tendance.

A peine est-il besoin de faire remarquer en quoi ces déductions dépassent la portée d'une simple différentiation : l'illusion de Leibnitz est d'avoir cru pourtant qu'elles ne la dépassent point, et qu'on peut éclaircir géométriquement la nature de l'âme. A quels excès géométriques cette vue devait le conduire, nous le savons déjà. Mais en est-il moins vrai qu'il lui doit sur l'esprit et sur le mouvement des vues essentielles qui resteront à la base de sa doctrine future ? Désormais, le mouvement ne lui apparaîtra plus que comme une expression d'une réalité plus haute, peut-être même d'une chose qui seule vraiment possède une réalité. Dans la lettre à Arnauld, déjà ne prononce-t-il pas le nom de la substance [1], pour désigner le fondement du mouvement ? Et dès lors que l'esprit serait seul substantiel, tout le reste, le mouvement qui n'en est que la diffusion dans l'espace, et l'espace lui-même (qui n'est que la *condition* de cette diffusion, s'il n'en est même la *suite*), pourraient bien n'être plus que des modalités. A l'horizon de la *Theoria motus abstracti*, l'*ordre des phénomènes* ou des modalités apparaît en opposition avec l'*ordre des substances*, et s'y suspend déjà comme au seul réel ; et le terrain en tout cas est ferme sur lequel doit s'édifier un jour la Monadologie.

Au reste, l'*Hypothesis* ou les œuvres voisines ne préparent pas seulement ce monisme de l'esprit sur lequel s'édifiera le système ; on y entrevoit déjà la monade future avec les plus intimes de ses caractères. La multiplicité des principes du mouvement, voire même d'autant de tels principes qu'il existe dans le plein et l'espace infinis de mouvements distincts, ressort de la méthode par laquelle on les découvre ; mais ce sont là plutôt des éléments de conscience ou des consciences élémentaires, que ce ne sont des esprits au vrai sens du mot : il n'y a pas

---

1. *A Arnauld*, Gerh., *Phil.*, I, 75.

plus de tels éléments ou *conatus* isolés, qu'il n'y a dans la nature de mouvements strictement uniformes ; il n'y a dans la nature que des mouvements curvilignes [1], preuve qu'en chaque point de l'espace concourent des conatus multiples ; et c'est la preuve aussi qu'il n'y a point non plus d'esprits que constitue un seul conatus. Leibnitz dit formellement de toute conscience (ou de tout sentiment) qu'elle est une harmonie, laquelle à chaque instant consiste dans le concours de conatus multiples ; mais songeant aussitôt à ce trait du conatus que, dans l'esprit du moins, il dure et qu'il ne saurait jamais se perdre dans l'oubli, il ajoute qu'elle résulte d'harmonies antérieures, comme, au regard de l'avenir, elle en prépare d'autres. De même donc qu'il parle de l'impossibilité pour un esprit d'oublier (de impossib. obliviscendi [2]), en quoi, à l'expression près, il proclame que rien ne s'y perd du passé, de même il eût pu dire qu'il est gros de l'avenir. Mais il s'avance plus près encore de la Monade, quand faisant du sensus, sinon une perception, du moins une pensée, il ajoute qu'elle enveloppe toujours le commencement d'une action ultérieure : sensum cogitationem, cum conatu agendi [3]. Donc point d'esprit pour lui, dont pensée et action, d'ailleurs inséparables, n'épuisent toute la nature, comme plus tard épuiseront celle de la monade la perception jointe à l'appétition. Remarquons enfin que cette cogitatio était singulièrement près de la perception, puisqu'elle est une harmonie, c'est-à-dire, comme elle, « multorum in uno expressio » ; et si elle n'est pas encore, en chaque conscience, une expression du monde tout entier, du moins est-elle déjà l'expression adéquate de l'ensemble des mouvements dont elle est le principe, ou du corps qui lui est propre.

Sans relever une fois de plus d'autres traits remarquables, comme l'indication des changements de perspec-

---

1. Homocentriques.
2. Gerh., *Phil.*, I, 72.
3. *Ibid.*, 73.

tive pour chaque conscience individuelle, ou comme la théorie du noyau substantiel et des mondes enveloppant d'autres mondes à l'infini, nous avons fait la preuve que, dans l'*Hypothesis*, les germes tout au moins des théories futures se trouvaient déposés. Deux obstacles notables s'opposaient cependant à leur développement, que vont une fois pour toutes renverser les progrès scientifiques accomplis durant le séjour à Paris. Le premier, qui venait du conflit des lois selon lesquelles le mouvement, et, partant, les conatus eux-mêmes, s'annihilent dans la nature, et des lois selon lesquelles ils durent dans l'esprit, allait être levé par le redressement des erreurs de Leibnitz relativement aux lois générales du mouvement. Nous avons déjà vu tout ce dont, à ce sujet, il est redevable à Huygens ; et nous n'y revenons que pour nous représenter quelle vive impulsion ce redressement dut donner à notre philosophe dans le sens de ses premières visions de la Monade.

Le second obstacle était d'un autre ordre ; il venait de la source même de toute la doctrine, et de l'abus géométrique où une fausse notion de l'infiniment petit devait conduire Leibnitz, même en ce qui regarde la nature de l'âme. On sait comment dans les lettres à Jean Frédéric son enthousiasme est si grand pour la méthode géométrique, qui lui donne d'ailleurs une si riche moisson en ce qui regarde l'esprit aussi bien que le mouvement, qu'il se vante d'éclaircir géométriquement la nature de l'âme et qu'il en fait un centre et, au sens rigoureux du mot, un point mathématique. Il se rend si peu compte qu'en faisant du conatus un élément de l'esprit, il passe de l'infiniment petit à une notion toute différente, qu'il s'obstine à n'y voir que cet infiniment petit et qu'une sorte d'élément absolu de l'espace. S'il en fût resté là, le passage si fécond dans sa philosophie de l'ordre *du réel* à l'ordre des *phénomènes* fût demeuré à jamais impossible et fermé ; et, d'un autre côté, le point mathématique, qu'au delà du point physique et sous le noyau de substance nous avons vu reparaître dans les lettres à Jean Frédéric[1], eût apporté en somme moins de secours que d'obstacles au développement de ces états de perception, dont il se prête d'autant moins à représenter la multiplicité, qu'il en représente l'unité avec plus de rigueur. Le complet développement des monades substantielles n'était donc possible que le jour où Leibnitz aurait résolument limité à sa juste valeur la réalité de l'espace et de ses éléments, quand, d'autre part, le seul moyen de laisser à ceux-ci en face de la substance une valeur quelconque, était de leur donner le rang de purs *phénomènes*, ayant dans les substances à coup sûr leur fondement, mais non point leurs parties.

Sur ces points capitaux de la pensée de Leibnitz, comme plus haut au sujet des lois du mouvement, ses progrès scientifiques, durant son séjour à Paris, devaient avoir une action décisive. Bornons-nous à noter qu'ils marquent le moment d'une révolution complète dans les idées de Leibnitz relativement aux infiniment petits de l'espace ou du mouvement. Tandis que dans l'*Hypothesis*, en poussant à l'extrême la conception de Cavalieri, il inclinait à voir dans ces infiniment petits des éléments en acte et, en quelque sorte absolus, quelque soin qu'il ait pris d'ailleurs de soutenir qu'ils n'étaient jamais des minima, toute dangereuse équivoque allait cesser d'emblée quand il allait comprendre que l'élément d'une courbe est toujours une courbe, l'élément d'une vitesse toujours une vitesse, mais susceptibles seulement de diminuer sans fin, ou, ce qui revient au même, d'être toujours plus petites que toute grandeur donnée. Ce ne sont donc pas des points, puisqu'au contraire ce sont toujours des grandeurs, limitées par des points, comme toutes les grandeurs. Et en vain chercherait-on soit dans ces différences d'étendue ou de durée constamment décroissantes, soit dans le point et l'instant qui en sont les limites, mais qui

---

1. Voir plus haut ch. IV.

ne sont d'autre part que des zéros d'étendue ou de durée, l'élément absolu, quand il est intégrant, ou l'élément intégrant, quand il est absolu, de l'espace et du mouvement. L'opération, partie de grandeurs finies, n'aboutit donc jamais en somme qu'à des grandeurs, et l'espoir était vain d'y trouver un moyen d'atteindre l'absolu, qu'on ne rencontre nulle part, du moins comme un réel, dans le géométrique.

De ce que l'opération par laquelle on avait reporté à l'esprit le fondement du mouvement dépasse la portée d'une différentiation et celle, en général, de toute géométrie, était-ce une raison pour en perdre le fruit et pour rejeter d'emblée tout ce qu'elle avait donné ? Le mouvement se suffit-il davantage à lui-même, parce qu'on l'a résolu en de petites différences ? Et voit-on mieux en lui la raison pour laquelle il se continue, ou en elles la raison de leur répétition ? La différentiation accuse encore le fait même si ce n'est plus elle qui conduit désormais au terme qui l'explique ; et ce qu'il faut conclure, ce n'est pas, tant s'en faut, l'inexistence du terme, mais c'est son existence ailleurs que dans l'espace et dans un autre genre que le genre des choses purement géométriques.

Quand il réalisait ou même quand il plaçait les âmes dans des points, Leibnitz, comme il l'a remarqué plus tard [1], commettait donc la faute d'accomplir μετάβασιν quamdam εἰς ἄλλο γένος : des points mathématiques tout au plus peut-on dire qu'indivisibles comme elles, ils en sont les « points de vue [2] » ; mais tant s'en faut qu'ils en expriment l'essence, qu'on ne peut même comprendre qu'ils en soient les lieux. Dès lors, dans la mesure où une telle illusion eût fait de la substance comme la prisonnière du point mathématique et en eût arrêté dans la pensée de Leibnitz tous les développements, l'invention du calcul infinitésimal, en la faisant tomber, n'amendait d'un côté les notions inexactes de l'*Hypothesis* que pour leur faire

---

1. *A des Bosses*, Gerh., *Phil.*, II, p. 370.
2. *Ibid.*, IV, 483.

produire de l'autre toutes les richesses qui y étaient enveloppées.

Ainsi de deux manières et comme par deux voies, le mécanisme de Hobbes fournissait à Leibnitz l'occasion de démontrer l'existence de l'esprit, et d'y rattacher l'univers comme à son fondement et comme à son principe. Prend-il dans leur ensemble les lois du mouvement, et songe-t-il surtout à tout ce qu'il fallait de puissance et de sagesse pour y mettre cet ordre et cette économie que n'expliquent point toutes seules les lois géométriques ; alors c'est l'unité et l'harmonie du monde qui lui semblent requérir en l'unité d'un Dieu la cause et comme le siège d'une telle harmonie. Procède-t-il, au contraire, à la suite de son guide, à l'analyse du mouvement, et, perdant de vue l'ensemble, se laisse-t-il conduire par la différentielle jusqu'aux éléments mêmes des mouvements singuliers ; ce qu'il rencontre alors au terme de l'analyse, c'est autant d'éléments absolus de consciences et autant de fois l'esprit, qu'il existe dans le monde d'éléments de mouvement. Cette double démarche donne d'abord à Leibnitz, sur l'existence de Dieu et sur celle d'esprits analogues aux nôtres, toutes les preuves capables de fonder solidement notre croyance en Dieu et en l'immortalité de l'âme. Mais un problème se pose dont il semble qu'il ait à peine soupçonné, avant 1672, toute la gravité : il n'y a point de doute qu'à ses yeux tout dans le monde relève non seulement de la pensée, mais même que tout y soit pénétré de pensée, de la pensée de Dieu qui le dirige, et de la pensée des âmes qui en sont le support. Mais peut-on concevoir ou que l'esprit se disperse autant de fois que le mouvement se multiplie dans le monde, et qu'adviendrait-il alors de l'unité du monde et de l'unité de Dieu ? ou que l'unité de Dieu absorbe plus ou moins en soi toutes les âmes, et que deviendrait alors, sans parler de l'étrange pluralité des choses, notre propre personne ? A deux reprises Leibnitz a été sur le point d'aborder le problème : mais les indications qu'il donne pour le résoudre, et qui fixent déjà son attitude future, prouvent qu'il n'en soupçonne pas toutes les difficultés : de Dieu en qui il voit l'esprit universel, nos âmes, qu'il appelle « mentes secundae », tireraient leurs pensées, en sorte qu'elles penseraient par la pensée de Dieu[1] ; mais ailleurs indiquant qu'elles seraient comme des fils (instar filiorum) à l'égard de leur père[2], il entend sans nul doute qu'elles en restent distinctes.

Bien qu'il y ait dans ces textes comme une ébauche informe du règne des esprits, dont Dieu serait le monarque, on sent donc qu'à vrai dire le problème ne se pose point, ou qu'en tout cas il se résout d'une manière qui rappelle celle du sens commun. Et quand on songe à la place qu'il tient dans le système des monades, on en vient à se dire que c'est par ce côté qu'en 1672 Leibnitz est le moins près de sa doctrine future. Sans doute, il voit déjà en toute conscience une nature qui, en tant qu'elle est une harmonie, s'offre à dépendre bien plus d'une harmonie plus haute, que d'une multitude d'éléments inférieurs, et par exemple de mouvements. Par là toutes les consciences se prêtaient à entrer dans une hiérarchie, avec un Dieu au sommet et la Nature en bas. Mais des nécessités qui devaient le conduire à faire de cet ensemble de consciences harmoniques une *harmonie préétablie* et à en mettre en Dieu le siège et le fondement, Leibnitz n'avait pas le plus faible soupçon. Comment elles lui apparurent enfin dans toute leur force quand il fut initié aux œuvres métaphysiques de l'école cartésienne, nous n'avons point à le dire. Signalons seulement l'influence que ne purent guère manquer d'avoir sur son esprit l'auteur de la doctrine des *causes occasionnelles*, doctrine qu'il ne traverse que pour la dépasser, et l'auteur de l'*Éthique*, où il prit tout au moins conscience du problème que pose, pour qui l'entend, la notion de la substance, et où il prit la force de le résoudre autrement. On sait que c'est à Paris qu'il connut

---

1. *Lettre à Thom.*, Gerh., *Phil.*, I, p. 39.
2. *Ibid.*

Malebranche, et qu'il connut aussi, vers 1675, un ami de Spinoza [1]. On peut donc faire partir de ces années fécondes du séjour à Paris sa première initiation à des doctrines auxquelles il semble avoir, et surtout à la seconde, consacré plusieurs années d'étude et de méditation.

Concluons. Si dans l'*Hypothesis* et les œuvres voisines, on ne trouve nulle trace de *l'harmonie préétablie*, en revanche on ne peut nier que Leibnitz y ait pris à l'égard du mécanisme une attitude qui lui est propre et qu'il ne quittera plus. Sur les lois du mouvement il se peut que l'avenir, et un avenir prochain, apporte des corrections désirables et fécondes ; mais à peine l'aideront-elles à chercher plus sûrement en Dieu le fondement de cette économie qui évoque au-delà des lois géométriques le support qu'elles postulent en des lois métaphysiques, et en une tendance qui est une conscience le principe substantiel des pures apparences auxquelles se ramènent les mouvements de l'univers. Tout ce que pouvait donner à une philosophie de l'esprit, disons mieux, à la doctrine des monades, la philosophie du mouvement, Leibnitz l'avait donc déjà plus qu'entrevu, il l'avait fortement déduit et établi dès 1670 ; et nous n'avons plus le droit, dès lors, d'oublier ni que l'*Hypothesis* marque le premier pas d'une marche qui s'achève aux *Principes écrits pour le prince Eugène*, ni que le philosophe auquel il dut de le faire est l'auteur du *De Corpore* et du *Leviathan*.

1. Tschirnhaus. V. Lud. Stein, pp. 69 sqq.

LA
PHILOSOPHIE DE LEIBNITZ
ET
LES LOIS DU MOUVEMENT

PRÉFACE [1]

Ce livre est la reproduction des leçons que nous avons faites pendant l'hiver de l'année 1896-1897 à la Faculté des lettres de Lyon. Nous nous étions proposé d'étudier dans ces leçons, non pas toute la philosophie de Leibnitz, mais seulement les rapports étroits de cette philosophie avec les recherches de Leibnitz relatives au mouvement. Déjà, en 1895, dans une thèse latine pour le Doctorat, nous avions fait une étude approfondie de ces rapports dans ce que nous avions proposé d'appeler la « première philosophie » de Leibnitz, ou la philosophie de sa jeunesse, avant son voyage et son séjour à Paris (1672-1676) ; et nous nous étions efforcé de montrer que des lois du mouvement, telles qu'il les concevait alors, il avait déduit une philosophie de l'esprit déjà fort remarquable et par certains côtés définitive, et une doctrine sur Dieu considéré comme le principe de l'économie du monde et de l'harmonie universelle et comme le monarque suprême de la cité

[1]. 10 février 1903.

des Esprits. Dans le cours de 1896-1897, nous avons étendu notre étude à la philosophie définitive de Leibnitz, postérieure à 1676, et nous avons cru pouvoir établir solidement l'influence persistante des progrès de Leibnitz dans la connaissance de la nature et des lois du mouvement sur la genèse de ce qu'on a appelé le dynamisme leibnitien, de l'harmonie préétablie et de la Monadologie. Des circonstances indépendantes de notre volonté nous ont empêché de publier ce cours il y a six ans; d'autres circonstances lui offriront peut-être en ce moment l'occasion d'être utile à ceux que préoccupe l'histoire de la pensée de Leibnitz : des œuvres remarquables ont été consacrées depuis trois ans à sa philosophie; on y a élevé notamment à sa logique un monument qui laisse dans l'ombre des parties de l'œuvre de Leibnitz que nous persistons à regarder comme essentielles; nous voudrions les replacer à leur rang et montrer que, sans elles, les doctrines de Leibnitz sur l'activité foncière des monades, sur la matière et la masse, sur l'idéalité de l'espace et du temps, enfin sur ce monde des corps ou mundus φαινομένων opposé si nettement par Leibnitz au monde des substances, resteraient inexpliquées.

Nous avions repris dans nos leçons l'étude de la première philosophie de Leibnitz; la première partie de ce livre est donc équivalente à la publication en français des résultats de notre thèse latine; la seconde est un travail nouveau. Bien que la substance du cours date de six ans, nous discuterons à l'occasion, soit dans des notes placées au bas des pages, soit dans des notes rejetées à la fin de l'ouvrage, les opinions des historiens récents de la philosophie de Leibnitz qui seraient de nature à ébranler nos propres conclusions.

PREMIÈRE LEÇON

L'historien de la philosophie peut se proposer en général deux choses en elles-mêmes très différentes, mais parfois très difficilement séparables : ou bien son but principal est la connaissance du système qu'il étudie, considéré comme une chose achevée, parfaite, définitive, abstraction faite des tâtonnements, des efforts successifs qui en amenèrent progressivement dans le temps la réalisation ; ou bien, tout au contraire, ce qu'il s'efforce de mettre en lumière, c'est vraiment l'*histoire* du système, autant qu'on ait des documents pour l'établir et pour la suivre, c'est-à-dire sa formation, ses progrès, sa croissance, bref, son évolution et sa vie. La première méthode toujours imparfaite et en somme peu historique, convient à la rigueur soit aux philosophies encore engagées dans la lutte actuelle des idées et dont on ne veut savoir que ce par quoi elles continuent à être pour nous une manière de penser, tel l'évolutionnisme, ou le positivisme, ou même, à certains égards, le criticisme de Kant, soit à certaines doctrines qui à tort ou à raison nous apparaissent comme des systèmes puissants, nés parfaits d'un seul coup et en quelque sorte immuables, comme la métaphysique d'un Descartes, ou celle d'un Spinoza. Mais il est des philosophies qui y répugnent d'emblée, et auxquelles l'application d'une pareille méthode serait le pire des non-sens : au premier rang de celles-ci est la philosophie de Leibnitz, dans son état de croissance et de perfectionnement incessants à tel point qu'elle semble n'avoir pris une forme définitive que vers

1695, après une sorte de jeunesse d'un quart de siècle de 1661 à 1686, une adolescence de dix ans, de 1686 à 1695, pour entrer dans une période de maturité et de stabilité relative, de 1695 à 1715. En étudiant de près les premières formes systématiques de la pensée leibnitienne, nous noterons chez Leibnitz ce trait singulier que presque toutes les formules, ou comparaisons, ou même les thèses principales de sa philosophie future, il les a trouvées et indiquées dès avant 1672 : il y a là plus qu'une curiosité pour l'historien : c'est la preuve, confirmée d'ailleurs par l'étude approfondie de sa philosophie, que les grandes directions de sa pensée n'ont guère varié, qu'elles furent fixées et coordonnées de très bonne heure, dans leur étonnante diversité, mais que l'évolution de sa pensée se fit en élargissant sans cesse quelques vues maîtresses, et en les ramenant à une unité supérieure.

La philosophie de Leibnitz (en faisant abstraction, bien entendu, de son œuvre juridique, historique et politique) nous apparaît comme le résultat de deux tendances principales, auxquelles nous semble se ramener la riche diversité de ses recherches scientifiques de tout ordre et de ses spéculations métaphysiques. La première est une tendance à soumettre toute connaissance digne de ce nom, pour lui donner la forme de la certitude, aux lois d'un enchaînement rigoureux à partir de principes incontestables, bref aux lois d'une logique et d'une mathématique universelles. La seconde, compatible avec la première, mais qui s'en distingue cependant et ne se réconcilie avec elle dans la philosophie définitive de Leibnitz qu'en s'y opposant, dérive de la conviction née de bonne heure chez Leibnitz que tout se fait mécaniquement dans la nature, mais que le mécanisme, qui suffit à tout dans la nature, ne se suffit pas à lui-même et ne trouve en définitive son principe que dans la réalité de l'esprit et de Dieu.

Nous allons dire un mot de la première pour en comprendre les rapports avec la seconde et pour en mesurer la portée. Ensuite nous parlerons de la seconde, où nous voyons la source principale des développements de la métaphysique leibnitienne, et dont nous nous proposons dans ce cours de faire exclusivement l'histoire.

I

La logique de Leibnitz. La Caractéristique universelle.

Leibnitz a raconté lui-même[1] de sa vie d'écolier un épisode qui marque d'une manière frappante l'origine de sa passion pour les études logiques. Il avait quatorze ans, et il s'appliquait depuis quelque temps avec un tel succès à l'étude de la logique scolastique que non seulement il trouvait avec la plus grande facilité des exemples pour toutes les règles, à la grande surprise de ses maîtres, mais qu'en outre il soulevait des objections, ébauchait des théories nouvelles, et relevait par écrit toutes les remarques neuves qui venaient à son esprit, et qui, bien des années plus tard, étant tombées sous ses yeux, lui donnèrent encore une vive satisfaction. Il en rapporte un exemple remarquable. Les logiciens enseignaient couramment l'art de ramener tous les termes simples à certaines classes, qu'ils appelaient *catégories* ou *prédicaments* ; et cette théorie l'avait sans doute beaucoup frappé, par l'ordre même qu'elle permettait d'introduire dans la disposition des notions et conséquemment dans la détermination des énonciations ou des propositions. Mais alors, songeait Leibnitz, pourquoi les logiciens s'en étaient-ils tenus là, et pourquoi n'avaient-ils point tenté de faire pour les termes complexes, ou les propositions elles-mêmes, ce qu'ils avaient fait pour les éléments de ces dernières, termes simples ou notions ? D'une telle théorie, qui eût donné les prédicaments ou catégories des énonciations, ils eussent tiré l'art, incomparable par ses résultats, d'enchaîner dans des raisonnements

---

[1] Vita Leibnitii a se ipso breviter delineata. Gurhauer II. *Beilage*, p. 55.

continus les propositions elles-mêmes, et d'aboutir méthodiquement à la contribution d'une science certaine. Leibnitz s'aperçut plus tard que ce qu'il rêvait ainsi, sous le nom de prédicaments des termes complexes et d'énonciations disposées en séries, les mathématiciens et notamment Euclide l'avaient depuis longtemps réalisé dans les *Éléments* où ils disposent les propositions de telle sorte que chacune s'y déduit rigoureusement de celle qui la précède. Mais ses maîtres, hors d'état de lui en faire la remarque, se contentèrent de le rappeler à la modestie d'un élève qui doit se contenter d'apprendre les théories admises, et ne point se donner l'humeur d'y apporter des changements ou perfectionnements.

Cette anecdote devait être rappelée, parce qu'elle marque la date précise d'une préoccupation qui n'abandonnera plus la pensée de Leibnitz, et qui, comme la plupart de ses pensées les plus fécondes, remonte à une époque très haute de sa vie et jusqu'à son extrême jeunesse. A la prendre dans sa signification la plus large, elle revient à demander en toute recherche une rigueur fondée tout à la fois sur la solidité des principes et sur la certitude des déductions ; et cela est d'autant plus remarquable chez cet enfant de quatorze ans, qu'il n'avait alors aucune idée des mathématiques, pas même des éléments d'Euclide, et qu'assurément il était impossible qu'il fût averti d'une manière quelconque des efforts tentés par Descartes pour instituer sur un plan tout semblable une méthode et une science universelles.

Quelques années plus tard, le 7 mars 1666, il présentait à la Faculté de philosophie de l'Université de Leipzig une dissertation « pro loco » qui avait pour titre : *Disputatio arithmetica de complexionibus*, et où il donnait un corps à la pensée de sa quatorzième année. Il avait depuis lors étudié à Leipzig avec Jean Kühn les éléments d'Euclide, et à Iéna pendant l'été de 1663 avec Ehrard Weigel [1],

---

1. Lettre (I) à Thomasius.

curieux savant dont l'ouvrage intitulé *Ethica Euclidea* suffit à caractériser les tendances, l'arithmétique, l'analyse élémentaire et les combinaisons. L'influence de Weigel dut être profonde sur Leibnitz, inquiet, comme nous venons de le voir, d'une forme de connaissance strictement déductive. Toujours est-il qu'il crut trouver la méthode qu'il cherchait dans l'art combinatoire, et c'est pourquoi il avait choisi pour son examen « pro loco » ce sujet « de complexionibus », première partie d'une dissertation beaucoup plus étendue qu'il publiait l'année même (1666) sous le titre de *Dissertatio de arte combinatoria*.

Les premiers mots du « proœmium » de la dissertation la rattachent clairement au souci qu'avait eu Leibnitz, dès l'âge de quatorze ans, d'établir une science des Prædicamenta ou des Catégories plus générale que celle d'Aristote ; et, en effet, c'est à la doctrine de l'Être et de ses affections, qualité, quantité et relation, ou en un mot à la doctrine des genres de l'Être et en définitive à la métaphysique qu'il rattache expressément la recherche qui va suivre. Mais laissant de côté la qualité, qui lui apparaît comme un mode absolu de l'Être, c'est sur la relation et en particulier sur cette forme de la relation qui est la quantité qu'il va concentrer son effort.

Elle se réduit à ses yeux au rapport du tout à ses parties, et en définitive au nombre : car le tout est à ses parties comme le nombre est à l'unité ; il n'est autre chose que les parties, sumptæ cum unione, comme le nombre est l'unité (ou la somme) de ses unités constituantes. La quantité est donc le *nombre des parties* : *quantitas igitur est numerus partium*, d'où il est manifeste que dans la réalité quantité et nombre coïncident : *in re ipsa quantitatem et numerum coincidere*. Et comme, d'autre part, le nombre, figure pour ainsi dire incorporelle, participe de l'universalité la plus haute, par où il appartient à la métaphysique, il est commun à tous les genres de l'Être. Il n'est donc pas pour le métaphysicien de devoir plus pressant que d'établir, pour en faire la base d'une méthode universelle, la science des relations du tout et de ses parties, fondée exclusivement sur des lois numériques. Ces lois sont celles de la relation du tout, de toutes les manières possibles, soit à des touts inférieurs qui en sont comme les parties, tels AB, BC, AC, eu égard au tout ABC, que Leibnitz appelait des *complexiones* et que nous appelons des combinaisons, soit aux dernières parties ou unités composantes disposées de toutes les manières possibles. Combinaisons et permutations, telles sont donc en définitive les deux formes de variation les plus propres à épuiser méthodiquement, de quelque manière qu'elles s'offrent à nous, toutes les relations possibles du tout à ses parties, et à nous en donner une connaissance complète. Que Leibnitz ait vu dans cette méthode, qu'il fonde ou du moins à laquelle il donne d'importants développements, sous le nom d'Art combinatoire, une méthode universelle, cela ressort de la manière même dont il engage la question dans ce Prooemium de la Dissertatio, et aussi des essais qu'il en donne en l'appliquant immédiatement aux sujets les plus variés, notamment à un cas de jurisprudence et à la théorie du syllogisme [1].

Mais en l'appliquant un peu plus loin à l'analyse et à la composition des notions et des propositions [2], Leibnitz allait faire de cette méthode applicable à toutes sortes de sujets la Logique même, en entendant ici plus spécialement par la Logique la science de la connaissance humaine. Voici le principe fondamental d'où il part : étant donné un terme ou un concept quelconque, il est toujours possible de le résoudre en ses parties formelles, ce qui s'appelle le définir ; mais ces parties elles-mêmes doivent être résolues en d'autres, ou les termes de la définition définis à leur tour, jusqu'à ce que l'analyse dégage enfin les parties simples du concept, ou ses termes indéfinissables : « usque ad partes simplices seu terminos indefinibiles ». Car il ne faut pas oublier le précepte antique : οὐ δεῖ παντὸς ὅρον ζητεῖν, et les derniers termes, « ultimi

---

1. *Math.*, v. p. 22, Ier exemple et VIe exemple, p. 23.
2. *Id.*, v. Usus, X, p. 39.

termini », ne sont plus compris par définition, mais seulement, ajoute Leibnitz en se servant d'une expression curieuse, par *analogie* : « non jam amplius definitione, sed analogia intelliguntur. » Dès lors, étant donné, par analyse, un certain nombre de termes simples, on conçoit que l'on puisse déterminer toutes les propositions possibles où ils peuvent entrer ; ce n'est plus qu'un problème de combinatoire extrêmement simple, toute proposition ayant deux termes, et étant dès lors une combinaison de deux termes. Il y a plus : si l'on songe que le sujet et le prédicat d'une proposition peuvent être soit des termes simples, soit des termes complexes, c'est encore un problème de combinaisons que celui qui consiste à chercher toutes les propositions possibles résultant de 2, 3, 4 ou n termes ultimes. Et en ce sens Leibnitz résolvait par exemple ces deux problèmes ; étant donné un sujet, trouver tous ses prédicats possibles ; étant donné un prédicat, trouver tous ses sujets possibles. Enfin, lorsque l'on sait déterminer tous les termes assujettis à la double condition d'être sujets d'un prédicat donné (grand terme) et prédicats d'un sujet donné (petit terme), c'est-à-dire tous les *moyens termes* possibles intercalables entre un *grand* et un *petit*, on trouve encore par l'art combinatoire tous les syllogismes qui démontrent une proposition ou conclusion donnée.

Ces vues de la jeunesse de Leibnitz ont une portée considérable : supposons, en effet, comme semble l'avoir pensé Leibnitz dès 1666, comme il l'exposera en tout cas nettement dans ses célèbres *Meditationes de cognitione, veritate et ideis* de 1684, que la résolution analytique de tous nos concepts complexes ne se justifie que par l'existence dans l'esprit d'idées ultimes et simples, faudrait-il rien d'autre pour constituer la connaissance humaine que de dresser le répertoire complet, ou du moins suffisant, de ces éléments simples, véritable alphabet des connaissances humaines, et que d'être en possession, d'autre part, d'un art assez puissant pour en déterminer toutes les combinaisons possibles ? Art de prouver ou de démontrer, dès qu'il ne se proposerait que de faire apparaître, parmi ces combinaisons légitimes, une proposition ou un problème donné, mais véritable *art d'inventer*, d'une souplesse et d'une portée infinies, puisqu'il nous ferait découvrir, outre les proposées, toutes les combinaisons concevables des éléments primitifs.

On comprend que Leibnitz se soit enchanté de ces vues : l'enchantement dura toute sa vie, et on en a la preuve dans la multitude d'ébauches et de dissertations qu'il a laissées sur ce sujet, et qui sont relatives à ce qu'il appelait la Caractéristique universelle[1]. Par Caractéristique, nous entendons sans peine à présent ce qu'il cherchait : c'était d'abord ces termes ou formes simples, point de départ indispensable de l'art qu'il avait en vue ; mais à mesure qu'il entrait dans l'étude et la pratique des mathématiques, il se rendait mieux compte de l'utilité incomparable pour l'algèbre de l'heureux choix des caractères sur lesquels, comme sur les quantités elles-mêmes, elle opérait ses transformations et ses calculs ; et de même, il songea que l'art qu'il rêvait dépendrait tout d'abord, sans doute, de l'analyse qui lui donnerait les termes simples, mais aussi et peut-être surtout des symboles ou caractères qui les désigneraient, et qui se prêteraient avec plus ou moins de souplesse aux combinaisons futures. Bref, caractères et calcul apparaissaient ici, comme en algèbre, en si étroite connexion ou dépendance réciproque, que la « caractéristique » fut le mot par lequel Leibnitz désignait tout à la fois dans la suite et cette partie de l'art qui définissait ce qu'on pourrait appeler l'algorithme des idées, et l'art tout entier.

On peut dire de la « Caractéristique », ainsi entendue, qu'il était inévitable que, dans la pensée de Leibnitz, elle étendît sa juridiction à tous les domaines de la connaissance humaine. Tout y semble en effet partout réductible

---

1. Voir surtout *Phil.*, t. VII, et les inédits de Couturat.

en dernière analyse à des idées primitives, dont nous n'atteignons sans doute, par des approximations successives, que des expressions symboliques ou complexes, mais qui, dans l'esprit du dogmatisme rationaliste, restent le support indispensable et la garantie de tout savoir. Dès lors les sciences peuvent différer les unes des autres par les termes ultimes qu'elles engagent en des combinaisons indéfinies ; mais l'art qui préside à ces combinaisons étant partout le même, est unique ; il est universel ; il est à la fois l'art de trouver et l'art de démontrer, l'art de trouver par les voies, partout les mêmes, de la démonstration, en un mot la Logique universelle, ayant dans la mathématique à la fois un modèle, qu'il convient qu'elle imite pour devenir parfaite, et une simple suite ou dépendance, la mathématique n'étant qu'une partie de la Logique. Enfin il n'est pas jusqu'à la métaphysique qui, embrassant le savoir tout entier, n'apparaisse au sommet comme la Logique elle-même et ne doive en adopter, pour atteindre la certitude, les formes et les développements : « Si quelqu'un voulait écrire en mathématicien dans la métaphysique et dans la Morale, dit Leibniz dans les *Nouveaux Essais*[1], rien ne l'empêcherait de le faire avec rigueur. » Et au marquis de l'Hôpital il écrit le 27 décembre 1694 : « Ma Métaphysique est toute mathématique, pour dire ainsi, ou la pourrait devenir[2]. » Ainsi, par le progrès d'une pensée qui a sa première expression dans la Dissertation de 1666, Leibniz en était arrivé à identifier peu à peu la Logique et la Métaphysique, la Métaphysique et la Caractéristique universelle.

A les juger dans leur ensemble, on ne peut méconnaître ce qu'il y a de grandiose dans ces vues de Leibniz : et il faut ajouter qu'à aucun projet il n'a consacré autant d'efforts, ni d'aussi constants jusqu'à la fin de sa vie, qu'à la réalisation de cette *caractéristique*, restée comme le rêve et l'enchantement de son esprit. S'éloignerait-on cepen-

1. *Nouveaux Essais*, II, XXIX, § 13.
2. *Math.*, II, 258.

dant beaucoup de la vérité, et n'exprimerait-on point en tout cas une impression dont on ne peut se défendre à la lecture de tant d'essais sans cesse repris, et toujours inachevés, si l'on se hasardait à dire que la *Caractéristique*, loin de s'identifier à la Métaphysique ou même de la pénétrer, apparaît dans son œuvre comme une œuvre parallèle à ses autres efforts, destinée sans nul doute à les rejoindre un jour, ou mieux encore à les faire converger, lorsqu'elle serait achevée, vers un foyer unique, mais en réalité, puisqu'elle ne fut jamais qu'une ébauche, restée comme un fragment détaché de l'ensemble, et vivant plus de la Métaphysique de Leibnitz que celle-ci à coup sûr n'en vécut pour sa part? Étrange théorie de la connaissance, dont on ne peut pas dire qu'on en pourrait *déduire* la Métaphysique du système, ni même sa Physique, mais dont il serait bien plus vrai de soutenir qu'elle ne fut qu'une Logique développée dans le système, sans influence directe sur sa vie intérieure.

De cette stérilité, ou, si l'on veut, de cet échec final de la Caractéristique de Leibnitz, la raison, selon nous, est dans la conception même qui lui sert de base ; nous n'oublions pas qu'on a fait honneur à la Caractéristique de la découverte du Calcul infinitésimal, que Leibnitz appelait lui-même sa caractéristique géométrique ; mais dans la mesure où cette thèse peut se soutenir, nous pensons qu'elle vérifie, loin d'y contredire, les raisons pour lesquelles la Caractéristique devait échouer, comme théorie générale de la connaissance.

Le principe d'où dérive la Caractéristique, nous l'avons montré plus haut, est que toutes nos connaissances, et en particulier toutes nos propositions et toutes nos idées, sont des termes complexes, et que ces termes complexes supposent des termes simples, à peu près comme les mots, dans nos écritures phonétiques, supposent des syllabes, et les syllabes des lettres. L'idée simple, en un mot, qui a son origine dans la raison humaine, est aux yeux de Leibnitz par définition même un indéfinissable (termini indefinibiles), un indivisible, une unité ou entité logique. Que Leibnitz se soit attaché fortement à ce principe et l'ait pris à la rigueur, deux choses le prouvent : d'abord la théorie qu'il fait de la connaissance dans les Meditationes de 1684, et la critique très vive qu'il dirige contre Descartes, dont la méthode, selon lui, ne donne pas les moyens de pousser l'analyse jusqu'aux termes les plus simples et vraiment absolus ; puis le procédé même qu'il emploie en dressant des tableaux multiples de définitions, pour extraire des définitions les plus parfaites leurs termes absolus et en définitive les éléments de la Caractéristique. D'où vient que l'opération, si elle était faisable, n'a jamais réussi ? On peut répondre, d'après une indication capitale de Leibnitz lui-même, qu'il eût fallu remonter, pour atteindre ces termes, jusqu'aux *attributs de Dieu*, avec lesquels ils se confondent ; mais du complexe au simple, comme le prouvent des textes récemment publiés [1], s'il y a parfois, dans le cas des vérités contingentes, l'infini à franchir, il n'en est pas toujours ainsi ; et au contraire, dans le cas des vérités de raison, ces vérités ne sont telles que parce qu'il est au pouvoir de notre esprit de les ramener à leurs éléments constituants par un nombre fini d'opérations logiques. D'où vient donc encore une fois que nous n'y parvenions pas, et que, d'une entreprise au premier abord si simple et si facile, Leibnitz ne soit jamais venu à bout ? C'est qu'elle repose sur une erreur, l'erreur fondamentale de l'innéisme et de tout dogmatisme intuitionniste ou rationaliste. Cette erreur consiste à penser que la connaissance trouve en elle des idées ou concepts premiers, *objets* qui par nature s'imposent au *sujet*, et sur lesquels ce dernier n'a de prise que par l'opération qui les unit entre eux ou pose leurs rapports. Encore ces rapports mêmes sont-ils déterminés d'une manière nécessaire par le sens qu'il faut attribuer au concept, tout indéfinissable et en quelque sorte indivisible qu'il soit, à moins qu'il ne soit rien : et

1. Par M. Couturat.

de là vient, dans la philosophie de Leibnitz, la prépondérance excessive et obsédante du principe d'identité. Au contraire, si l'on pose le sujet supérieur à l'objet, le « je pense », forme suprême de relation et de jugement, antérieur logiquement à tout acte de pensée, on renverse le point de vue de l'ancienne logique et l'on fait du jugement le terme le plus proche de la pensée vivante, tandis que le concept, sorte de contraction d'un jugement qui l'explique, n'est jamais primitif, ni, au sens de Leibnitz, jamais indivisible. Et c'est pourquoi ces unités logiques, en quelque sorte discrètes, qu'il cherchait, guidé par des analogies arithmétiques, à la base de toute définition, jamais il ne les rencontra, par ce motif très simple qu'elles sont de pures fictions et qu'elles n'existent pas dans la raison humaine.

A Leibnitz nous nous plairions sur ce point à opposer Descartes, Descartes mettant dans les *Regulæ*, par une vue infiniment juste, à l'origine de toutes les déductions, sous le nom, il est vrai, dont il s'était servi le premier, de natures simples, non des notions indivisibles, mais de vraies relations, non des concepts, mais des rapports, tel l'égal, ou le semblable, ou l'un, corrélatif du multiple, si Leibnitz, mathématicien, n'avait, par un sûr instinct, retrouvé en mathématiques l'esprit même de la méthode cartésienne. Nul ne vit mieux que lui, ni d'une vue plus claire, le secret du succès de l'analyse algébrique : à la place des nombres, considérer leurs rapports, et spéculer sur ces rapports, abstraction faite des nombres spécifiés, comme s'ils avaient un sens qui ne s'universalise qu'au prix de cette abstraction même : généraliser, en un mot, les opérations de l'arithmétique, de telle sorte qu'elles ne soient plus qu'un cas particulier et, en quelque sorte, inutile à considérer, en tout cas non privilégié, des opérations universalisées. Dans l'algèbre ainsi comprise, en vain chercherait-on l'indivisible logique dont tout le reste ne serait que des combinaisons ; tout y est au contraire rapports et proportions, parce que l'acte le plus simple de l'esprit n'est pas, comme il le semble à un examen superficiel, l'intuition ni la notion, mais le jugement qui ne parvient à définir un terme qu'en lui opposant un terme corrélatif. L'invention du calcul infinitésimal, est-il besoin de le dire à présent, fut faite et ne pouvait être faite que dans la même voie. Tandis que l'analyse cartésienne, qui liait sans doute entre elles dans une équation les valeurs corrélatives de variables véritables, ne s'était jamais avisée de soumettre au calcul les conséquences de leur variation même, l'idée géniale de Leibnitz fut précisément de tenter l'analyse des grandeurs par cette voie inexplorée. Si l'on suppose, par exemple, deux variables liées entre elles par une équation fondamentale, de telle sorte qu'à toute valeur de l'une corresponde une valeur de l'autre, et si l'on donne à l'une d'entre elles, appelée variable indépendante, des accroissements infiniment petits, en sorte que les accroissements de la seconde, dite variable dépendante ou *fonction* de la première, atteignent en même temps que ceux de la première la limite zéro, le résultat remarquable est que le rapport des différences infiniment petites de la variable et de sa fonction a lui-même une limite parfaitement définie, dérivée des données de l'équation primitive. Soumettre une grandeur à l'analyse différentielle, c'est donc, rigoureusement, transporter à l'élément de cette grandeur, ou, en d'autres termes, à cette grandeur considérée par la pensée en son moment initial, avant qu'elle ait pris, a-t-on le droit de dire, une extension quelconque dans le temps ou dans l'espace, les rapports caractéristiques de la grandeur elle-même ; c'est, s'il s'agit d'une courbe, la retrouver par avance entièrement définie en chacun de ses points ; et c'est donc, par une méthode d'une infinie souplesse, être en état de la construire point par point, ou, plus exactement, élément à élément, d'après une loi immanente à l'élément lui-même, loi dont la grandeur réelle n'est plus dès lors pour la pensée que comme une expression développée dans le temps et dans l'espace. On sait, sans que nous puissions y insister, l'infinie fécondité de cette méthode, dont Leibnitz fit par exemple d'emblée l'application à l'analyse des fonctions transcendantes, radicalement inaccessibles à l'analyse cartésienne. Mais à la prendre en ce qu'elle a d'essentiel, ce qui en fait la vie, c'est qu'elle s'adresse encore ici dans l'esprit, non à une entité logique indivisible et indéfinissable, mais au contraire à une relation, et mieux encore qu'à une relation, à une loi prolongeant dans la grandeur finie l'action continuée de la relation saisie dans l'infiniment petit.

Entre les deux méthodes, l'une qui est proprement celle des mathématiques, et qui a inspiré à Leibnitz d'autres essais remarquables, tels que celui d'une *Analysis situs*, l'autre qui est celle de la *Dissertatio de arte combinatoria*, et qui, prise à la rigueur, ramène naturellement l'esprit à la recherche d'idées élémentaires combinables entre elles, on mesure sans peine toute l'énorme distance. La première est féconde précisément par ce qui manque à la seconde, par la relation et par la loi aux développements progressifs et incessamment renouvelés ; la seconde, au contraire, dont le mathématicien fait encore un emploi remarquable en analyse en s'attachant à l'*ordre* des permutations bien plus qu'à la nature des termes qui permutent, n'aboutit en logique qu'à la combinaison de termes tous donnés, en signification comme en quantité, opération stérile parce qu'elle ne met au jour ni un terme nouveau, ni un rapport original, réduite qu'elle est à juxtaposer des concepts tout faits qui ne peuvent s'enrichir de relations nouvelles par la voie arithmétique de l'addition et de la juxtaposition. Combiner des idées, c'est, à tout prendre, les traiter exclusivement comme des termes extérieurs les uns des autres, et du point de vue de l'extension ; on a eu cent fois raison [1] de reprocher à Leibnitz de tenter d'établir du point de vue de la compréhension un calcul logique, c'est-à-dire un calcul effectué sur des idées : le concept n'est abordable, en effet, à qui le veut traiter par une méthode empruntée à la

---

1. M. Couturat.

science des nombres, que si on le résout en l'ensemble indéfini des individus qu'il désigne ; alors, mais alors seulement, on peut effectuer sur lui diverses opérations, telles qu'une sorte d'addition et de multiplication. Mais alors aussi on l'aborde obliquement, non comme une synthèse originale de déterminations, non comme une unité enveloppant des relations très éloignées au fond des rapports trop stériles des genres et des espèces, mais comme un tout dont on disait d'abord qu'on allait l'analyser en mettant en lumière ses éléments logiques, et qu'on ne parvient à analyser en fait qu'en le distribuant en l'ensemble indéfini des individus qu'il dénote, et non des caractères ou déterminations qu'il connote et qui constituent seuls sa signification profonde. L'idée de « contenance » ici jette sur la logique une équivoque difficile à détruire : on croit revenir à l'esprit et aux méthodes mathématiques en traitant les rapports des concepts comme des rapports de contenance ; en réalité, on fait juste le contraire. Le progrès des mathématiques s'est traduit dans l'histoire par un effort constant pour exprimer dans des concepts de plus en plus précis les relations fondamentales des grandeurs, telles que l'égalité et l'inégalité, la congruence ou la similitude : l'objet même du concept est ici la grandeur ou quelqu'une de ses relations fondamentales, et c'est approfondir le concept, non l'altérer, que de développer synthétiquement cette relation ; mais le concept ou le jugement ne sont pas par eux-mêmes des relations de grandeurs ; et il n'est pas vrai non plus qu'ils aient le plus souvent pour objet, sauf en mathématiques, de telles relations : or les traiter comme des grandeurs, sous le prétexte qu'ils *s'étendent* toujours à des individus, ou, comme on dit de nos jours, à des ensembles, d'ailleurs indéfinis, c'est encore une fois les aborder par ce qu'il y a en eux de plus accidentel, et c'est obstinément s'en tenir, en ce qui les regarde, au point de vue stérile du nominalisme, qui ne se distingue pas au fond, Berkeley l'avait bien vu, du point de vue également stérile de la généralisation et des universaux. Si le calcul logique, appliqué aux concepts, était une méthode suffisante pour porter dans un domaine scientifique quelconque l'âme des mathématiques, d'où viendrait donc que la chimie ou la biologie n'ont pas encore trouvé leur forme mathématique ? La vérité est que la chimie attend, et reçoit tous les jours, sa transformation en ce sens des méthodes et des concepts de la thermodynamique, et non des artifices d'une logique formelle. Et ce qui condamne celle-ci, c'est qu'une science ne vit pas de concepts tout faits, distribués après coup en groupes et arrangements où ils se juxtaposent, mais de relations ou synthèses qui se développent et qui se hiérarchisent, et qui aux degrés divers de la hiérarchie s'expriment en des concepts où se résume le travail inventif de l'esprit.

L'erreur de Leibnitz ne fut pas de méconnaître ce qu'il y a de profondément original dans la méthode progressive des vraies mathématiques : nul n'y fut plus que lui un inventeur de génie ; elle fut de croire durant toute sa vie qu'entre cette méthode et la logique aristotélicienne, il n'y avait pas différence de nature, mais au contraire identité et unité. Et c'est pourquoi sans doute il s'est fait l'illusion que les services que la mathématique avait rendus déjà et devait rendre de plus en plus à la physique et à la science du mouvement, la logique générale, qui ne pouvait être autre qu'une logique formelle, pouvait et devait les rendre en toutes sortes de recherches, dans les sciences juridiques, morales, historiques, et dans la métaphysique même. Bien plus, il pouvait dire, rapprochant jusqu'à les confondre, la logique et la mathématique, qu'il se faisait fort d'appliquer à la métaphysique les procédés rigoureux de la démonstration des mathématiciens. En fait, tous les travaux qu'il entreprit dans le sens et dans l'esprit de la logique formelle, tels que la Caractéristique universelle, au sens précis du mot, ou que les recherches connexes relatives à une langue universelle, échouèrent fatalement et ne laissèrent dans l'histoire aucune trace durable ; au contraire, les travaux du mathématicien, reposant sur une méthode au fond toute différente, méthode qui répugne aussi bien à la logique des genres qu'au principe qui affirme l'existence dans l'esprit d'idées ou d'entités logiques, eurent la solidité et la fécondité qui se trouvent au plus haut degré dans sa découverte du calcul infinitésimal.

La passion de Leibnitz pour la logique et la démonstration rigoureuse eut sur son œuvre une influence qu'on ne saurait méconnaître : si elle n'eut pas sur l'orientation de sa métaphysique, comme on l'a soutenu récemment, une action de telle nature que la monade et ses lois ne seraient que le développement d'une proposition de logique formelle [1], du moins reste-t-il vrai qu'elle contribua grandement à donner à sa philosophie ce caractère de haut rationalisme et d'intellectualisme qui lui donnent dans l'histoire sa physionomie propre. Encore le dut-elle surtout à cette tendance si personnelle chez Leibnitz, et qui s'accuse chez lui dès sa jeunesse, à pousser le plus loin possible dans la physique et la science du mouvement l'application des procédés et des méthodes des mathématiques, puis, par une réflexion de la science et de nature à remonter à l'esprit qui en est le soutien, et qui en devient ainsi, en même temps que le principe, l'explication suprême. Leibnitz fut le premier qui fit sortir de la science de la nature, et des mathématiques qui, à ses yeux, en étaient l'âme, une philosophie; et, en comparaison de cet effort si riche en résultats féconds, sa Caractéristique et sa logique formelle restent au second plan, comme une illusion où s'était plu son enfance, et où il s'obstinait en vain à penser qu'il réconcilierait l'esprit des vieilles méthodes, qui n'avaient pu faire naître la science, et celui des méthodes nouvelles, qui la font vivre.

1. MM. Couturat et Russell.

DEUXIÈME LEÇON

Nous avons ramené à deux principales les tendances de la pensée de Leibnitz qui semblent avoir dominé le développement de sa philosophie et en avoir déterminé les directions. Nous avons, dans la leçon précédente, défini la première comme celle d'où dérive chez Leibnitz le caractère de haut rationalisme qu'il donne à toutes ses recherches, et notamment, toutes les fois qu'il l'a pu, le caractère mathématique de ses spéculations. Nous allons, dans la suite de ces leçons, nous attacher spécialement à faire l'histoire de la seconde. Non qu'on puisse la détacher absolument de la première : la physique de Leibnitz dépend étroitement de sa mathématique. Mais, dans la mesure où elle a, comme toute physique, ses postulats particuliers, dont il est d'un haut intérêt, pour l'historien, de chercher comment ils se sont peu à peu dégagés des recherches de Leibnitz, et où elle influe d'autre part sur l'orientation de sa métaphysique, nous avons cru pouvoir en faire une étude à part, en laissant à d'autres le soin de faire une étude approfondie de sa logique et de son analyse.

La seconde tendance de Leibnitz est née de l'adhésion qu'il donna très jeune, et une fois pour toutes, sans jamais s'en départir dans la suite, à ce principe des modernes, ou, selon son expression habituelle, des « novateurs », que tout dans la nature se fait et par conséquent doit s'expliquer exclusivement *per magnitudinem, figuram et motum*, principe dont il donne encore cette formule concise : *omnia mechanice*. Par là Leibnitz se classe, dès l'âge de quinze ans, parmi les philosophes et les savants modernes, et répudie, d'une manière beaucoup plus décisive qu'il ne le pense lui-même, l'esprit de la scolastique et de la science antique.

Cependant, cette adhésion de Leibnitz au mécanisme des modernes n'est qu'un aspect de sa pensée relative à la *nature*; d'un autre côté, il a cru dès sa jeunesse, et il n'a jamais cessé de croire que si des principes géométriques et mécaniques suffisent à l'explication complète de la nature en tant que nature, du moins ces principes nous reportent-ils, soit par leur insuffisance intrinsèque, soit par leur signification profonde, à des principes d'un ordre plus élevé qui les soutiennent, à un monde supérieur à la nature elle-même, à un monde des esprits, et avant tout à Dieu. C'est, sous ses deux aspects essentiels, cette tendance complète qui dominera tous les développements de la philosophie de Leibnitz; nul ne sera, dans les questions relatives à la physique, un partisan plus résolu des explications strictement mécaniques; mais nul aussi ne sera plus convaincu que le mécanisme atteste, pour qui veut le comprendre pleinement, l'existence de l'esprit et l'existence de Dieu. Cette attitude de Leibnitz à l'égard du problème du monde, assurément on ne peut pas dire qu'elle lui vienne de la science; il est manifeste au contraire qu'elle lui vient de son éducation et de ses convictions religieuses; une doctrine qui rendrait impossible sa croyance en Dieu ou en l'immortalité de l'âme, ses premiers essais en font foi, porterait par là même à ses yeux le caractère d'une fausseté radicale et presque monstrueuse : en ce sens son attitude, on a pu le dire avec raison, est la suite d'un préjugé, psychologique ou même théologique. Mais d'abord ce préjugé et cette attitude, qui eurent des conséquences si importantes pour la pensée de Leibnitz, sont des faits indéniables; puis n'est-il donc pas vrai qu'en abordant le problème de la science, nous avons tous une attitude à son égard, qui influera, sinon sur la science même, du moins sur le sens général qui la dépasse et que nous lui attribuerons ? Kant ramenait ces attitudes à deux principales : l'attitude platonicienne, et l'attitude épicurienne, toutes les deux compatibles avec une science rigoureusement positive et digne de libres esprits. Leibnitz eut la première, ou pour mieux dire, il eut tout à la fois la première et la seconde, qu'il réconcilia dans sa philosophie. Enfin, qui pourrait penser que l'attitude de Leibnitz, qui fut d'abord un « préjugé », n'eut pas à chacun des progrès de sa réflexion l'occasion de trouver sa justification ou sa condamnation, en sorte qu'après avoir été le guide de sa pensée, elle en devint en définitive l'œuvre la plus philosophique et la plus réfléchie ? Du philosophe de vingt-deux ans, partisan de l'atomisme gassendiste, et qui faisait porter témoignage à l'atome de l'existence d'un Dieu créateur, au philosophe qui, dans la plénitude de sa libre raison, interprétait les principes mécaniques de la philosophie naturelle comme révélant à ses yeux des principes d'un autre ordre, qu'il appelait métaphysiques, il y a la continuité d'une réflexion de plus en plus profonde, où ce qu'il pouvait y avoir de préjugé dans l'attitude primitive s'évanouit et disparaît dans une pensée toujours plus sûre d'elle-même.

Quoi qu'il en soit d'ailleurs, c'est un fait que Leibnitz a adhéré très jeune, sans restriction et sans retour, au mécanisme, mais que du mécanisme, il a toujours pensé qu'il ferait sortir la preuve d'un monde supérieur au mécanisme même. Sur ce point sa méthode lui est toute personnelle ; elle diffère notamment au plus haut point, on ne l'a pas assez remarqué, de celle de Descartes, dont elle est d'ailleurs, du moins dans les premiers temps, totalement indépendante : sans doute Descartes aussi, par la manière dont il dérive de la perfection et de l'immutabilité divines les lois fondamentales du mouvement, reporte en somme à Dieu la cause du mécanisme de la nature ; mais par la distinction radicale de la pensée et de l'étendue, il s'interdit de retrouver par le détail les lois de l'esprit sous les lois du mouvement : bien plus, l'union d'une âme et d'un corps est pour Descartes, qui va jusqu'à nier l'âme des bêtes, l'exception la plus rare dans le monde créé. Au contraire pour Leibnitz, elle est la règle : la philosophie de Leibnitz deviendra de plus en plus un monisme idéaliste, disons plus simplement une philosophie de l'esprit, dans laquelle le monde des corps ou la nature prendra l'aspect d'un monde de phénomènes ou de réalités secondes, proportionnées aux âmes qui les soutiennent et qui en sont la réalité première et substantielle. Or à cette doctrine si haute comment arrive-t-il ? Par une méthode qui lui est propre, et qui consiste à chercher d'abord dans le mouvement la réalité même de la nature, puis, par une induction métaphysique, à remonter d'une analyse approfondie du mouvement aux principes sans lesquels les lois mêmes du mouvement seraient inintelligibles, aux âmes qui s'y expriment en des proportions d'une exactitude parfaite et rigoureuse. Nous aurons plus tard à étudier de près ce procédé complexe, auquel nous donnons provisoirement le nom d'induction métaphysique ; nous verrons qu'il renferme des éléments de valeur très différente, tantôt critiques, et d'une haute portée, tantôt moins solidement fondés, et tels que le passage non complètement justifié du physique au métaphysique ; mais ce qu'il ne faut pas oublier, c'est que ce fut cette tendance à passer du physique au métaphysique, des éléments du mouvement aux éléments de l'esprit, et de l'analyse de l'un à des conclusions immédiates sur la nature de l'autre, qui conduisit Leibnitz à dégager peu à peu des problèmes qu'il traitait leurs éléments critiques, tandis que le contraire nous semble historiquement difficile à soutenir. S'il y a chez Leibnitz, à l'égard du problème de la nature, une attitude critique qui fait penser à Kant, cette attitude est venue la dernière ; elle est un résultat, et non point, comme chez Kant, une position première, qui domine et dirige toute la doctrine ; et elle résulte précisément de cette tendance toujours la même à partir du mouvement pour aboutir à l'esprit.

II

On conçoit que, dans cette voie, la pensée de Leibnitz ait traversé des états très divers. Il fut acquis au mécanisme, c'est lui qui nous l'apprend, dès l'âge de quinze ans ; mais on se représente sans peine que sa conception du mécanisme ait pu prendre rapidement des formes différentes : sous l'influence, d'abord des doctrines régnantes, très répandues et très vulgaires au temps de ses premières réflexions, tels l'atomisme démocrito-épicurien de Gassendi, qui le séduisit le premier et s'empara de son esprit, ou la philosophie corpusculaire de forme cartésienne, où il se réfugia ensuite et qui lui parut plus satisfaisante. Mais il y eut à cela aussi d'autres raisons ; car, dès cette époque lointaine, deux choses sont tout à fait dignes de remarque : la première, c'est que chaque fois Leibnitz dépasse la pure doctrine physique du système qu'il adopte et cherche à en déduire au moins une preuve de l'existence de Dieu ; la seconde, c'est que cet effort entraîne précisément Leibnitz à faire la critique de son système physique, en ce sens qu'il ne remonte à Dieu qu'autant que l'atome, ou le mouvement qui divise en corpuscules la matière continue étendue dans l'espace, réclament impérieusement un créateur ou un moteur divin. Et, engagée dans cette voie, la critique de Leibnitz est souvent si précise qu'elle prend parfois une forme définitive ; telle, dans la *Confessio contra atheistas*, sa critique de l'atome, dont les traits principaux se retrouveront intacts plus tard dans sa discussion avec Huygens sur le même sujet, et dans plus d'une dissertation de son âge mûr. Ainsi la critique leibnitienne, commencée uniquement dans l'intention de dépasser le mécanisme et de remonter à son principe divin, aboutit dès le début à une critique en règle des postulats de chaque système, et dirige par contre-coup la pensée de Leibnitz d'un système à un autre, qui le satisfait davantage.

L'idée la plus remarquable qui se dégage de ces premiers efforts est que des trois éléments par lesquels le physicien doit expliquer complètement la nature, à savoir la grandeur, la figure et le mouvement, le plus important de beaucoup est le mouvement. Pour l'atomisme de forme épicurienne, la grandeur et la figure jouent le rôle essentiel, le mouvement n'étant guère pour l'atome figuré qu'une occasion de rencontrer d'autres atomes, de même figure ou de figure complémentaire. Mais, en posant le problème de la cohésion ou de la solidité infrangible de l'atome, Leibnitz se rend compte qu'il en faut demander l'explication au mouvement, et c'est pourquoi il s'arrête un instant à une physique qui rappelle dans ses grands traits la physique cartésienne. Enfin, sous des influences que nous aurons à rechercher, l'idée hardie lui vint que la grandeur et la figure des corps, qui lui étaient déjà apparues comme des suites du mouvement, passent, en considération du mouvement, au rang de réalités dérivées et secondaires, que le mouvement est premier à leur égard, et que l'analyse du mouvement, poussée jusqu'à ses éléments, expliquerait à la fois la figure et la grandeur des corps dans l'espace, et toutes leurs propriétés, et révélerait dans la nature la présence continuelle de l'esprit (cohésion). Le mouvement et ses lois, tel est donc l'objet le plus pressant auquel doive s'attacher le philosophe, puisqu'il est à la fois l'essence et l'origine de toute réalité naturelle ou physique, et qu'il nous ouvre de larges perspectives sur le monde des esprits. « Videbam, écrit-il à Arnauld dans une lettre célèbre de 1671, philosophiam de motu seu corpore gradum struere ad scientiam de mente » ; mais le mouvement lui apparaissait si clairement à cette époque comme une simple fonction de l'étendue et de la durée, qu'il affirmait en même temps qu'on doit avant tout fonder mathématiquement la science du mouvement sur une géométrie rigoureuse, en sorte qu'il enchaînait les trois problèmes essentiels de la manière suivante : « Videbam geometriam seu philosophiam de loco gradum struere ad philosophiam de motu seu corpore et philosophiam de motu ad scientiam de mente[1]. »

C'est de ce programme, si précis dans les termes, si fidèlement suivi dans l'exécution, qu'est sortie vers 1670-1671 l'œuvre la plus achevée de la jeunesse de Leibnitz, et aussi la plus décisive par la position qu'il y prend relativement aux problèmes les plus importants : l'*Hypothesis physica nova*. La première chose qu'il y faut noter, c'est, chez ce jeune homme de vingt-quatre ans, mal au courant des plus récents progrès des mathématiques et tout à fait ignorant de l'analyse cartésienne, une vue remarquablement positive et précise de ce que doit être une mécanique, pour servir de fondement à une physique sérieuse : cette mécanique doit être strictement construite comme une géométrie, ou mieux encore par les procédés et les méthodes de la géométrie : les modernes en ont trop fait une science des machines, une science empirique, une *phoronomia experimentalis* ; il faut d'urgence y substituer une *phoronomia elementalis*, purement géométrique et purement rationnelle ; il faut, en d'autres termes, faire pour elle ce qu'a fait Euclide pour la géométrie, ou, mieux encore, transporter dans cette science, qui doit être une géométrie du mouvement, les habitudes et la rigueur d'Euclide et des géomètres...

(*Inachevé.*)

1. A. Arnauld, Q. *Ph.*, p. 71, I

LES
PRINCIPES DE L'ENTENDEMENT PUR
DE LEUR FONDEMENT ET DE LEUR IMPORTANCE
DANS LA CRITIQUE DE LA RAISON PURE

I

L'*Analytique des principes* a, dans la *Critique de la Raison pure*, une importance de premier ordre. Lorsqu'on s'est rendu compte en effet que des deux moments essentiels du problème critique, d'ailleurs parfaitement un en lui-même, le premier, qui embrasse l'*Esthétique* et l'*Analytique transcendantales* tout entières, n'est autre chose, selon l'heureuse et presque classique expression de Cohen, qu'une *théorie de l'expérience*[1], l'*Analytique des principes* apparaît, à la suite de la solution du problème capital de la déduction transcendantale des catégories, comme la partie de l'ouvrage qui en recueille et qui en établit les conséquences les plus décisives en ce qui regarde la Nature et la Science.

La *Critique de la Raison pure*, Kant l'a plus d'une fois affirmé, n'est sans doute qu'une propédeutique : l'un des problèmes qu'elle doit traiter d'une manière intégrale et complète est celui de la détermination des éléments

---

1. Voir Hermann Cohen. *Kant's Theorie der Erfahrung*. Berlin, deux éditions, 1871 et 1885.

a priori, non dérivés et irréductibles, qu'une réflexion critique et méthodique découvre à l'origine de tout jugement où il entre un caractère d'universalité et de nécessité, c'est-à-dire de toute *loi scientifique* et de toute *connaissance objective* : et si son rôle s'étend jusqu'à l'entière solution des questions relatives à la nature de ces éléments, à leur valeur et à leur portée, et notamment aux conditions de leur usage légitime dans la constitution de l'expérience, encore serait-ce sortir du champ de la critique que d'en attendre la détermination des lois de la nature, réservées à la science et à ses méthodes propres d'investigation. Une loi de la nature, loi scientifique ou positive, enveloppe toujours en effet, outre les éléments *a priori* qui en assurent l'objectivité, des éléments intuitifs ou empiriques qui lui donnent un contenu ou un sens ; et la critique n'est point la science des objets, mais la science des conditions universelles et nécessaires de l'existence des objets. Elle n'a donc point à connaître des lois de la nature, et non pas même, quoiqu'elle procède *a priori* comme les mathématiques, de l'ensemble des propositions qui constituent le domaine positif des connaissances mathématiques. Là où le géomètre pose son premier axiome, le physicien son premier postulat, là aussi a pris fin le rôle de la critique : et jamais ligne de séparation ne fut plus nettement marquée entre la critique et la science que par l'auteur de la *Critique de la Raison pure*.

Cependant les conditions de l'expérience, ou, ce qui revient au même, les conditions de l'existence d'une nature, sont telles, aux yeux de Kant, qu'on peut aller fort loin *a priori*, et par conséquent par les seules forces de la critique, dans la détermination d'une telle nature. Songeons qu'il est d'abord solidement établi, par la déduction transcendantale, qu'il ne saurait exister aucun objet d'expérience qui n'ait dans les catégories, et en définitive dans son rapport à la conscience, la condition première et fondamentale de son existence comme *objet*, ou de son *objectivité*. Et la raison en est que la catégorie est l'unique puissance de liaison qui réalise, dans et par le jugement, l'unité des éléments divers de l'intuition sensible. De détermination *intellectuelle*, c'est-à-dire à la fois *venant de* l'entendement et *valable pour* l'entendement, par conséquent de détermination proprement scientifique ou simplement positive, un objet de l'expérience n'en a ni n'en saurait avoir aucune qui lui vienne d'ailleurs que des *catégories*. D'où il semble résulter que, pour découvrir ces déterminations, en allant des plus générales aux plus particulières, rien ne serait plus simple que de développer le sens des catégories, en poussant autant que possible le développement jusqu'à son extrême limite. Et tel était, en effet, le point de vue cartésien, ou de l'innéisme. Mais tel n'est point, à peine est-il besoin de le rappeler ici, le point de vue de Kant. L'erreur de l'innéisme est d'avoir pensé que nos concepts primitifs ou *purs* contiennent la science en puissance, qu'ils sont, pour ainsi dire, la science avant la science, et qu'ils ne nous laissent que le souci logique, fort secondaire, d'en étaler correctement le contenu. Les catégories n'ont pas de contenu ; fondements et principes de toute connaissance, elles ne sont pas des connaissances. Par elles, si après tout, les isolant par abstraction de tout autre élément, nous ne pouvons consentir qu'elles ne soient rien, disons, en définissant leur fonction pure, que nous « pensons » *einen Gegenstand überhaupt*, ce qui signifie strictement qu'elles sont dans la pensée et pour la pensée les conditions transcendantales de l'objectivité[1]. Mais rappelons-nous que si, dans l'intuition, rien ne nous était *donné*, ces conditions de toute objectivité ne nous donneraient nul objet, attendu que, puissances de liaison, elles n'auraient, sans le divers de l'intuition sensible, rien à lier, et qu'elles ne trouvent que là l'occasion de dégager, en objets d'expérience, la puissance de liaison et d'unification qui est leur fonction propre. Les catégories, à vrai

---

1. Voir sur ce sujet une excellente étude de Wartenberg, *Der Begriff des transcendentalen Gegenstandes bei Kant — und Schopenhauers Kritik desselben*, in *Kantstudien*, t. IV et V, 1900-1901.

dire, ne se révèlent donc que dans leur action (*Handlung*, le mot revient à chaque instant chez Kant), dans leur action qui est synthèse et qui est jugement, et dans leur œuvre, qui est connaissance. Et c'est pourquoi la science devait, dans l'histoire, précéder la critique. Mais pour qu'il y ait jugement et qu'il y ait connaissance, il faut, encore une fois, qu'un divers soit donné qui, n'ayant en lui-même nul principe d'unité, s'offre aux puissances unificatrices qui sont autant d'aspects de l'unité de l'entendement.

Il faut donc renoncer à cette sorte de déduction directe de la science, même sous ses formes apodictiques et mathématiques, qui a été l'erreur, mais il faut ajouter l'erreur heureuse, d'un Descartes et aussi d'un Leibnitz : car s'ils exagérèrent la part de ce que l'entendement met de lui-même dans la connaissance et s'ils méconnurent celle de la sensibilité, encore préparèrent-ils les voies à la critique en dégageant et définissant, avec une admirable sagacité, quelques-unes des relations fondamentales qui ne servent de base à la science qu'autant qu'elles dérivent d'une manière immédiate des *synthèses* de l'entendement.

Mais si l'on ne peut aller jusqu'à déduire la science et ses lois proprement dites des catégories qui ne les contiennent pas et qui même, à vrai dire, isolées du sensible, en toute rigueur ne contiennent rien, il reste à la critique une ressource qu'elle peut, et même qu'elle doit mettre à profit, sous peine de laisser son œuvre inachevée, pour exposer comment ces catégories vides, au contact du sensible, prescrivent *a priori* à la nature des règles antérieures à la science, puisque, sans de telles règles, il n'y aurait point de nature, et partant point de science. Cette ressource lui vient de ce que nulle intuition empirique et sensible ne saurait nous être donnée que dans les formes de l'espace et du temps. Or si les développements de l'*Esthétique transcendantale* avaient obligé Kant à présenter l'intuition comme s'ordonnant d'abord dans l'espace et dans le temps, et devenant, par cette sorte d'opération préalable, une représentation étendue et successive, avant de s'offrir aux prises des catégories, ce n'était en réalité que par un artifice de méthode, par la nécessité d'épuiser le problème des conditions strictement intuitives de la représentation sensible avant d'aborder celui des fonctions de l'entendement qui, du divers de cette représentation, font une synthèse, une unité et, en définitive, un objet.

Mais si l'on songe qu'imposer au divers de l'intuition sensible les formes de l'espace et du temps, c'est déjà engager l'intuition empirique, grâce à ces formes de l'intuition pure et par leur intermédiaire, dans un rapport à l'unité de l'aperception transcendantale, rapport sans lequel elles ne seraient pas même des représentations de la conscience empirique, il n'est plus possible de penser, comme on le fait parfois à la suite d'une lecture de la seule *Esthétique transcendantale*, que les formes de l'espace et du temps suffisent à faire des intuitions empiriques des états de conscience ; mais il y faut en outre l'intervention du « Je pense » et des fonctions catégoriques que suppose tout acte de pensée.

Lors donc que Kant parle de subsumer sous les concepts purs de l'entendement nos intuitions, comme si elles constituaient avant cette subsomption des représentations se suffisant à elles-mêmes, c'est, encore une fois, pour la clarté de l'exposition et pour se conformer aux habitudes des logiciens ; mais sa doctrine n'est pas douteuse, et résulte de la manière même dont il résout le problème de la déduction transcendantale : nulle représentation, même sensible, n'est concevable qu'autant qu'elle soit consciente et n'est consciente qu'autant qu'elle ait reçu, en des synthèses primitives, des formes élémentaires d'unité et d'objectivité qui révèlent l'action première et fondamentale du « Je pense ». Le véritable mouvement de l'esprit qui donne à nos représentations non seulement un objet, mais même une existence dans la conscience, ne va donc pas, comme semblerait l'indiquer le mot de subsomption, de l'intuition au concept pur de l'entendement ou à la catégorie, mais au contraire de la catégorie à l'intuition, qui ne devient qu'ainsi une représentation et une perception. Et de même il n'est exact qu'en un sens relatif de dire que l'intuition est reçue d'abord dans les formes de l'espace et du temps, pour être ensuite subsumée sous les concepts de l'entendement : ce point de vue de la subsomption doit être remplacé par celui de la priorité du « Je pense », en sorte que le vrai sens des déterminations objectives va du « Je pense » et des catégories d'abord aux formes homogènes de l'espace et du temps, et ensuite, dans ces formes, aux intuitions empiriques qu'elles atteignent enfin et dont elles font des unités ou des synthèses dans l'étendue et la durée.

Au reste, de cette proposition, de si grande conséquence pour ce qui va suivre, selon laquelle les déterminations *a priori* de l'entendement portent d'abord sur les intuitions pures de l'espace et du temps, par une opération qui en toute rigueur se suffit à elle-même, bien qu'elle ait toujours pour terme les données empiriques et pour but la constitution de l'expérience, on peut donner une preuve irrécusable : c'est l'existence des mathématiques ; les mathématiques, on le sait, construisent leurs concepts dans l'intuition pure, et ne doivent qu'à ce procédé leur caractère apodictique ; et il faut ajouter qu'en aucune autre science, même non constructive, on ne saurait concevoir la possibilité de jugements synthétiques *a priori*, ni en conséquence une certitude scientifique, si en ces jugements se trouvait engagé quoi que ce fût de plus que ce qui relève du « Je pense » et de l'intuition pure.

Ainsi l'opération par laquelle notre connaissance détermine ses objets, peut aller pour ainsi dire d'emblée et d'un seul coup, en traversant les formes de l'espace et du temps, jusqu'au divers de l'intuition empirique, dont il semble bien alors que, dans la conscience vulgaire, elle fasse une perception ; mais il n'est pas douteux que la pensée réfléchie n'arrête aussi parfois cette opération à un stade antérieur, pourvu que le « Je pense » aille au moins jusqu'à la rencontre d'un divers où il puisse accomplir son œuvre de liaison et d'unification. Or ce divers, les formes de l'espace et de temps le lui offrent d'une manière d'autant plus avantageuse qu'elles sont *a priori*, et qu'en elles s'accomplissent d'une manière immédiate sous l'action des catégories ces synthèses ou jugements synthétiques *a priori* nécessaires à la constitution de toute science et de toute expérience ; et même ces jugements ne sont possibles que là, et n'atteignent qu'ensuite l'intuition empirique, d'ailleurs sans exception et universellement, parce qu'universellement aussi l'intuition empirique ne saurait être sensible qu'en subissant les formes de l'espace et du temps.

A vrai dire donc l'opération qui donne à la perception une valeur objective ne diffère pas essentiellement de celle qui, par exemple, construit d'abord une géométrie pure, et qui ensuite en fait servir les théorèmes à constituer une science de la nature : un jugement d'expérience dépasse sans doute en rigueur scientifique un simple jugement de perception ; mais la simplicité du dernier n'empêche pas que la perception elle-même ne demeure pour le savant le critère définitif de ses constructions et de ses hypothèses.

En arrêtant la synthèse opérée par la catégorie au stade où elle n'a encore rencontré que les formes de l'intuition pure, la pensée réfléchie n'a donc point à craindre de faire une œuvre artificielle, puisqu'elle ne fait que mettre en pleine lumière, par une analyse légitime, un moment capital, et parfaitement distinct, d'un progrès qui aboutit, dans la conscience vulgaire, à la perception, et, dans la science, à l'expérience, ou à l'*Erfahrung*, au sens kantien du mot. Bien plus, c'est la seule méthode qui puisse nous mettre en mesure de définir, à partir du point le plus élevé de la connaissance humaine et en tout cas de la catégorie, la suite des opérations par lesquelles son action devient déterminante et s'étend sans discontinuité jusqu'aux objets de l'expérience. Et il fallait que la critique s'acquittât de cette tâche, si elle ne voulait point être accusée d'être une nomenclature aride et stérile d'éléments abstraits, dont elle serait impuissante à montrer la contribution vivante à l'œuvre de la connaissance.

On peut bien penser qu'à cette tâche difficile entre toutes, Kant n'a point failli ; et là où d'autres n'ont vu qu'une *kantische Maschinerei*, nous croyons au contraire assister à l'effort le plus puissant qu'ait jamais tenté philosophe pour pénétrer jusqu'au fond le plus caché de la connaissance humaine et jusqu'aux sources de sa certitude.

II

Plaçons-nous donc à l'origine de toute connaissance, et souvenons-nous que la catégorie en elle-même est vide, bien que nous ayons rappelé plus haut en quel sens elle a, comme concept, un objet, *einen Gegenstand überhaupt*, ou un « objet transcendantal ». C'est même pour cette raison et aussi parce qu'elle est l'origine première de tous les concepts scientifiques futurs, ou même simplement empiriques, que Kant la désigne également sous le nom de concept pur : désignation qui étonne parfois et qui prête d'ailleurs à certaines équivoques, puisque les catégories ne sont d'une part, selon l'expression de Cohen, que des « spécifications » du « Je pense » et constituent l'entendement même (*Verstand*), et puisque l'entendement est défini, d'autre part, comme une *Urtheilskraft*, comme un pouvoir de juger, et a pour fonction propre le jugement. Mais la difficulté se résout d'elle-même si l'on songe que la catégorie, formellement une comme le « Je pense » est un, ne révèle son pouvoir d'unification et de synthèse qu'en liant la multiplicité d'un divers, et qu'en se réalisant dans un jugement. Concept pur et jugement ne sont ainsi en un sens que deux noms d'une même fonction de l'entendement, selon qu'on la considère dans son unité fondamentale, et avant toute *Handlung*, ou qu'on la saisit au contraire dans son opération et son action déterminante où elle apparaît en effet comme une *Urtheilskraft*.

Cependant on conçoit aisément que du concept pur au jugement d'expérience, il y ait, sinon toute une hiérarchie de jugements, du moins toute une suite de degrés par où l'*Urtheilskraft* originaire s'engage de plus en plus dans le champ de l'intuition. Avant d'atteindre l'intuition empirique, nous avons dit déjà comment il est nécessaire qu'elle atteigne d'abord l'intuition pure et comment elle ne peut qu'à cette condition déterminer *a priori*, c'est-à-dire nécessairement et universellement, les principes constitutifs grâce auxquels il existe une nature et des lois de la nature. Or une nature et même les lois scientifiques d'une nature, telles les lois physiques, enveloppent sans doute la nécessité et l'universalité qu'elles dérivent de ces principes, mais elles enveloppent aussi des éléments empiriques qui leur donnent dans l'expérience un objet immédiat. Par conséquent des jugements purs (en ce sens qu'ils ne renferment que des éléments *a priori*) aux lois de la science, du moins de la science de la nature, qui renferment en outre quelque chose d'empirique, il y a une distance que la critique ne saurait franchir, sans cesser d'être la critique et sans devenir la science. Mais il y a plus : toute science qui suppose un rapport immédiat à l'expérience, et qui en quelque sorte ne trouve un sens et une portée véritable que dans son application directe à l'expérience, fût-elle pure et n'utilisât-elle dans ses constructions que des éléments *a priori*, comme la mathématique, apparaît à un moment du développement de l'*Urtheilskraft* qui la classe comme science, attendu que l'intuition y joue un rôle prépondérant et l'incline vers la nature presque autant que la physique elle-même. Sur ce motif qui range les mathématiques parmi les sciences, et qui les rejette hors du domaine de la philosophie et de la Raison pure, bien qu'elles soient apodictiques et strictement *a priori*, Kant a plus d'une fois insisté [1] ; et à y regarder de près, il semble bien qu'elles

---

1. Voir *Crit. de la R. pure*, dans le chapitre intitulé *Discipline de la Raison pure*, 1ʳᵉ section : *Discip. de la raison pure dans l'usage dogmatique*, en particulier pp. 291 et 292, et p. 301 *(des axiomes)* de la trad. Barni, t. II.

ne soient, à ses yeux, si près d'une nature, et qu'elles n'appartiennent sans contestation possible au domaine de la *Naturwissenschaft*, que parce que l'intuition où elles construisent leurs concepts est l'intuition de l'espace, forme du sens extérieur, et que l'intuition de l'espace est plus spécialement le lieu où sont reçues d'abord les données empiriques. Toute construction dans l'espace est en effet une figure, une image pure, sans doute, mais déjà si voisine de la figure des corps, qu'elle est comme une construction anticipée de la figure des corps. Au contraire le temps, forme du sens intérieur, dont Kant a dit dans la *Réfutation de l'idéalisme* [1] qu'il n'entrait en contact avec le donné empirique en quelque sorte qu'à travers l'espace, est concevable en toute rigueur comme la forme sensible la plus immédiatement appropriée à l'action du « Je pense », comme celle où l'*Urtheilskraft* trouve déjà la matière suffisante de *jugements sans images*, jugements où se déterminent dans une diversité presque aussi pure que le moi pur lui-même les conditions universelles et primordiales de l'expérience et de la science (*Naturwissenschaft*). A cette opération qui donne à l'*Urtheilskraft* une première prise sur le sensible, Kant a donné, on le sait, le nom de *schématisme*; et il a choisi le temps, de préférence à l'espace, pour en faire, selon son expression, le schème de l'entendement pur. La raison qu'il donne tout d'abord de cette préférence ne nous paraît pas satisfaisante : il semble dire en effet que l'application des schèmes à l'expérience souffrirait des exceptions, si la schématisation des catégories se faisait dans l'espace, attendu que la forme du sens extérieur ne s'applique, comme son nom l'indique, qu'à ce que nous pouvons appeler ici l'expérience externe, tandis que la forme du sens intérieur est la forme de la totalité de l'expérience, tant externe qu'interne [2].

1. Voir surtout dans la *Réfutation de l'Idéalisme* le développement du *Théorème*, pp. 286-288 de la trad. Barni, t. I. — Cf. *Déduction des concepts purs*, § 24.
2. Voir Barni, I, p. 203 : « L'image pure de toutes les quantités *(quantorum)* pour le sens extérieur est l'espace, et celle de tous

Mais c'est là une raison accessoire et qui n'est en aucune manière compatible avec les vues profondes qu'il développe un peu plus loin sur la nature du schème et ses caractères essentiels. On sait avec quel soin il distingue le schème de l'image ; et en effet ce qu'il demande au *schème*, aucune image, singulière par nature, ne saurait le lui donner, si proches que soient l'un de l'autre le schème de l'image. Soit par exemple l'image d'un triangle : que de fois n'a-t-on pas dit qu'étant nécessairement ou équiangle, ou rectangle, ou acutangle, etc., il était impossible qu'elle fût adéquate au concept du triangle en général ! Et pourtant nous avons le sentiment irrésistible que la construction qui donne tel triangle a en soi une valeur universelle, quoiqu'elle aboutisse toujours à un cas singulier. — Comment cela est-il possible ? — Parce qu'il y a en elle, à vrai dire, deux moments : un moment où elle est un mouvement de l'esprit, mouvement toujours le même dans ses traits principaux, ou, en termes plus précis, dans la règle ou la loi que lui impose l'esprit, et un moment où elle aboutit à l'image, et y donne à la loi une application à la fois adéquate et singulière. Kant en donne un exemple saisissant : « Quand je place, dit-il, cinq points les uns à la suite des autres, ..., c'est là une image du nombre cinq. Au contraire, quand je ne fais que penser un nombre en général, qui peut être ou cinq ou cent, cette pensée est plutôt la *représentation d'une méthode* servant à représenter en une image, conformément à un certain concept, une quantité (par exemple mille) qu'elle n'est cette image même... Or c'est cette représentation d'un *procédé général de l'imagination*, servant à procurer à un concept son image, que j'appelle le *schème* de ce concept[1]. » On ne peut pas distinguer plus nettement le moment où l'esprit pose, en la pensant, la loi qui peut lui donner tous les nombres et qui

---

les objets des sens en général est le temps. » Et plus haut, p. 200 : « Mais d'un autre côté elle est homogène au phénomène, en ce sens que le temps est impliqué dans chacune des représentations empiriques de la diversité. »

1. *Schématisme*, Barni, I, p. 201.

cependant ne lui en donne aucun, et le moment où, en vertu de la loi, il se donne, en l'appliquant, tel nombre déterminé, ou cinq, ou cent, ou mille. Or, ce que nous appelons ici la loi, faute d'une désignation meilleure et parce que les mathématiciens nous ont habitués à distinguer la *loi* d'une série, des *termes* de cette série, correspond à ce que nous appelions tout à l'heure, d'une manière bien plus juste, un mouvement de l'esprit[1] : mouvement tout idéal, analogue à celui auquel fait perpétuellement appel le géomètre qui ne connaît une courbe qu'en la ramenant au mouvement qui la *produit*, et qui, à vrai dire, la dégage ainsi de son *image* pour en découvrir l'essence en son *schème*. Ainsi procède l'esprit lorsqu'il dessine dans le temps pur, en traits d'une universalité suprême, sous la loi et l'action primordiale du « Je pense », les mouvements qui donnent aux catégories la première forme de leur action sur l'expérience et la nature. Et c'est pourquoi l'espace, où ces mouvements se terminent en résultats singuliers, comme la loi génératrice d'une courbe en une courbe singulière, ne pouvait être choisi comme l'instrument du schématisme, et devait laisser ce rôle au temps qui seul s'y prête, par son affinité profonde avec l'action du « Je pense ».

Un moment de réflexion suffit à présent pour saisir l'importance capitale de ces propositions. A chaque catégorie correspond, cela va sans dire, un schème transcendantal ; et l'*Urtheilskraft* qui le produit a revêtu, puisqu'elle est engagée dans une diversité sensible, dans la diversité du temps pur, la forme de l'imagination : le nom qui lui convient est celui de synthèse transcendantale de l'imagination, de *synthèse*, puisqu'elle dérive immédiatement de l'*Urtheilskraft* originaire, mais de synthèse *transcendantale*, attendu, comme dit Kant, qu'elle est *productive*[2], et productive de synthèses *a priori* privilégiées entre toutes, vraiment originaires, d'où dépend toute nature (*formaliter*

---

1. Cf. Barni, I, pp. 180 sq.
2. Barni, I, p. 178.

spectata) et toute expérience possible. L'originalité profonde de ces synthèses consiste en ce qu'elles possèdent d'une part l'universalité la plus haute qui se puisse concevoir dans la connaissance humaine, car elle est adéquate à l'universalité des catégories mêmes, que le temps pur met en action en n'y apportant que le minimum inévitable de restriction sensible. Mais d'autre part la souplesse du temps est telle que le « Je pense » y dessine les formes universelles de la *possibilité* d'une nature, insistons davantage encore, de la *possibilité* de *toute nature* concevable pour un « Je pense » doué d'un sens intérieur, sans donner à cette nature autre chose que des conditions universelles d'intelligibilité, bref une Gesetzmässigkeit, une *conformité générale à des lois*, bien plutôt que des lois proprement dites et positives. Et c'est ce dont, après tout, nous avons un sentiment très vif, lorsque nous disons que la science ne saurait chercher et découvrir des lois qu'en une nature dont nous sommes sûrs d'avance qu'elle est soumise à des lois (*gesetzmässig*). Or la condition suprême d'une nature est, en un sens, le Moi pur et ses concepts purs ; mais en un autre sens une nature n'est *possible* et en tout cas connaissable pour nous que par une condition sensible qui à la fois la réalise comme telle (comme phénomène) et donne naissance aux schèmes d'où dérivent les règles universelles et les formes suprêmes de son existence. C'est à ces règles purement formelles que Kant a réservé le nom de « principes (Grundsätze) de l'entendement pur », par opposition aux lois naturelles et même aux propositions des mathématiques (Sätze) qui y trouvent leur fondement, mais qui l'y trouvent, comme déjà on peut s'en rendre compte, tout autrement qu'une conséquence logique ne trouve le sien dans les prémisses d'où la déduit la logique ordinaire.

III

Les *Grundsätze* en effet ne sont pas autre chose qu'une expression aussi compréhensive et aussi exacte et précise que possible, des schèmes transcendantaux. Pas plus que les schèmes ils ne sont donc des états fixes, et pour ainsi dire statiques de la connaissance, enveloppant avec les synthèses de l'entendement des données intuitives, et aboutissant par conséquent (ils ne le font pas du moins d'une manière immédiate) à ce que Kant appelle des concepts empiriques et des objets d'expérience et de science. Même l'idéal serait qu'ils laissassent transparaître ce qu'il y a de vie, d'action, ou, comme dit Kant, de *spontanéité* en même temps que d'universalité, dans le schème transcendantal.

Mais ne semble-t-il pas que si cette spontanéité n'était inexprimable, le *Grundsatz* et le schème deviendraient indistincts et ne seraient au fond qu'une seule et même chose? Kant à la vérité les distingue l'un de l'autre : lorsqu'il songe à faire des *Grundsätze* une déduction régulière et systématique, la formule qui résume sa méthode paraît bien être la suivante : Schématisez la catégorie, et le schème obtenu vous donnera le *Grundsatz*. Il y a plus : le *Grundsatz* est un jugement synthétique *a priori*, tandis que le schème, sorte de « monogramme de l'imagination pure *a priori* »[1], comble pour ainsi dire l'intervalle de la catégorie au *Grundsatz*, et ressemble plus à l'unité de la première qu'à la forme du jugement que prend nécessairement le second. Or, à y regarder de près, ces distinctions nous livrent-elles le rapport véritable du schème et du *Grundsatz*? Kant n'a jamais dit, sans doute, en termes exprès, que le schème fût un jugement; mais si l'on songe qu'il ne faut pour constituer un jugement que deux éléments, un principe d'unification ou de synthèse, et une

---

1. Barni, I, p. 202.

diversité intuitive unifiable, le schème ne réunit-il point précisément cette double condition, dans la catégorie d'une part et le temps pur de l'autre ? Qu'est-ce donc qui s'oppose à ce que le schème nous apparaisse comme un jugement ? Répondons sans hésiter : la nature même du temps, dont Kant savait fort bien qu'il n'y a point d'image, sinon dans un symbole emprunté à l'espace, et qu'il n'a en conséquence qu'au minimum, en tant que forme pure du sens intérieur, le pouvoir de fixer dans son intuition propre les termes d'un jugement. Mais de là relève en revanche son caractère et pour ainsi dire sa dignité par opposition à l'espace : ce qui dans le temps pur se détermine, sous l'unité de la catégorie, ce n'est point un jugement aux termes imaginables et par conséquent exprimables, mais c'est le jugement même en tant qu'opération spontanée, en tant qu'action actuelle, et pour ainsi dire en mouvement, du « Je pense » ; c'est, si l'on nous permettait de nous exprimer ainsi, le jugement même en tant que *je suis jugeant* ou que *je suis pensant*, distingué en son originalité profonde, par une réflexion légitime, du jugement exprimé, lequel ne saurait aboutir à des termes énonçables, qu'autant qu'il atteigne en fait, ou ait en vue d'une manière très prochaine, une image qui lui donne une première fixité. Et que cette image encore très générale et en quelque sorte évoquée juste assez, mais ni plus ni moins qu'il n'est nécessaire, pour donner au schème l'énoncé indispensable, soit l'espace en tant que forme du sens extérieur, nous en avons, en somme, plus d'une preuve : celle-ci d'abord, qu'au moment de définir le schème pur de la quantité qui, dit-il, est le nombre, Kant ne peut s'empêcher de rappeler avant tout que « *l'image pure* de toutes les quantités (*quantorum*) pour le sens extérieur est l'espace », comme si le schème du nombre (très nettement différent, insistons-y en passant, *des nombres* et *des formules numériques*[1]) ne devenait saisissable que pour qui en prolonge

1. Voir *Axiomes de l'intuition*, à la fin du développement. Barni, I, p. 221.

pour ainsi dire l'action *jusqu'en vue* de l'espace et des grandeurs discrètes ou continues où il se manifeste. Nous disons *jusqu'en vue de l'espace* et non point *jusqu'à l'espace*, parce que le schème, pour s'exprimer pleinement et dans toute son universalité, n'a point à *se construire* dans l'espace comme un concept mathématique, mais seulement à découvrir en quelque sorte sa destination, qui est de poser en une synthèse transcendantale toutes les conditions requises pour que deviennent possibles dans l'espace les constructions mathématiques. Et ainsi en est-il de tous les autres schèmes, schème de la qualité, produisant dans l'intuition nécessairement spatiale, la grandeur intensive, schème de la relation, réalisant la substance comme une *grandeur* constante, la relation des causes et des effets comme s'établissant entre *grandeurs* variables, la réciprocité d'action entre substances définies, schèmes de la modalité enfin, posant les conditions du possible, de l'existant et du nécessaire parmi les phénomènes déjà définis par les autres catégories comme objets d'expérience.

Bref si nous voulons saisir le schème inexprimable et lui donner une formule qui nous en montre l'universelle portée, relativement à la possibilité de toute expérience, nous devons jeter les yeux vers l'espace où s'accusent en images et se réalisent en concepts ces synthèses en action que sont les schèmes, non assurément pour leur enlever quoi que ce soit de leur originalité en tant qu'actes organisateurs de la connaissance, mais pour noter le sens de leurs déterminations propres par leurs résultats les plus caractéristiques. Où le schème de la *quantité*, ce schème que Kant appelle le nombre, mais qui ne lui apparaît que comme un mouvement d'addition successive de un à un, où ce schème manifeste-t-il, en somme, ce qu'il y a en lui de déterminations prochaines et universelles ? Il n'y a guère de doute possible : dans le tracé d'une courbe, laquelle devient par là même une grandeur mesurable, puis, ultérieurement et par le choix d'une unité arbitraire, dans la mesure de la grandeur, origine première des « formules numériques ». Dès lors, la formule qui représente le mieux le schème, et ce qu'il y a à la fois en lui d'universalité et de puissance déterminatrice, est celle-ci : Du point de vue de la quantité, il est impossible de concevoir une intuition quelconque qui, rapportée à l'unité de l'aperception transcendantale, n'apparaisse dans l'expérience comme une grandeur extensive : ou, en termes plus concis, qui sont les expressions mêmes de Kant : « toutes les intuitions sont des grandeurs extensives ». Cette formule, selon Kant, est le principe des « axiomes de l'intuition »; elle est plus qu'un *Grundsatz*; elle est le principe (*Princip*) de ces « Grundsätze » de la quantité qu'il désigne sous le nom d' « axiomes de l'intuition » : et si elle n'est point le schème, elle est du moins ce qui en exprime le mieux la puissance et le sens, en affirmant sa valeur pour la totalité de l'expérience possible.

Ce qui caractérise le « principe » dont nous venons de donner la formule, c'est qu'il n'est point par lui-même constructif, mais qu'il énonce la condition suprême qui rend *a priori* constructibles toutes nos intuitions, c'est-à-dire qui les fait tomber nécessairement et universellement sous l'application des mathématiques. Le mathématicien qui cherche ailleurs qu'en une catégorie de l'esprit, ailleurs par conséquent que dans l'unité originaire de l'aperception, les raisons de la docilité parfaite de la nature à l'application des mathématiques, ne les trouvera jamais : ou bien il les tire de l'expérience, ou bien il les demande à certaines « conventions » qu'il semble avoir le droit de prendre avec lui-même; mais il s'aperçoit tout le premier et il répète volontiers qu'il ne choisit ces « conventions » que pour les ajuster le mieux possible en fin de compte à l'expérience. Or il ne consent pas, et à la vérité il ne peut pas consentir à faire de la mathématique une science expérimentale. Pour avoir foi en l'application des constructions mathématiques à la totalité des phénomènes, il faut donc au préalable qu'il ait une garantie de l'universelle *mathématisation* de l'univers ; et cette universelle soumission de l'univers aux lois mathématiques, cette *Gesetzmässigkeit* fondamentale et primitive, c'est le « Je pense » qui la pose, sous les conditions du schème de la quantité, et c'est le *Grundsatz* qui l'énonce, à un moment logique du développement de la connaissance antérieur à la science, et indépendamment des variations et des fluctuations possibles des systèmes scientifiques.

Le schème de la *qualité* conduit de la même manière à un *Principe* dont nous aurons fait sentir l'importance capitale, lorsque nous aurons rappelé qu'il pose *a priori* la nécessité d'attribuer un degré d'intensité à toute sensation (*Empfindung*), par où précisément il lui donne un *objet*, et cela en chaque instant de la durée de cet objet et en chaque point de l'étendue qu'il occupe ; en sorte que le « Principe des anticipations de la perception » élève tout phénomène au rang d'une *grandeur intensive*, et fonde *a priori* la possibilité de le traiter comme tel par une application sans restriction de l'analyse infinitésimale. Au principe qui impose à toutes nos intuitions leur caractère de grandeurs extensives, Kant a donc ajouté un principe qui fait de leurs objets des grandeurs intensives et qui ouvre aux mathématiques le champ des spéculations par lesquelles elles ramènent, selon les vues de Leibnitz, à la force génératrice des éléments, la production même des grandeurs extensives (genèse analytique des courbes et des grandeurs).

On comprend à présent pourquoi Kant a donné aux deux principes des grandeurs extensives et des grandeurs intensives et, aux catégories correspondantes, le nom de *principes* et de *catégories mathématiques*. Il donne aux deux groupes suivants de *Grundsätze*, aux trois « analogies de l'expérience », et aux trois « postulats de la pensée empirique » le nom de *principes dynamiques*, non seulement parce qu'ils ne sont point constructifs, comme les principes proprement mathématiques, mais parce qu'aux phénomènes définis comme des grandeurs ils imposent des caractères qui dépassent le point de vue des pures mathématiques et qui les soumettent aux lois de la physique et de la mécanique.

A ce point de vue nouveau, les « analogies de l'expérience » sont remarquables par la sûreté et la solidité d'une construction spéculative qui n'a reçu des développements historiques de la science que des confirmations. La première analogie résulte de la détermination du temps comme permanent par la schématisation de la catégorie de la substance, et porte dans la critique le nom de « Principe de la permanence de la substance » (*Grundsatz der Beharrlichkeit der Substanz*) : la substantialité dont il s'agit ici ne peut être, cela va sans dire, que celle des phénomènes ; et Kant la définit comme ce qui, à travers tous leurs changements et leurs vicissitudes, demeure en eux en quantité constante. Le principe suivant, ou la seconde analogie de l'expérience (résultant de la détermination du temps comme succession), est le « principe de la succession dans le temps suivant la loi de la causalité » ; c'est le *Grundsatz* qui impose *a priori* à tous les phénomènes la détermination d'un ordre défini des places qu'ils occupent dans des séries successives, ordre sans lequel ils occuperaient dans ces séries des places indifférentes et ne pourraient constituer des « objets » d'expérience. Le principe de causalité en un mot impose à la nature des changements continus et conformes à des lois, comme le principe de la substance lui impose la condition de la permanence, ou de la continuation à l'infini dans la durée d'une grandeur invariante ou constante. Avec une admirable pénétration, Kant s'est attaché à établir que ce qu'il définit dans la nature comme la substance permanente n'est pas différent au fond de ce qui y est soumis à la loi d'un changement continu et ininterrompu ; ce qui change n'est autre chose que la substance même ; et, réciproquement, la substance est dans un état de perpétuel changement. Et la première condition en effet de l'objectivité du changement ou de sa conformité à des lois est qu'il y ait en lui quelque chose de constant par où il soit astreint à des limites précises, hors desquelles il ne serait qu'indétermination pure et échapperait à jamais aux prises de la science.

Au temps où Kant exposait dans la *Critique* le développement des *Grundsätze*, l'invariant qui correspond à la substance, et qu'il appelait la matière, lui paraissait trouver une réalisation objective dans le concept newtonien de la *masse*, tandis que le mouvement et ses lois dynamiques lui paraissaient répondre aux exigences du principe de causalité. Notons en passant, et sans y insister davantage, qu'une troisième analogie de l'expérience, dite « principe de l'action réciproque de toutes les substances, en tant qu'elles peuvent être perçues comme *simultanées* [1] dans l'espace » trouvait objectivement sa réalisation et son illustration dans la loi newtonienne de la gravitation universelle. Les trois « analogies » kantiennes posaient donc *a priori* des conditions universelles de la possibilité de l'expérience ou de l'intelligibilité de la nature que vérifiaient les concepts newtoniens de la masse, du mouvement, et de l'attraction universelle. On a dit d'ailleurs, et cela est absolument vrai, que la science newtonienne avait fourni à Kant les thèmes scientifiques, indispensables à la critique, d'où il avait induit, par la méthode de la réflexion, non seulement les principes de l'entendement pur, mais peut-être jusqu'au tableau des catégories elles-mêmes [2]. On ne peut nier cependant que les « analogies » ne dépassent parfois en précision les théories scientifiques qui leur servirent d'abord d'illustration.

A la notion de substance, par exemple, telle que la définit Kant, le concept de masse ne répond qu'assez mal : la masse est un invariant ; mais elle n'est pas cet invariant dont on peut dire ce que Kant disait de la substance, à savoir qu'elle est cela même qui change, et qui demeure en quantité constante sous les changements continus dont elle est plus que le support, dont elle est le sujet toujours le même et toujours différent. On ne saurait dire en effet

---

[1]. La simultanéité est la troisième détermination du temps.
[2]. Voir Hermann Cohen, *op. cit.*, chap. xii.

de la masse qu'elle est la substance du mouvement, mais simplement qu'elle est un invariant et un facteur parmi d'autres facteurs dynamiques du mouvement. Les progrès de la science nous semblent au contraire avoir donné à la définition kantienne de la substance une satisfaction complète que Kant assurément n'avait pas pu prévoir. La notion de l'énergie, dans l'énergétique contemporaine, répond en effet de tous points aux exigences du *Grundsatz* kantien : l'énergie est vraiment, comme on disait au xviie siècle, la quantité qui se conserve ; mais en même temps elle est ce qui subit de perpétuelles et incessantes transformations ; elle est ce qui persiste et à la fois se transforme, ce qui est toujours autre, et en même temps toujours le même ; et à sa substantialité parfaite elle doit sa valeur objective, à laquelle n'est nullement comparable la relativité de la masse, qui est un abstrait, et qui, comme on l'a montré, n'est concevable pour l'esprit que par la corrélation qui l'unit au concept de la force, relative comme elle.

De même ce n'est que d'une manière tout à fait approximative et presque inexacte que les lois ordinaires du mouvement illustrent dans la nature le « principe » de causalité. Le caractère essentiel de la causalité, d'après les développements de la « deuxième analogie », n'est pas équivoque un seul instant : c'est l' « irréversibilité » des séries phénoménales déterminées comme séries causales. Or le mouvement n'est nullement irréversible de sa nature, ainsi que l'ont prouvé les critiques récentes des doctrines strictement mécanistes. Au contraire les changements réels, qui tous se ramènent pour l'énergétique moderne aux variations dans un sens rigoureusement déterminé d'une ou de plusieurs formes de l'énergie universelle, sont définis par le physicien moderne comme irréversibles, et comme entièrement déterminés dans tous leurs éléments par la loi dite de la dégradation de l'énergie. Avant que l'énergétique eût établi ce second principe, personne, dit Ostwald [1], n'était

---

1. *Vorlesungen über Naturphilosophie*, Leipzig, 1902.

autorisé à affirmer que le temps fût incapable de remonter son cours, ou que le temps n'eût pas, comme disent les mathématiciens, deux sens indifférents et opposés. Depuis que nous connaissons la seconde loi de la thermodynamique, cette conception du temps (ou plutôt de la succession des événements dans le temps) nous est interdite : et il n'y a qu'un sens dans lequel il soit légitime de concevoir que s'accomplissent dans la durée toutes les permutations des phénomènes, c'est le sens que définit et détermine dans tous les cas possibles la loi de Clausius : « l'entropie de l'univers tend vers un maximum [1] ».

Nous n'essaierons pas de montrer comment la « troisième analogie de l'expérience » trouverait une illustration du même genre dans les lois qui règlent les variations corrélatives des différentes formes de l'énergie et qui constituent entre elles une véritable « *Gemeinschaft* » et une « action réciproque ». Nous renonçons de même, pour ne point donner à cette étude un développement excessif, à exposer les « principes » déduits des catégories de la modalité, d'autant plus que ces principes, selon la remarque de Kant, n'ajoutent aux phénomènes aucune détermination nouvelle et objective, mais marquent seulement, dans les trois « postulats empiriques » de la *possibilité*, de l'*existence* et de la *nécessité*, leur rapport à notre faculté de connaître.

Mais n'est-il point tout à fait remarquable que les deux premières « analogies de l'expérience », conçues assurément par l'auteur de la *Critique* sans la moindre notion de progrès lointains et impossibles à prévoir, aient trouvé leur expression la plus parfaite non dans la science newtonienne qui les avait inspirées, mais dans les deux lois de la thermo-dynamique qui sont à l'heure actuelle les principes suprêmes de la physique tout entière ?

---

1. Lasswitz est le premier, à notre connaissance, qui ait établi ces rapports des lois de l'énergétique avec les « analogies de l'expérience », dans un remarquable article des *Philosophische Monatshefte*, 1893, vol. XXIX. pp. 1-30, et 177-197.

IV

Lorsqu'on réfléchit à la genèse des « principes de l'entendement pur », telle que nous l'avons exposée à partir des catégories et des schèmes, on se rend compte qu'il existe un rapport singulièrement étroit entre ces principes, désignés dans la langue kantienne par le terme précis de *Grundsätze*, et les propositions que les savants appellent de leur côté les principes de la science, mais que pourtant les uns et les autres appartiennent à deux moments et même à deux ordres très distincts de la connaissance humaine. L'illusion, et l'on oserait presque dire le préjugé d'un très grand nombre de savants est de croire que tous les principes dérivent de l'expérience, et qu'ils s'en tirent par une sorte d'abstraction et de généralisation croissantes, alors même que la pénétration graduelle des concepts mathématiques dans le domaine des sciences de la nature devrait les mettre en garde contre ce qu'une telle thèse renferme d'artificiel et de précaire. La question en revanche que ces savants ne se posent jamais est précisément de savoir s'il y a une expérience qui puisse servir de fondement à la science, et, avant tout, comment une telle expérience est possible. De là leur embarras, lorsque par un souci logique très légitime et en même temps très salutaire, ils s'efforcent de justifier les hypothèses sur lesquelles repose l'édifice de la science.

La conclusion à laquelle ils arrivent est que les principes fondamentaux de la science, en partie suggérés par l'expérience, et en partie repris et élaborés par l'analyse mathématique qui leur donne une valeur tout au moins provisoire, renferment tous, si on les prend à la rigueur, quelque chose d'arbitraire, qu'ils tiennent de la liberté de nos définitions, et qu'il y a pourtant en eux une âme de vérité par où nous avons le sentiment très vif qu'ils ne recevront jamais de démenti formel de l'expérience. Mais au fond, nous n'avons pas plus le droit de tenir ce sentiment pour une garantie de la confirmation constante de nos hypothèses dans l'avenir, que nous n'avons celui de prendre confiance en elles par la simple raison qu'elles ont revêtu, selon une vue chère aux mathématiciens et aux physiciens, la forme d'un système d'équations différentielles.

Le problème capital que personne, en définitive, ne saurait éluder est de savoir s'il y a une expérience, c'est-à-dire une nature, et comment nous sommes autorisés à penser que des formules d'un caractère universel et par conséquent *non empirique*, telles que nos équations différentielles ou que nos hypothèses mécaniques et physiques, soient le moyen le plus sûr, disons mieux, soient l'unique moyen de conférer à notre science la seule forme de certitude que nous puissions souhaiter.

La solution que les anciens donnaient à ce problème est notoirement insuffisante : ils supposaient que les principes du connaître sont identiques aux principes de l'être ; mais somme toute il était impossible de le *prouver* autrement qu'en l'*éprouvant*, et l'épreuve ne pouvait être faite que par une science achevée qui n'eût pas trouvé sa garantie dans le principe invoqué, mais qui tout au contraire eût été exigible pour lui servir de garantie : le dogmatisme dévoile ainsi ce qu'il y a en lui d'empirisme latent et ce qui le rend radicalement incapable de légitimer la connaissance humaine.

L'effort des savants modernes s'est, au contraire, constamment orienté depuis le xvie siècle dans une direction toute différente ; par un instinct très sûr, ils ont eu l'intuition que les concepts en apparence les plus éloignés de la réalité sensible, et par là même les plus voisins de l'esprit et les plus élevés dans l'ordre de l'idéalité, étaient cependant les seuls qui fussent en état de rendre compte des choses, et de constituer de ces choses une science ayant le double caractère de l'exactitude et de la certitude. Mais il fallait alors que les choses, ou que les objets de nos perceptions eussent, en tant qu'*objets*, la même origine et les mêmes conditions que les concepts apodictiques qui s'étaient seuls montrés dans l'histoire en état de produire la science de ces objets. Il fallait, en un mot, découvrir dans l'esprit, ou, selon l'expression propre de Kant, dans le moi pur et dans ses formes constitutives, les conditions suprêmes d'une *Gesetzmässigkeit* qui donne tout à la fois aux choses une objectivité, et à la science une prise sur ces choses. Or ce sont les « principes de l'entendement pur » qui jouent ce double rôle. Ce qu'ils donnent à la nature, au sens strict du mot, ce ne sont point des lois ; il entre en effet dans la loi des données empiriques venues de l'intuition ; mais ce qu'ils lui imposent, avant toute intuition, ce sont des règles, c'est la nécessité, posée *a priori*, de n'entrer en rapport avec notre conscience et de ne conquérir une objectivité que par sa conformité générale à des règles, règles que précisément ces principes exposent dans leur forme pure et dans toute leur universalité, sans mélange d'intuition. Si tous les phénomènes n'étaient astreints, par ces règles, à n'entrer dans la représentation que comme des grandeurs extensives et intensives, nul n'aurait le droit de penser ni même d'espérer que l'analyse mathématique leur soit universellement applicable ; et de même s'ils n'étaient soumis *a priori* à une condition de *constance* et en même temps de *variabilité réglée* dans la succession, en vain notre physique chercherait-elle à établir, par une preuve de fait, la valeur de principes qui dépassent la portée de toutes les expériences.

De la science, il est donc incontestablement vrai qu'elle a dans les « principes de l'entendement pur » une garantie de sa portée universelle, et de la certitude qu'elle possède de découvrir des lois dans une nature ayant reçu d'abord de la conscience ce caractère d'être « conforme à des lois » (*gesetzmässig*). Mais de plus il va de soi qu'elle tient des mêmes « principes », et, à travers eux, des schèmes qu'elle réalise en ses définitions premières, ses postulats, et ses grandes hypothèses, les procédés et les méthodes qui explorent en tous sens cette nature « soumise à des lois », et qui dégagent celles-ci en des systèmes de plus en plus riches et de plus en plus parfaits par un double mouvement de construction mathématique et de vérification expérimentale. Et c'est généralement au rôle qu'ils jouent comme règles suprêmes de la science qu'on a surtout songé, lorsqu'on a voulu définir leur fonction dans l'œuvre de la connaissance. Rien ne serait plus faux pourtant que d'en faire des principes, distincts seulement des principes de la science par un degré plus haut de généralité, ou tels encore qu'ils seraient comme des prémisses d'où les autres suivraient comme des conclusions. Les savants n'auraient alors que trop raison d'opposer aux prétentions de ces principes immuables les variations des formes de leurs principes à eux, attestés par l'histoire. Mais ce qu'il faut comprendre, c'est qu'il n'y a d'immuable que les lois de l'esprit, qui ne rendent nullement impossibles, mais qui tout au contraire appellent et justifient la vie et le devenir des principes de la science. Ce qu'exige par exemple le *Grundsatz* de la substance, ce n'est nullement, on l'a vu plus haut, la nécessité pour la science d'identifier la *masse*, comme elle l'a fait à une certaine époque, nous allions dire à la *matière*, contentons-nous de dire, tant cette confusion est encore habituelle, à la substantialité objective des phénomènes ; ce n'est pas davantage, quoique la corrélation des deux termes soit infiniment plus parfaite, celle de proclamer la notion de l'énergie comme l'unique notion qui puisse y satisfaire ; c'est simplement, pour la science, la nécessité de reconnaître dans la nature une *constante objective*, à laquelle d'ailleurs ses progrès indéfinis donneront dans l'avenir l'expression à la fois intellectuelle et sensible qu'elle jugera la meilleure. Et de même en est-il de la causalité ; en disant après Ostwald qu'elle trouve dans la seconde loi de la thermo-dynamique son expression actuellement la plus appropriée, nous n'avons nullement entendu qu'elle se confondît avec cette loi, ni que la science ne dût jamais remplacer cette dernière par une loi plus parfaite. Mais ce que nous avons voulu dire, c'est que la mobilité et la relativité mêmes de la science ne devenaient légitimes, en laissant sauve sa certitude, que par la reconnaissance des lois fondamentales de l'esprit qui règlent ces mouvements et les contiennent, malgré tout, en des limites précises.

V

Après la large et scrupuleuse enquête à laquelle les savants, surtout les mathématiciens, avec une probité scientifique qui leur fait le plus grand honneur, se sont livrés depuis un siècle sur la valeur des principes de la science, ce qui semble surtout les avoir frappés, c'est ce qu'il entre de choix, de liberté, ou, comme ils disent volontiers, de *convention* dans les définitions premières ou dans les hypothèses. Quant aux raisons qui fixent ce choix et qui le modifient au cours de l'histoire, ils ne manquent pas de les apercevoir dans l'extension indéfinie et la fécondité inépuisable de l'expérience sensible ; mais ils les voient aussi dans l'effort spontané et continu de l'esprit non seulement pour adapter ses concepts à des richesses sans cesse renouvelées, mais encore pour les affirmer, pour les préciser, pour leur donner une unité toujours plus haute et plus compréhensive.

La conclusion qu'ils tirent de ces observations est d'ordinaire une conclusion sceptique. Quelques-uns ont fait de la science une œuvre d'art, merveilleusement organisée dans toutes ses parties, mais fausse, fausse par le caractère arbitraire des conventions initiales, et fausse par l'écart qui subsistera toujours entre la rigueur même des lois et la souplesse infinie des faits. A cette œuvre ils travaillent cependant pour deux raisons qui d'ordinaire ne vont point ensemble : d'abord parce qu'elle est esthétiquement belle ; ensuite parce que ses approximations de la réalité, quoique grossières, sont toutefois suffisantes pour servir à la satisfaction des besoins du genre humain.

D'autres, très éloignés de ce dilettantisme utilitaire, se consolent de la perte des certitudes absolues de la science par le spectacle que s'y donne l'esprit de ses ressources infinies et de sa puissance. S'ils faisaient un pas de plus, le conflit qui amuse leur scepticisme, au fond très voisin d'une attitude critique, et qui s'élève entre le caractère purement conventionnel des principes et leur prétention à une certitude au moins très approchée, se résoudrait de lui-même : il suffirait d'admettre en effet que l'esprit ne porte point en lui et ne trouve nulle part, ni dans un monde sensible ni dans un monde intelligible, le modèle tout achevé d'une science qui reste à faire ; et rien ne serait plus simple alors que de comprendre l'autonomie et le progrès de l'œuvre de la science, et même ce qu'on a appelé la plasticité infinie de notre intelligence. Mais à moins que la science ne soit qu'un jeu et la vérité scientifique qu'un mot, encore faut-il supposer que cette intelligence contient en soi les conditions formelles et les limites de ses démarches essentielles.

Kant, en déduisant des catégories les « principes de l'entendement pur », n'a énoncé rien de plus que de telles conditions et il a affirmé plus d'une fois que la carrière s'ouvrait indéfinie et libre devant notre science indéfiniment perfectible ; c'est ce qu'il exprimait notamment dans les *Prolégomènes* en disant qu'elle avait des « bornes », mais qu'elle n'avait point de « limites »[1]. Au fond, les savants d'aujourd'hui sont-ils si loin de sa pensée, lorsque l'un des plus éminents d'entre eux, faisant la critique de l'énergétique moderne, réclame du moins pour la possibi-

---

1. *Prolégomènes*, partie III, § 57. Par le mot « bornes », en allemand *Schranken*, Kant désigne la ligne de séparation du monde phénoménal et du monde nouménal, que les mathématiques et la physique ne sauraient franchir. Mais dans le champ phénoménal leur extension et leurs progrès sont « sans limites », *ohne Grenzen*. Quelques lignes plus haut, nous avons employé nous-même le mot « limites » dans un sens plutôt voisin de celui du mot « bornes » employé par Kant. Nous le faisons remarquer pour éviter toute équivoque. Mais le sens où nous avons pris le mot « limites » est rendu parfaitement clair par le contexte.

lité de la science la nécessité de reconnaître dans les choses « quelque chose qui demeure constant »[1], ou lorsque, s'élevant aux sources les plus hautes de la connaissance mathématique, il attribue à l'idée de « groupe », virtuellement contenue dans toute conscience humaine[2], le rôle que le vieux Kant se contentait de confier au simple « schème » du nombre ?

[1]. Henri Poincaré, *La science et l'hypothèse*, p. 153 : « Il ne nous reste plus qu'un énoncé pour le principe de la conservation de l'énergie : *il y a quelque chose qui demeure constant*. Sous cette forme il se trouve à son tour hors des atteintes de l'expérience et se réduit à une sorte de tautologie. Il est clair que si le monde est gouverné par des lois, il y aura des quantités qui demeureront constantes. » Voir encore p. 158.

[2]. Id., *ibid.*, p. 90. Voici les propres paroles de M. Poincaré : « Ce qui est l'objet de la géométrie, c'est l'étude d'un « groupe » particulier ; mais le concept général de groupe préexiste dans notre esprit au moins en puissance. Il s'impose à nous, non comme forme de notre sensibilité, mais comme forme de notre entendement. »

UN
NOUVEL ORGANE DU NÉO-CRITICISME [1]

L'ANNÉE PHILOSOPHIQUE (1890) [2]

I

Les lecteurs de la *Revue du Siècle* qui s'intéressent aux choses de la philosophie apprendront certainement avec satisfaction l'apparition d'un livre destiné, sans nul doute, dans l'esprit de ses auteurs, à remplacer chez nous une Revue regrettée et à y continuer l'action que, vingt années durant, elle a incontestablement exercée sur le mouvement et le développement des idées générales.

En faisant suite à la *Critique philosophique*, l'*Année philosophique* ne fait que retourner à la première forme d'une publication où se sont agités tous les problèmes, débattues toutes les théories de la pensée contemporaine, et où surtout s'est remarquablement développée et défendue la doctrine des *Essais de critique générale*. Jamais peut-être Revue plus active et plus nettement orientée ne fut mise au service d'un système plus solidement lié et plus définitivement arrêté dans ses grandes lignes, et la philosophie française eût certainement perdu à sa disparition

---

[1]. Article publié dans la *Revue du Siècle*, Lyon, et daté du 17 décembre 1891.
[2]. Publiée sous la direction de M. F. Pillon, ancien rédacteur de la *Critique philosophique*, Paris, Alcan, 1891.

un de ses guides les plus autorisés, en même temps qu'un critique pénétrant et un juge sévère de ses productions de toutes sortes.

Publiée tous les ans, l'*Année philosophique*, à en juger par l'exemplaire de 1890, se propose de reprendre ce double rôle qui ne fut peut-être jamais rempli d'une manière plus brillante et plus féconde tout à la fois que dans cette feuille hebdomadaire [1], tant regrettée des fidèles du *néo-criticisme*, où les deux hommes qui la rédigeaient ont mis l'un son originalité puissante de philosophe et d'inventeur, l'autre toute la souplesse et la clarté d'un talent né pour la dialectique, tous les deux leur foi robuste dans la puissance d'une propagande destinée à renouveler, par la philosophie, nos principes littéraires, politiques et religieux. Et pour le jouer de nouveau, l'*Année philosophique* n'imaginera jamais rien qui puisse remplacer ce compte rendu des livres parus en langue française, où l'on ne sait vraiment ce qu'il faut le plus admirer, de la patience attentive et de la sincérité de l'analyse, de l'art de découvrir et de mettre en relief les parties essentielles et les idées vraiment originales, ou de la sûreté d'une critique qui sait ce qu'elle veut, où elle va, et surtout d'où elle vient. Pour un système qui tend à vivre, à s'imposer à l'attention, à la discussion et même à la croyance, qui, en un mot, rêve avant tout de diriger, par une forme nouvelle de la spéculation, la pratique politique, sociale et religieuse, c'est un moyen d'action d'une efficacité sans pareille que ce jugement porté sur toutes les œuvres de philosophie théorique, morale et sociologique, où s'affirme en tous sens et la précision et la valeur compréhensive de tout un corps de doctrines. Et inversement, pour qui veut apprécier à leur juste valeur tant de livres d'origine et d'inspiration diverses, c'est une base merveilleusement solide pour la critique qu'un ensemble de principes définitivement arrêtés, d'où l'on part pour juger les solutions

---

1. La *Critique philosophique*, jusqu'en janvier 1885, paraissait chaque semaine.

apportées à des problèmes qui de près ou de loin s'y rattachent et qu'on a soi-même résolus ou au moins pressentis.

En un temps comme le nôtre de critique subjective, d'*impressionnisme* littéraire et de dilettantisme, c'est chose plus rare qu'on ne pense, même en philosophie, même dans ce domaine après tout scientifique où il s'agit encore de discerner la vérité de l'erreur, que d'avoir une doctrine ou tout au moins de s'en souvenir au moment de juger, comme disait La Bruyère, les « ouvrages de l'esprit ».

Or, de leur doctrine, nul, croyons-nous, ne reprochera aux néo-criticistes de ne se point souvenir, et nul non plus n'aura le droit de s'en plaindre en songeant à ce qu'elle donne de force et de clarté à cette maîtresse exposition, due à M. Pillon, des œuvres philosophiques publiées en France dans le cours d'une année. Exprimons seulement le vœu qu'à côté de ce tableau remarquablement exact du mouvement des idées dans notre pays, dans lequel rentre tout naturellement l'intéressante et sérieuse étude de M. Dauriac sur un livre de Guyau, l'*Année philosophique* puisse placer à l'avenir celui du mouvement des idées à l'étranger et notamment en Angleterre et en Allemagne. Le service qu'elle rendrait ainsi à tous ceux qui s'occupent de philosophie serait inappréciable et lui vaudrait dans leurs bibliothèques une place assurée.

On peut donc dire de la critique des livres, telle qu'elle nous est offerte dans l'*Année philosophique*, qu'elle est au premier chef la manifestation et comme la mise en œuvre d'une doctrine éprouvée ; et pour mieux affirmer encore ce caractère, les auteurs ont tenu à la faire précéder de deux études profondes, où se trouvent reprises deux des thèses essentielles de leur philosophie ; thèses favorites, qu'ils ont déjà plus d'une fois défendues et qui sont liées entre elles comme deux résultats d'un seul et même problème, mais thèses d'une extrême importance qui ne vont à rien de moins qu'à accuser le caractère absurde et contradictoire d'un Dieu qui serait une *substance* ou bien d'un Dieu qui serait *infini*.

Nous ne saurions trop vivement engager le lecteur qu'intéresse le problème de l'infini divin, à lire les pages, si séduisantes par la clarté et la profondeur, qu'y consacre M. Pillon en reprenant l'examen de la thèse cartésienne. Mais, pour le remettre par avance en pays connu, nous lui demandons de nous suivre un moment dans l'examen de quelques points de l'article de M. Renouvier [1], où on trouvera la clef du livre tout entier, sinon celle du système dont il est le créateur.

II

M. Renouvier n'est pas seulement un disciple de Kant; il est aussi, et peut-être pourrait-on dire qu'il est surtout un disciple de Hume. Non, à coup sûr, qu'aux *impressions* et aux *idées* du philosophe écossais, ou bien en d'autres termes aux séries de *sensations* et aux séries d'*images* issues des sensations, il n'ait cru nécessaire d'ajouter, comme Kant, l'intervention, dans l'acte de penser, d'une conscience qui pense et qui lie ses pensées en vertu de ses lois propres, en vertu de ses formes constitutives et de ses *catégories*.

Mais, à y regarder de près, peut-être y a-t-il loin des relations jetées comme du dehors par les catégories de M. Renouvier entre les phénomènes, aux synthèses puissantes de la *Logique* kantienne qui poussent si avant leurs déterminations dans l'intuition sensible, qu'elles la pénètrent tout entière et qu'elles la transforment d'une manière radicale en en faisant la connaissance. De là vient, semble-t-il, qu'il a si facilement renoncé à cette distinction de la sensibilité et de l'entendement, qui est toute la *Critique de la raison pure*, et qu'il a cru pouvoir mettre sur un même

---

1. De l'accord des doctrines phénoménistes avec les doctrines de la création et de la réalité de la nature.

plan et les *intuitions pures* de l'Espace et du Temps, et les *Catégories*.

Pour M. Renouvier la connaissance en somme n'a que deux éléments : l'élément sensation, phénomène donné, comme représentation, une fois pour toutes dans la conscience, quoique pourtant susceptible d'entrer dans des combinaisons multiples, et l'élément liaison, espace, temps, cause, quantité, qualité, liaison *a priori* si l'on veut et catégorie, mais catégorie qui pose entre les termes des relations extérieures, qui les unit sans les déterminer, et qui rappelle plus l'*association habituelle* de Hume que l'*aperception transcendantale* de Kant.

Quoi qu'il en soit de ce point délicat, et le fût-il comme Hume plutôt que comme Kant, M. Renouvier est un *phénoméniste*, en ce sens qu'il refuse toute réalité à ce qui ne tombe point sous les prises directes de notre connaissance, à ce qui est et demeure inconnu ou inconnaissable, à tout ce qui n'est point *représenté* ou susceptible de l'être dans la conscience, en un mot à ce qui n'est point *phénomène* ou *relation entre les phénomènes*.

Ce principe accepté, il est clair que pour M. Renouvier, comme pour Hamilton, l'absolu n'est qu'un mot, et un mot vide de sens, puisqu'il faudrait à tout le moins, pour avoir une raison de supposer qu'il est, qu'il pût être pensé, et puisqu'en le soumettant aux conditions et relations de la pensée, on ne pourrait aboutir qu'à détruire sa nature, qui est, par définition même, d'échapper à toute relation et à toute condition. Et du même coup se trouvent exclues du champ de la connaissance possible, et conséquemment aussi du champ de la réalité, toutes ces idoles de l'ancienne ontologie, substance, cause première ou substantielle, cause métaphysique, situées hors du domaine de la représentation possible, et pourtant existantes, qui, à y bien regarder, n'étaient que les produits de l'humaine abstraction, mais où notre illusion persistait à chercher non pas seulement des êtres, mais l'*être* en soi et l'être véritable.

Mais alors, sauf les phénomènes, et encore pris au sens

du scepticisme antique, c'est-à-dire ramenés à notre angle visuel, aux relations et aux transformations que leur impose le sujet connaissant, sauf en un mot les représentations de la conscience individuelle qui, comme on l'a souvent et justement remarqué, ne peut sortir d'elle-même, existe-t-il encore une réalité ? Peut-il exister ou pouvons-nous être sûrs qu'il existe, hors de nous, une chose telle qu'un autre homme, ou qu'un corps, ou qu'un monde ?

Et quand on accorderait au phénomène une telle prépondérance, au point de le détacher de tout lien substantiel, comment croire à la stabilité de la nature, ou même à l'existence ou à la persistance d'une seule de ses lois, quand rien n'est si mobile, si fuyant, si changeant qu'un phénomène, et quand, au-dessus de lui, rien ne peut garantir ni le retour ni l'ordre de ses apparitions ?

Non seulement donc le phénoménisme semble bien comporter toutes les conséquences d'un idéalisme immodéré qui nous condamnerait à l'isolement moral, tant redouté de Reid, et qui nous séparerait du monde, en contraignant le monde à tenir dans les limites de la représentation ; mais alors même que la spéculation prétendrait se contenter des données subjectives de la représentation, en dehors de laquelle après tout nous ne pouvons prouver que nous saisissions rien, qu'adviendrait-il d'une science de la nature qui ne saurait pas même s'il existe une nature et qui peut-être poursuivrait en vain la recherche des lois là où il n'est pas sûr qu'il existe des lois ?

Puis, en dehors de la garantie de la stabilité du monde, que la métaphysique demandait autrefois à l'existence de substances immuables sous le flux incessant des phénomènes, la conscience morale et la conscience religieuse en réclamaient une autre qui assurât un sens à leurs aspirations, une fin à leurs efforts et un objet à leur adoration. Où les trouver dans le phénoménisme ? En quels phénomènes ou plutôt en quelle suite, quel arrangement, quelle harmonie de phénomènes chercher l'unité du monde, l'unité et la personnalité divines de son principe, et surtout l'unité, la personnalité et l'immortalité des âmes qui s'y suspendent comme à leur origine et comme au terme de leurs espérances ?

Les bases du phénoménisme paraissent donc singulièrement étroites et fragiles pour qui tenterait malgré tout d'y élever ou l'édifice de la nature et de la science, ou l'édifice moral ; et peut-être lui manque-t-il pour cela justement ce qu'il nie, à savoir l'absolu, l'absolu réalisé en Dieu, créateur et garant de l'unité du monde et de la loi morale, et l'absolu réalisé ou du moins reflété dans les substances secondes qui peuplent la nature et dans les âmes ou substances immortelles et pensantes du monde des esprits !

Ainsi, à première vue, on serait tenté de soutenir qu'accorder l'existence aux seuls phénomènes et la refuser à la substance, c'est se mettre hors d'état d'établir solidement et la croyance en Dieu et la croyance en la réalité de la nature. L'originalité de M. Renouvier consiste précisément à soutenir le contraire, et à prétendre que le substantialisme serait aussi funeste à cette double croyance que le phénoménisme, entendu comme il faut, est apte à lui servir de base inébranlable.

Nous ne ferons point revenir le lecteur, tant soit peu au courant des critiques si souvent dirigées par M. Renouvier contre la notion de substance, sur toutes les discussions à l'aide desquelles il tente une fois de plus d'en démontrer théoriquement aussi bien qu'historiquement toutes les contradictions internes ; contentons-nous, pour être bref et pour passer plus vite à l'examen de la thèse qui lui est chère, de rappeler quelques-unes des conséquences inacceptables de tout substantialisme.

Et d'abord est-il vrai, comme on l'entend soutenir, que la présence d'une substance soit requise pour justifier notre attente générale, condition de toute science, dans la reproduction régulière des mêmes faits dans les mêmes circonstances ? Et, par exemple, sans la garantie d'une substance immuable, perdrions-nous toute assurance dans la suite ordonnée et prédéterminée de tous les phénomènes qui constituent dans le temps et dans l'espace l'existence d'un objet, d'une fleur, d'un organisme ou d'une âme pensante ? Mais, comme le démontre profondément l'auteur, ou la substance à chaque instant s'exprime d'une manière adéquate dans les faits qui en sont la manifestation, et dans ce premier cas qu'est-elle en dehors d'eux et qu'est-elle de plus que leur somme ou que leur synthèse ? ou bien si l'on conçoit qu'elle reste immodifiée et comme indifférente au-dessus des phénomènes, comment imaginer qu'elle s'y trouve rattachée par un rapport quelconque, qu'elle en domine et dirige le cours, ou simplement qu'elle s'y manifeste ? De deux choses l'une : ou la substance inerte est un terme transcendant qui reste sans relation avec les phénomènes, ou elle n'est rien qu'une abstraction, qu'un mot pour désigner la suite et la synthèse des seules choses réelles que l'expérience atteigne, les faits et leurs rapports. Puis quand on accorderait qu'en vertu de relations qu'on ne peut définir, elle puisse exercer sur les faits qui se succèdent une action véritable, où voit-on dans sa notion rien qui l'oblige à répéter le passé dans l'avenir, rien qui retienne en des limites précises son activité productrice ou même qui l'astreigne à des limites quelconques ? Confier à la substance, dont la notion rappelle à tout le moins celle d'une activité créatrice des phénomènes, la garantie de la stabilité de ces mêmes phénomènes, c'est donc la lui prêter d'une façon gratuite, et c'est de plus tomber dans un cercle vicieux, quand la seule bonne raison qu'on en puisse donner ne saurait venir d'ailleurs que de l'observation de la suite régulière des phénomènes eux-mêmes.

Mais il y a plus : si le rôle de chaque substance individuelle ou, comme on dit encore, de chaque substance seconde, est d'assurer l'ordre constant et l'unité des manifestations phénoménales en chaque individu, chaque unité, chaque harmonie individuelle n'est-elle point à son tour un élément particulier d'une unité, d'une harmonie plus haute, celle d'un monde, d'un Cosmos où tout est conspirant, et où partout s'affirme la subordination à l'unité suprême des unités partielles ?

Et comment la substance ne serait-elle point ici, comme elle l'est en bas, la garantie d'un ordre général et d'une stabilité du monde qui, pour le moins, importe autant que la stabilité de la vie d'une espèce ou d'un individu ?

Malheureusement, si par de telles voies le substantialisme nous ouvre des horizons sur la nature et l'unité d'un Dieu qui puisse présider aux destinées du monde, on va voir qu'il l'empêche du même coup et d'une manière radicale d'être le Dieu du sage et du croyant par la confusion à laquelle il conduit nécessairement du monde en Dieu ou de Dieu dans le monde.

C'est qu'en effet il existe une logique du substantialisme, logique dont les conséquences ont été déduites dès l'antiquité par l'école d'Elée, et on ne saurait jamais, quoi qu'on fasse, s'y soustraire entièrement. Or il se peut qu'on réalise en une substance divine, qu'on garantisse en l'y réalisant et qu'on s'efforce de placer au-dessus de toute atteinte l'ordre suprême et l'unité des choses ; mais que vont devenir les substances particulières ? Substance, en somme, ne peut rien vouloir dire que ce qui est en soi, que ce qui, dépendant de soi et de soi seul, possède en soi la cause suffisante de toutes ses modifications, et qui dépend si peu de ces modifications mêmes qu'il demeure identique et vraiment immuable à travers la durée. Dès lors, comment faire dépendre d'une substance suprême, dans l'harmonie de l'univers, toutes ces substances individuelles qui, par définition, ne dépendent que d'elles-mêmes ? Ou Dieu sur elles n'a point d'action, n'exerce, comme disait Malebranche, aucune « efficace », et la séparation des substances entre elles et par rapport à Dieu s'accuse si profonde qu'elles constituent autant d'unités isolées ; ou il en a trop, car dès qu'on ouvre à la substance, pour rappeler le mot de Leibnitz, une « fenêtre » par où se transmet son action sur les autres ou l'action des autres sur elle, c'en est fait de ce qui constituait justement la substance, de son indépendance, de son identité à travers la durée et, en un mot, de ses limites.

L'être est, disait le vieux Parménide ; d'où il suit, disait-il encore, qu'il est un, n'ayant d'autre contraire que le non-être, mais étant en revanche partout et toujours identique à l'être. Et ainsi en va-t-il aussi de la substance, être suprême en qui s'absorbent et se confondent toutes les formes de l'être, ou être qui persiste, en restant identique, dans son indépendance. Entre ces deux alternatives, l'isolement radical de toutes les substances ou leur confusion, la métaphysique substantialiste qui voulait avant tout rendre compte de l'unité et de l'harmonie des choses, n'avait guère le choix ; et dans son remarquable, mais stérile effort pour distinguer, en les hiérarchisant, la substance première et les substances secondes, il faut convenir qu'elle aboutit de toutes parts à des contradictions : contradiction d'une substance suprême, d'où, en somme, tout émane et où tout se confond, et d'un Dieu créateur, qu'on prétend distinguer de toutes ses créatures ; contradiction d'une liberté qu'on reconnaît à l'homme et d'un Dieu omniscient et omniprévoyant ; contradiction, qui résume toutes les autres, d'une substance immuable, éternelle et immense dont tous les caractères répugnent à ceux d'une personne, et d'un Dieu personnel, vivant, quoique immuable, attentif aux actions des hommes, quoique éternel, et distinct, quoique immense, d'un monde dont pourtant l'étendue, finie ou infinie, ne peut faire partie de son immensité.

Ainsi, tandis que le dernier mot de tout substantialisme est ou bien l'atomisme ou bien le panthéisme, ou la doctrine qui exclut Dieu du monde, ou la doctrine qui confond tout en Dieu, la substance n'a même pas en revanche l'avantage d'assurer l'existence et la stabilité du monde. Soit en effet qu'en elle on considère ou son indifférence à des modifications qui ne l'affectent point, ou sa puissance créatrice des faits dont la suite constitue notre univers sensible, indifférence et création n'impliquent ni l'une ni l'autre l'obéissance à des lois fixes qui seules garantiraient une telle stabilité, mais impliquent, à tout prendre, bien plutôt le contraire ; en sorte que le phénoménisme, entendu comme il faut, reprend sans peine sur le substantialisme de sérieux avantages et donne la solution dont ce dernier est en définitive tout à fait incapable.

C'est, en effet, ne rien comprendre au vrai phénoménisme que d'y voir une doctrine qui prétendrait réduire l'existence du monde à la pure addition de faits sans consistance, de phénomènes qui se succéderaient sans liaison et sans ordre, et qui passeraient sans rien laisser d'eux-mêmes dans la suite des temps. Un tel phénoménisme n'est pas même celui des sceptiques anciens ou de Protagoras, et on peut dire qu'il méconnaîtrait la nature du phénomène lui-même. De fait, un phénomène implique toujours rapport et relation, et relation à son tour implique loi, c'est-à-dire constance et régularité. Quelles que soient en effet les conditions extérieures à nous-mêmes de la représentation des choses dans la conscience, soit que ces conditions existent réellement, comme le croyait Kant qui les réunissait sous le nom de *choses en soi*, soit qu'elles n'existent point, le vrai phénomène, le seul en somme qui nous soit accessible, n'est rien et ne peut rien être que cette *représentation* même, que l'état de conscience ou que la sensation. Fussions-nous substantialistes, et eussions-nous la foi en une réalité correspondante, en une modification des substances réelles qui s'y trouverait représentée, que de cette réalité et de cette modification nous ne saisirions rien que la représentation dont nous avons conscience et que la sensation. Il ne sert donc de rien de faire de vains efforts pour s'avancer au-delà et pour la dépasser.

Or, il est tellement absurde de parler d'un phénomène qui passe et qui se perd toujours dès qu'il a disparu, qu'il n'est même point concevable qu'un tel phénomène pût être représenté en une conscience quelconque. M. Renouvier, après M. Spencer, après Hobbes, l'a montré mieux que personne : sentir, non pas peut-être au sens affectif du mot, mais au sens où la sensation est déjà connaissance, c'est saisir le contraste ; c'est, dans la continuité, saisir la différence ; car la continuité toute seule ne serait point sentie : *sentire semper idem et nihil sentire, ad idem recidunt.*

En somme et avec précision, que saisissons-nous donc et que nous représentons-nous sous le nom de phénomène, sinon les différences qui s'accusent en lui, non pas assez tranchées toutefois pour qu'elles ne puissent entrer dans une même conscience, sinon dès lors l'opposition dans la ressemblance, ou la ressemblance qui fait l'unité de la conscience sous une opposition et sous des différences qui sont la condition de toute sensation? En sorte que sentir c'est comparer, et c'est retenir le fruit de toute comparaison, à savoir ici le trait commun, le trait général, le trait fixe et constant par où les éléments d'un phénomène unique s'agrègent et s'unifient pour constituer l'objet d'une représentation. Et ce qui est vrai d'un phénomène unique, si tant est qu'il existe de telles unités aux limites précises, l'est au même titre des séries de phénomènes qui prétendent à entrer dans une même conscience : ce que nous en appréhendons, ce que nous en connaissons, c'est ce par quoi ils s'unifient, par quoi ils se lient et s'assemblent, et ce sont en un mot leurs ressemblances et leurs rapports.

Puis comme, après tout, rien n'est plus faux que la supposition de phénomènes déjà pourvus de toutes leurs distinctions avant toute connaissance, et comme bien plutôt toutes ces distinctions viennent de l'acte de connaître qui les détermine, l'universalité des lois de la connaissance devient la garantie non seulement des rapports des phénomènes entre eux, mais de la généralité de ces rapports eux-mêmes, de leur constance et de leur stabilité.

Peut-être sur ce point manque-t-il à la doctrine de M. Renouvier une vue qui faisait la force de celle de Kant : peut-être n'a-t-il pas marqué suffisamment la détermination par les catégories de toutes les différences qui, en la pénétrant, transforment l'intuition sensible et l'*organisent* en quelque sorte en en faisant la connaissance.

Mais ce qu'il a vu nettement et ce qu'il a solidement établi, c'est que dans le phénomène nous saisissons exclusivement ce par quoi il ressemble, par quoi il s'associe aux autres phénomènes, exclusivement en un mot ses *rapports*, comme si, une fois toutes ses relations abstraites et mises à part, il n'y restait plus rien qui pût être connu ni même être senti ; et avec force il a conclu que ces relations après tout sont des lois, qu'elles sont des lois constantes, d'abord sous peine de n'être point des lois, ensuite sous la garantie de l'unité de l'esprit, et qu'un phénoménisme qui dans les phénomènes ne saisit que des lois y trouve donc en faveur de la stabilité du monde des raisons autrement puissantes et une autre sécurité qu'en une substance abstraite aboutissant de toutes parts à des contradictions.

En partant de ces principes, M. Renouvier n'a pas de peine à montrer la coordination tout d'abord générale de tous les phénomènes dans l'espace et dans le temps, puis les relations spéciales qui, dans la succession, déterminent les rapports des causes et des effets, ensuite la coordination des relations causales qui, se hiérarchisant dans le monde mécanique sous des lois d'échange de mouvement, de force et d'énergie, dans le monde vivant sous l'unité d'une idée directrice, et dans le monde de la pensée et de la représentation sous les lois de la conscience, constituent les individualités de tout ordre, cosmiques, minérales, chimiques, organiques et mentales. Enfin nous laissant entrevoir la possibilité d'une loi qui domine toutes les lois, comme il semble qu'au-dessus des unités partielles apparaisse dans l'univers une unité suprême, à cette loi des lois, loi du monde des esprits comme du monde des corps, il donne le nom de Dieu, comme au principe primordial qui dirige tout sans tout confondre en soi, et qui du haut d'une liberté souveraine domine sans la détruire la libre activité répandue dans le monde.

Arrêtons-nous pourtant à ce point de l'étude de M. Renouvier, et remarquons avec lui la distance qui sépare les lois directement saisies et comme vérifiées dans l'expérience et la réalité, et cette loi des lois, qu'on entrevoit en somme et qu'on cherche, plutôt qu'on ne la trouve et qu'on ne la démontre. Des premières, on peut soutenir à la rigueur qu'on les constate : l'unité d'une planète, l'harmonie des mouvements astronomiques, la constance du poids d'une molécule chimique, l'identité d'une personne morale, autant de coordinations, d'ordre et de forme à coup sûr très divers, mais qu'on peut dire pourtant indiquées, observées, données avec les phénomènes ou, ce qui revient au même, avec les plus essentielles et les plus constantes de leurs relations. Mais Dieu, la vie future, et même la liberté, est-il vrai qu'on y croie pour des raisons fondées, comme on vient de le voir, sur la méthode phénoméniste, et semblables en tout à celles qui précèdent ? M. Renouvier, à vrai dire, n'affirme rien de tel, et on sait quel appui il a su demander, pour la croyance en Dieu, en notre liberté et en la vie future, aux postulats moraux appuyés à leur tour sur l'existence du devoir.

Rien de mieux assurément, tant qu'on voudra s'en tenir aux déductions tirées des principes moraux et qui ne dépassent point le domaine moral ; rien de mieux, tant qu'il s'agit d'ordonner des croyances qui se trouvent impliquées dans la croyance fondamentale à l'existence d'un devoir, qui la développent et la complètent, et qui sont après tout compatibles avec la forme et les lois générales du monde des phénomènes.

Mais a-t-on le droit, d'autre part, d'oublier cette remarque, souvent et profondément faite par M. Renouvier, que le contraire de la liberté ou le déterminisme, que le contraire de la croyance en Dieu ou en la vie future, sont aussi compatibles avec cette même forme et avec ces mêmes lois ? Un monde où tout serait lié par les liens rigoureux de la causalité, où l'unité suprême ne serait que l'unité de toutes les relations et de tous les rapports, sans qu'un sérieux espoir restât aux individus de survivre à la dissolution de leur individualité organique, est à coup sûr concevable pour le phénoménisme le plus jaloux des inductions qu'il fonde sur les relations des choses.

D'où viendrait donc qu'une croyance morale pût trancher la question, et qu'elle pût imposer à la raison spéculative, qui ne peut ni la tirer ni la justifier, une conséquence non pas seulement morale, mais vraiment théorique, qui cependant pour être telle semblait ne devoir relever que de la spéculation ?

Tel est pourtant l'espoir de M. Renouvier, puisqu'à son gré le postulat moral « projette sa loi en corollaires dans le monde externe » (p. 25); par où il faut entendre qu'il introduit dans ce monde un ordre et des relations si franchement étrangers à la recherche théorique qu'ils vont parfois jusqu'à ruiner les résultats de celle-ci. Car n'est-ce point ruiner le vrai phénoménisme, après l'avoir légitimé par la constance des lois qui seraient son objet, que d'introduire ensuite, dans le monde des phénomènes, au nom d'un postulat, une liberté qu'on définit comme une *limite aux lois* (p. 26) ? Mais limiter les lois, à de certains moments, n'est-ce point supprimer ce par quoi elles sont des lois, à savoir leur constance et leur universalité ?

Aussi bien, c'est se faire, croyons-nous, une idée singulière de la liberté que de la limiter à son tour à l'insertion périodique et discontinue des premiers commencements dans la suite des faits, et que de n'y point voir, si vraiment elle existe, la source vive et profonde des actions projetées dans l'espace et dans le temps. Telle devait être, sans doute, la liberté nouménale de Kant, qu'il faut chercher, comme on l'a récemment montré [1], dans l'acte unique et primordial de la Raison pure, noumène qui n'est point une substance et qui vraiment s'exprime d'une manière adéquate dans les seuls phénomènes, noumène qui n'est point transcendant et qui laisse retomber toutes les difficultés

---

1. Voyez F. Rauh, *Essai sur le fondement métaphysique de la morale*. F. Alcan. 1890.

élevées contre lui sur une liberté qui *limite les lois* et qui ne peut venir que du dehors ou que d'en haut pour rompre les séries du monde des phénomènes.

L'induction théorique fondée sur des données morales n'est donc point légitime puisqu'elle impose à la spéculation, au nom de la pratique, des conséquences qui peuvent répugner à la constitution et au sens de son œuvre propre ; et fût-elle légitime, qu'on ne pourrait encore la mettre au même rang que l'induction qui nous avait conduits aux lois des phénomènes. Parlant de la vie future, M. Renouvier prétend qu'elle n'est pas, au fond, connue et assurée par une *induction* moins certaine que l'identité de la personne : « Si les défenseurs des « intérêts moraux », dit-il à la page 28, consentaient à se placer au point de vue de la croyance et des lois, ils ne pourraient n'être pas frappés d'un résultat de la méthode phénoméniste : à savoir que la thèse de l'identité personnelle, ou permanence de la personne, dans le sens où, selon cette méthode, on doit la comprendre, n'est pas obtenue par un procédé autre et en lui-même plus rigoureux, que peut l'être la thèse de la vie future, ou de l'identité et de la permanence prolongées par l'induction et la croyance jusqu'après la dissolution de l'organisme actuel, dans un état futur. De part et d'autre, il ne s'agit de rien de plus ni de moins que d'un ordre et d'un enchaînement de phénomènes, à quoi l'idée d'une substance est complètement indifférente et inutile ; et je dis *induction*, parce que, n'ayant qu'une simple connaissance de fait de l'ordre actuel constitutif d'une conscience et de sa possibilité, ignorant tout de son origine et de ses autres liaisons qui lui font un corps, je ne trouve aucune difficulté, si j'ai pour cela des motifs, à supposer que cet ordre actuel est un ordre partiel, relatif à des ordres semblables antécédents et conséquents, en d'autres conditions. » A cette supposition, nous non plus, dirons-nous, nous ne trouvons aucune difficulté, pourvu qu'on se souvienne que la supposition, établie sur des motifs qui sont des motifs moraux, ne vaut qu'à titre de croyance pour la conscience morale, et pourvu qu'on n'émette jamais la prétention de la mettre au même plan que la thèse de l'identité personnelle. En vérité, la différence est grande d'une induction qui porte d'une part sur le caractère le plus profond et le plus assuré de tout fait de conscience, sur le souvenir qui en est la condition et qui enveloppe tous nos états *réels* de liens qui constituent l'unité de notre vie et la conscience que nous en avons, à cette autre induction qui tend sans doute à prolonger le réel dans un avenir sans fin, qui y *croit*, qui l'*espère* et qui le *veut*, mais qui porte en fin de compte sur de purs possibles et n'a d'autre fondement que les plus chères espérances et les plus purs désirs de la conscience morale. Pour emprunter à la science son langage, quoiqu'il y ait loin de l'induction dont nous parlons ici à l'induction scientifique proprement dite, nous sommes dans le premier cas en présence d'une induction qui se *vérifie* dans les faits, qui s'y traduit et qu'on y retrouve, dans l'autre en présence d'une induction, qu'on a peut-être des motifs de faire, mais qui ne consacrera jamais nulle *vérification*, nul ensemble donné de phénomènes réels et nulle expérience.

Concluons donc, avec M. Renouvier, qu'on peut faire en faveur de l'existence d'une liberté, d'une vie future et d'un Dieu personnel, des inductions fondées sur les données morales : concluons avec lui que nous y sommes conduits par des motifs moraux et que, bien loin d'y répugner, la méthode phénoméniste, telle qu'il l'entend et la pratique, offre à de telles croyances une base autrement solide qu'un substantialisme contradictoire. Mais gardons-nous des illusions de la méthode des postulats moraux : et si nous admettons qu'ils justifient, dans la pratique, les plus hautes croyances, gardons-nous des conséquences qu'ils doivent, à ce qu'on prétend « répandre en corollaires » jusque dans le monde externe, et continuons à rendre à la spéculation ce qui appartient à la spéculation, et à la foi ce qui appartient à la foi.

ÉTUDES DE PHILOSOPHIE MORALE

NOTRE DÉTRESSE MORALE

ET

LE PROBLÈME DE LA MORALITÉ [1]

Mesdames, Messieurs,

Mon premier soin, en prenant la parole devant vous, devrait être de m'excuser d'avoir choisi un sujet offert si souvent, ici même, à vos méditations ; mais pour avoir été traité par tant d'hommes distingués, des romanciers, des littérateurs, des moralistes, en a-t-il moins conservé sa pleine actualité ? Il est la préoccupation constante et prédominante des hommes de ce temps-ci ; et si on éprouve le besoin d'en parler et d'en reparler encore, c'est sans doute qu'on espère, en en parlant sans cesse, faire naître dans l'âme de l'auditeur lui-même une solution qui n'aura de valeur et d'efficacité que si elle se trouve là. D'ailleurs, Messieurs, vous conviendrez sans peine, je l'espère, qu'en une pareille question, qui est, à lui aussi, sa préoccupation constante, le philosophe ait bien son mot à dire ; et vous en conviendrez, même si cette prévision était peu rassurante ; car c'est comme une menace suspendue sur vos têtes d'être entraînés tout à l'heure au pays des principes, c'est-à-dire, si on nous fait au dehors une juste réputation,

[1]. Conférence faite le 16 janvier 1898, devant la Société des Amis de l'Université.

au pays de l'obscurité et des ténèbres volontaires ; je voudrais vous promettre, si j'étais sûr et capable de tenir ma promesse, d'éviter la première et de dissiper les autres. Cependant, il est à craindre, lorsqu'on pose le problème de la moralité, qu'on ne soit tenu d'en appeler à la métaphysique, si le problème nous reporte à ce qu'il y a en nous à la fois de plus profond, de plus mystérieux et vraiment de divin. Au reste celui qui passe aux yeux du monde, moins justement qu'on ne croit, pour le démolisseur de toute métaphysique, le grand philosophe Kant, écrivait les *Fondements de la métaphysique des mœurs*, comme une introduction qu'il croyait nécessaire à la *Critique de la raison pratique*. Et peut-être est-ce à lui et à ses enseignements qu'il faudra demander la parole qui rassure et le remède souverain dans la crise morale que nous traversons.

I

Et d'abord, Messieurs, est-il juste de dire que nous vivions dans un temps de détresse morale ? Le mot serait trop fort si on voulait parler seulement de nos défaillances, défaillances individuelles ou défaillances sociales, mais défaillances momentanées, qui ne sont que la rançon de la moralité. Moralité veut dire assurément une suite alternative de victoires et de défaites ; cela est de tous les hommes, de tous les temps et de tous les pays, et la moralité n'est point la sainteté. Mais défaites et victoires supposent encore la lutte, et il n'y a détresse que pour qui ne lutte plus. Qui s'abandonne soi-même, individu ou peuple, qui laisse la défaillance devenir habituelle, qui se fie aux événements, aux usages, aux routines, aux forces d'inertie de toute sorte qui nous entraînent, du soin de résister aux puissances de l'instinct, de la cupidité, de l'ambition des peuples et des individus, accuse bientôt douloureusement cet état de détresse, dont les signes avant tout sont des signes sociaux, sortes de résultantes des défaillances privées.

Dans cette enquête nécessairement rapide et incomplète, je ne relèverai, Messieurs, que quelques-uns de ces signes. L'un des plus désolants, assurément, quoi qu'on en ait pu dire, est l'accroissement continu, pendant plus d'un demi-siècle, et vraiment effrayant de la criminalité : car si le respect du code pénal n'est pas, il s'en faut, le signe d'une moralité bien élevée, on conviendra, en revanche, que le mépris de la répression et des pénalités infamantes témoigne de l'accroissement de puissance dans notre état social, des passions basses et des instincts violents. Or, dans les soixante-dix dernières années, la criminalité générale en France a certainement beaucoup plus que doublé : en cinquante ans, de 1830 à 1880, elle a augmenté, d'après Ferri, dans la proportion de 100 à 254, d'après M. Joly, de 133 p. 100. Détail navrant : la criminalité de la jeunesse (au-dessous de vingt et un ans) croît plus lentement d'abord que celle des adultes comme si l'infection ne pouvait les atteindre qu'après et à travers leurs parents, mais prend bientôt une avance considérable et devient quadruple dans cet espace de soixante-dix ans où a triplé seulement celle des adultes. Fait à noter : ce ne sont point les crimes de violence, l'assassinat ou le meurtre qui figurent comme facteurs essentiels dans cet accroissement : par une coïncidence curieuse, le nombre annuel moyen des assassinats est le même (197) dans la période 1826-1830 et la période 1876-1880 ; il est de 218 en 1893, nombre à peine supérieur à ceux des périodes précédentes ; mais les crimes ou délits inspirés par la dépravation abjecte, la cupidité, la paresse, bref, la lâcheté sous toutes ses formes, ont augmenté dans des proportions presque inimaginables (attentats aux mœurs, de un à six ; délits de droit commun, de 41,140 en 1826-1830, à 146,024 en 1876-1880, à 174.247 en 1893 ; vagabondage et mendicité réunis, de 3,806 en 1830, à 30,501 en 1893). Ainsi vengeance et haine, ces causes nobles encore de crimes détestables, seraient plutôt en baisse ; la cupidité au contraire, d'après une estimation curieuse et sérieusement documentée, serait en hausse de 60 p. 100, l'immoralité de 240 p. 100, la paresse et la misère de 430 p. 100.

Lâcheté et veulerie, tel est donc le trait dominant du délinquant moderne, aussi bien de l'adulte que du mineur et presque de l'enfant.

Mais s'il est vrai, Messieurs, comme l'a dit si justement M. Lacassagne, qu'un peuple a la criminalité qu'il mérite, craignons de rencontrer ce trait ailleurs que chez le délinquant. En face de l'accroissement du crime, et parmi les causes qui l'entretiennent, que de fois n'a-t-on pas signalé l'énervement et la faiblesse de la répression ? Pour ne parler que du jury, cet assemblage momentané de juges improvisés, quoi de plus mobile, de plus inconsistant, de plus imprévisible que ses jugements ? Sévère, parfois à l'excès, pour le vol, quand il est composé de propriétaires, il est faible à l'excès pour tout ce qui émeut sa sensibilité. Pour appliquer en toute sécurité de conscience la peine de mort, il faut, dit M. Tarde, être un « homme de foi ». Mais qui met à la place de la foi en la loi des émotions et passions de hasard, sa sensibilité, et, pour tout dire, une conscience divisée contre elle-même, n'offre comme juge pour appliquer la loi, et même comme juge du fait, ni l'esprit de suite, ni l'impartialité, ni la hauteur de vues et de courage nécessaires.

Au reste, Messieurs, ne faisons pas trop durement le procès du jury ; n'oublions pas du moins que le jury, c'est nous, qu'il n'est pas un pouvoir émané du souverain, mais le « souverain » lui-même, qu'il reflète, en un mot, en l'état d'âme qui lui est propre, notre état d'âme à tous, et qu'il donne d'une manière plus qu'approximative la mesure de ce que nous sommes. Ce qui caractérise notre génération, à côté des vertus que je me garde de nier, c'est, dans l'accomplissement même de ce qui garde encore pour nous l'aspect du devoir, un abandon à l'habitude qui compromet jusqu'à nos vertus mêmes, une sorte de mécanisme, où il entre sans doute des facteurs excellents, mais des facteurs qui ne nous entraînent plus guère qu'en vertu de la vitesse acquise, et que n'entretient plus, ou n'entretient qu'à peine, une énergie centrale et vraiment intérieure. D'où vient chez nous, par exemple, cette plaie incurable, et qui s'étend sans cesse, du fonctionnarisme, sinon de notre répugnance à tout esprit d'entreprise, au risque, à l'effort, à la dépense de soi, qui en sont inséparables? Et nous n'avons même plus d'esprit public : l'esprit public, qui était une règle, nous l'avons remplacé par cette chose sans règle et mobile entre toutes, l'opinion publique, chose factice et changeante, suscitée le plus souvent ou retournée d'un jour à l'autre par des irresponsables, et qui fausse la relation normale de toute autorité et de toute liberté.

L'autorité de la loi, laquelle n'exclut nullement les garanties indispensables des libertés publiques, le respect des constitutions librement acceptées, des pouvoirs responsables librement établis, tel devrait être le dogme intangible d'un État vraiment libre. Mais au lieu de cela, que voyons-nous chez nous à l'heure présente? l'opinion du public, et même celle des individus, s'ingérant sans mandat en toute sorte d'affaires, dépouillant le député de sa délégation, jugeant les juges, énervant par le caprice de ses retours soudains les responsabilités des pouvoirs quels qu'ils soient, troublant en un mot tous les rapports légaux et constitutionnels par son inconstance même et par sa tyrannie.

Mobilité et inconstance, absence de foi dans l'autorité, non seulement de la part de ceux qui l'ont faite, et qui à chaque instant travaillent à la défaire, mais même de la part de ceux qui la détiennent, absence de foi dans chaque conscience individuelle comme dans la conscience publique, et, par une suite nécessaire, atténuation, diminution graduelle du sentiment de la responsabilité, tels sont donc, semble-t-il, les traits principaux de l'état où nous sommes et qu'on peut bien appeler un état de détresse.

La cause prochaine en est très apparente, Messieurs; car, s'il faut à la vie morale, comme à la vie organique, comme condition même de la richesse et de la diversité de ses manifestations, un principe d'unité qui en assure la force et la continuité, quelle est la règle commune, ou l'idéal commun qui donne à l'heure présente à la conscience individuelle l'unité nécessaire, ou qui nous réunisse dans une foi unanime ? Et ces deux choses en effet se soutiennent mutuellement : l'unité de la conscience, l'unanimité des consciences. Au moins sur les points essentiels, si nous ne sommes pas unanimes, nous ne trouverons pas non plus, sinon dans un isolement moral orgueilleux et stérile (tel l'isolement du stoïcien dans la Rome impériale), l'unanimité en nous-même, l'unité dans notre âme et notre vie morale.

Or d'idéal commun, en est-il un qui nous fasse unanimes ? Ce n'est point, à coup sûr, l'idéal religieux ; ce n'est pas non plus un idéal social ou politique ; à peine même est-il vrai, et c'est la grande douleur des hommes de ce temps, que l'unanimité de notre foi en un idéal national soit demeurée intacte ! Et les criminalistes, Messieurs, ne s'y sont pas trompés : la vraie cause, aux yeux des plus pénétrants d'entre eux, de la recrudescence du crime dont je vous exposais tout à l'heure les preuves, n'est pas dans les progrès de la civilisation, dans une vie plus intense ayant, comme toute vie, ses toxines et ses déchets, qui seraient ici le crime et le délit ; elle est dans la dissociation des croyances séculaires, qui, tant qu'elles étaient indiscutées, ou, en tout cas, inébranlées, retenaient l'individu sur la pente où le poussent tant d'instincts bas et de passions mauvaises.

D'ailleurs c'est par elle-même, et dût-elle aboutir à un état de croyance supérieur, que la dissolution des croyances séculaires, à quelque époque qu'elle se produise, entraîne ces conséquences : il n'est pas niable que la Cité antique, et notamment la Cité romaine, ait eu ses temps d'équilibre et de santé morale ; il ne l'est pas davantage que les croyances chrétiennes aient eu sur les croyances païennes une supériorité incontestable ; et pourtant le passage des unes aux autres s'est payé par des siècles de bouleversements sociaux et de détresses morales. Ce qui surprend la réflexion, a dit quelque part M. Tarde, ce n'est pas qu'au moment où elle change de *credo*, une société accuse, par le crime, un état de souffrance et de malaise profonds, c'est qu'elle y résiste, c'est qu'elle n'y succombe point.

Je ne m'érige pas, Messieurs, en prophète de l'avenir, et je ne dis pas du tout que nous changions de *credo* ; mais il est incontestable que nos croyances sont troublées, non seulement religieuses, mais sociales et morales : sur ce fait, qui date de loin, personne ne peut rien ; et nul ne remontera le courant, pas plus qu'il n'empêchera que d'un état ancien doive sortir quelque jour un état qui refera l'unité des consciences. Un état de crise, — et c'est, en somme, notre consolation, — sera aussi nécessairement suivi d'un état de résolution, qu'il a été précédé d'un état de dissociation : et dans cet état même subsistent, n'en doutons pas, des éléments qui referont l'unité. Mais pour nous, c'est un fait que nous sommes dans un de ces passages, dans un de ces renouvellements, dans une de ces crises ; et nous y sommes par l'action d'une force qui ne date pas d'hier, d'un demi-siècle ou d'un siècle, dont le caractère n'est point d'être accidentelle, mais au contraire permanente et durable. Nous y sommes par l'esprit qui nous a affranchis, dans le domaine de la science, des traditions antiques, alors même que, par une illusion fréquente et qui n'est pas d'ailleurs, tant s'en faut, mensongère, ceux qui accomplissaient cette révolution croyaient revenir aux sources les plus pures et comme au texte même des vieux penseurs classiques. Nous y sommes, pour le dire d'un seul mot, par la critique, qui, depuis le xvi° siècle, nous a donné la science, mais qui successivement devait s'étendre à tout, au dogme, à la religion, à la philosophie, aux assises historiques de la conscience elle-même, aux notions du droit, du devoir, de la justice, de l'État, de la famille et de la patrie, ébranlant la confiance des hommes dans le caractère éternel et sacré de tout ce qui jusque-là les faisait vivre dans une paix relative, rompant le charme des croyances tranquilles et jetant la suspicion des esprits, mis en éveil, sur ce qu'on ne pratique plus d'une manière assurée, dès qu'on l'a discuté, fût-ce théoriquement, et révoqué en doute. « Vérité en-deçà des Pyrénées, erreur au-delà », il n'est pas d'aphorisme plus capable de troubler notre conscience morale, en lui montrant quelque duperie cachée sous celles de ses actions qu'elle croyait jusqu'alors les plus indiscutables et les plus respectables.

Et voici que le scepticisme, d'où était venue cette parole, allait, à la suite de la critique, s'étendre à tout, atteindre, une à une, toutes les vérités, dominer la science même, et qu'un homme, Descartes, venait dire aux hommes : « Sache qu'en toute recherche, tu ne dépends que de ton intelligence ; sache que la vérité dépend de la raison, et que, comme la raison est en toi, toute vérité, en dernière analyse, dépend de ton jugement et de ton intelligence. »

Un autre, Kant, un siècle et demi plus tard, devait, dans la même voie, aller plus loin encore : « Sache, allait-il dire, que tu es volonté, et que tu ne dépends que de la volonté : une action accomplie sous la contrainte d'un ordre ou d'une règle extérieure sort par là même du champ de la moralité : seule est morale une volonté qui se soumet à la loi, mais qui se donne la loi, une volonté *législatrice* en même temps que *sujet.* »

Au-dessus de l'intelligence humaine, il semble, peut-être à tort, que Descartes laissait encore subsister l'éternelle vérité ; au-dessus de la Volonté pure, qui se détermine elle-même, Kant ne mettait plus rien, ni le Devoir, catégorique et sacré à ses yeux, mais qui n'en est au fond que l'expression, ni un souverain Bien, lequel en est plutôt la suite que le principe, ou n'est même peut-être qu'une idole métaphysique.

Si une formule était capable de nous précipiter dans l'anarchie morale, ou, en tout cas, de nous mettre hors d'état d'en sortir, on serait tenté de dire que c'est celle de Kant jointe à celle de Descartes : car elles semblent à elles deux être le fondement même de l'individualisme, de la doctrine qui fait de chaque individu, et le juge du vrai et le juge du bien, et le juge de la règle et le juge de l'action ;

et l'individualisme, avec tous ses caprices et toutes ses fantaisies, n'est-il point la cause même de cette détresse morale dont nous souffrons si fort ?

D'où vient donc que tant d'hommes, de nos jours, invoquent la volonté, comme le remède à nos maux, et même précisément cette volonté pure, cette bonne volonté, qui est le point culminant de la morale de Kant ? D'où vient que tant d'effets pernicieux de la critique ne les aient point guéris de la critique ? D'une raison profonde et péremptoire, Messieurs : de cette raison qui fait qu'on ne saurait aujourd'hui contester au savant, en tant que savant, au philosophe, en tant que philosophe, à l'historien, à l'exégète même, si grands qu'aient pu paraître, pour le dogme religieux, les dangers de l'exégèse, le droit d'aller, dans leurs recherches respectives, jusqu'aux extrêmes limites où les conduisent la méthode, l'intelligence et la pénétration humaines. Le philosophe qui, de nos jours, invoquerait une autorité plus haute que la raison, ou le théologien même le plus dogmatique qui repousserait l'exégèse, où donc sont-ils ? Ce sont, dans toutes les écoles, et dans toutes les religions, des espèces disparues ; tant il est vrai que la critique est la vie même de ce dont on avait pu craindre d'abord qu'elle fût la mort, tant il est vrai que nos révolutions ne sont le plus souvent que des évolutions, tant il est vrai enfin qu'au-dessus de toute vérité et au-dessus de toute règle, ce qui reste immuable, c'est, dans l'ordre de la science, comme le disait Descartes, l'intelligence qui nous la donne et la Raison humaine, et, dans l'ordre de l'action, selon les vues de Kant, la volonté qui se détermine elle-même, ou la Bonne Volonté. Dès lors, Messieurs, si la Critique, qui atteint et dissocie lentement les traditions, ne saurait en tout cas s'atteindre et se détruire elle-même, s'il était vrai surtout que le principe de tout bien et de toute moralité fût la volonté pure et la bonne volonté, et qu'ainsi il ne dépendît que de nous de retrouver la vérité, ou mieux, la vie morale, du fond de notre détresse, n'est-il pas vrai qu'on verrait poindre une lueur d'espérance, pourvu que nous cessions de nous manquer à nous-mêmes, et de perdre par là le vrai sens de la vie et de la moralité ?

II

Il semble, Messieurs, qu'il n'y ait guère de plus fort paradoxe que de soutenir la supériorité de notre volonté sur le souverain bien, ce qui, en somme, semble revenir à l'affranchir de tout précepte et de toute règle. Nous voyons d'ordinaire les choses tout autrement : vouloir, en effet, c'est vouloir quelque chose ; on ne veut pas, sans rien vouloir ; et la volonté bonne, c'est celle qui veut le bien, la volonté mauvaise, celle qui veut et fait le mal. S'il n'y avait ni bien ni mal, la volonté serait indifférente, et la moralité n'aurait plus aucun sens. Mais sous ces vues, en apparence si simples, se cache une insurmontable difficulté : c'est que, pour faire le bien, il faut au préalable en avoir la science. Se tromper sur le bien, c'est, comment qu'on s'y prenne, et avec la meilleure intention du monde, faire le mal. Le bien ne dépend pas de nous, il est en connexion étroite avec l'éternelle vérité ; et tant que nous ne connaîtrons pas l'éternelle vérité, nous serons incapables d'accomplir fermement, et en toute sécurité, une action bonne quelconque. Il faudrait donc que la science fût achevée, alors qu'il est de la nature de la science de ne l'être jamais. — Et le fût-elle, Messieurs, qu'arriverait-il ? C'est que la moralité serait le privilège d'une aristocratie, de ceux qui ont le temps d'apprendre et de savoir, des savants, en un mot, et des intellectuels ; à tout jamais s'en trouveraient exclus les petits et les humbles, où une vue divine apercevait pourtant les élus et les privilégiés de la moralité. Mais les savants eux-mêmes, que feraient-ils de leur science ? Si, avec une précision mathématique, on pouvait mettre en équation toutes les actions d'une vie, dire à l'homme avec infaillibilité : ceci est bien, fais-le, cela est mal, évite-le, c'en serait fait en lui de toute initiative, de toute responsabilité, de ce qui fait le prix de la vie et de la moralité. Il n'est pas rare d'entendre demander des preuves rigoureuses, mathématiques, de l'existence de Dieu, de l'immortalité de l'âme, de la révélation ; l'étrange demande ! mais où serait alors le prix de la croyance ? La vertu des choses morales et religieuses est justement qu'on ne les *démontre* pas, et qu'elles exigent avant tout l'acquiescement, le consentement, le don gratuit et complet de l'esprit. Pascal, en ces choses, voyait profondément quand il disait : « Il faut à la religion, non des preuves de raison, mais des preuves qui confondent la raison. »

Ce n'est donc pas à la raison logique, à la connaissance pure, mais au cœur, comme disait encore Pascal, et aux raisons du cœur, à la bonne volonté, qu'il faut demander le principe de la moralité. Écoutez le sens commun : tout à l'heure il soutenait la nécessité du savoir ; mais il en soutient aussi l'insuffisance et l'impuissance radicales, et ne se contredit que pour qui ne l'entend pas. A ses yeux, en effet, ce qui vaut, ce n'est pas tant l'action, que l'intention : d'un acte particulier, qui donc dira jamais s'il est absolument bon, ou absolument mauvais ? Cela est hors de nos prises, hors de toute prévision ; mais ce n'est pas non plus ce qui importe : la seule chose qui soit bonne, c'est de l'avoir accompli parce qu'on le croyait bon ; l'excellence de l'*acte*, toujours hypothétique, n'est donc pas ce qui fait l'excellence de l'*action* ; c'est le contraire qui est vrai : l'excellence de l'*action* fait l'excellence de l'*acte*. C'est parce que j'ai voulu bien faire, en faisant *ceci*, et non parce que *ceci* est *bon* que mon action est bonne ; et donc ce qui est bon, ce qui est d'une excellence que rien ne peut altérer, quelles que soient au dehors les suites de mes actes et de mon ignorance, c'est la bonne volonté, c'est, avant tout savoir, avant toute action, avant même toute occasion d'agir, la loi que la volonté s'impose à elle-même de vouloir le meilleur, quel que soit le meilleur ; et sur cette loi universelle, il n'y a pas de loi particulière, de précepte ou de règle, qui puisse prévaloir. Les moralistes, sous le nom de « bien moral », ont fait du bien d'intention une sorte de pis aller : ils en ont fait un procédé par lequel notre infirmité s'approche autant que possible d'un bien extérieur à la volonté ; mais si ce bien extérieur était vraiment le bien, ou je l'atteins ou je le manque ; et ce n'est pas l'intention qui puisse faire que je l'atteins, au moment même où je le manque : « On se noie sous un pied d'eau, disaient les stoïciens, aussi bien que sous mille pieds. » Il faut donc renoncer aux distinctions d'école : ce n'est pas le bien moral qui se mesure au dehors sur les biens extérieurs, mais les biens extérieurs sur ce bien intérieur : il n'y a de vraiment bon que la bonne volonté, ou une volonté s'obéissant à soi, quelle que soit la loi, dans la loi qu'elle s'impose. Si ce n'est la volonté qui se donne la loi, si elle dépend, dans son obéissance, d'un commandement qui ne vienne point d'elle-même, c'est mettre à la merci d'éléments étrangers sur qui nous ne pouvons rien, qui ne dépendent point de nous, nos décisions morales ; c'est mettre hors de nos prises la moralité même, qui cesse tout à fait de dépendre de nous si, de quelque manière, et en quoi que ce soit, elle dépendait en outre d'autre chose que de nous.

Il n'est donc pas moins essentiel à la moralité, Messieurs, que ce soit nous qui nous donnions la loi et nous en même temps qui nous y soumettions : *législateur* et *sujet*, selon une parole célèbre, nous le sommes tout ensemble. L'unité de l'être qui commande et de l'être qui obéit doit être indissoluble, sous peine, en les séparant, de faire du premier un despote, et du second un esclave ; et la moralité ne s'accommode pas mieux du despote que de l'esclave. L'obéissance n'est fière et n'est digne de l'homme que si elle suit d'une discipline voulue, et comme d'un commandement qu'on se donne à soi-même ; et d'où vient, d'autre part, comme on l'a si souvent remarqué, que ceux-là seuls savent commander qui savent aussi le mieux obéir, sinon de l'étroite corrélation qui existe au plus profond de nous-mêmes, entre ce qui commande et ce qui obéit, entre la volonté qui se donne la loi et la même volonté qui se soumet à la loi, entre le moi qui *veut* dans son autonomie, et le moi qui *obéit*, dans sa pleine liberté ? Et toutes les grandes morales sont remontées jusque-là, même lorsqu'elles semblaient mettre au-dessus de la volonté une loi plus haute qu'elle et venue d'une autre source. Voyez le stoïcisme : nul système, semble-t-il, n'avait fait plus étroit le strict enchaînement de tous les phénomènes, nul n'avait conçu un plus complet fatalisme, lequel d'ailleurs n'était que le développement d'une loi rationnelle, mais inexorable, le Λόγος divin ou la Raison divine. La seule chose inquiétante était dans ce système de comprendre qu'une action pût dépendre de nous ; disons mieux, cela est tout à fait impossible : dans la série des faits il n'y a pas de fissure par où le libre arbitre puisse changer quoi que ce soit au cours fatal des choses. Mais aussi n'est-ce point en cela que les stoïciens mettaient la liberté de l'homme : être libre, à leurs yeux, c'est obéir à la volonté de Dieu. Mais si l'obéissance n'était qu'une soumission, qui donc ne serait point libre, puisque, quoi que nous fassions, le cours des choses sera ce qu'il doit être, et que tous, tant que nous sommes, nous nous y soumettrons et nous le subirons ? Mais ce que nous pouvons, ce qui par un effort qui ne dépend que de nous est la volonté même et la moralité, c'est de vouloir d'abord la volonté de Dieu, c'est, en un sens, de nous en affranchir en nous y soumettant, c'est de nous mettre au-dessus ou au moins au niveau de la volonté de Dieu, parce qu'il n'y a de moral que ce qui vient en nous de notre volonté, atteignant au divin par l'effort le plus libre dont elle soit capable. Et ainsi, sans que le cours des choses fût changé, il y avait quelque chose au plus profond de nous qui le transfigurait, l'effort d'une volonté qui s'élevait au niveau de la volonté divine. Orgueil, dira Pascal, mais orgueil qui fût devenu résignation et espérance chrétienne si, à la place d'une loi inexorable, le stoïcien eût entrevu plutôt une loi d'amour, comme celle qui unit, dans la foi du chrétien, la volonté des fils à celle de leur Père.

Ainsi, même les doctrines en apparence les plus opposées à l'autonomie de la volonté, en ce qu'elles lui imposent comme du dehors une loi préexistante, ne sauraient se passer de cette autonomie, puisque la condition première de toute moralité et de toute vie religieuse est ce *consentement volontaire* à la loi, qui ne donne à celle-ci, pour ainsi dire, accès dans la conscience que par un acte équivalent à une promulgation, à une législation nouvelle. C'est donc que dans la volonté, et la volonté seule, est le principe tout intérieur de notre vie morale, d'où tout sans exception doit dépendre, le commandement comme l'obéissance, la loi obligatoire comme la soumission.

III

Y a-t-il donc en nous, Messieurs, un tel principe ? Y a-t-il en nous une liberté telle que nous puissions nous affranchir de tout, de toute loi et de Dieu même, puisque nous ne pouvons même nous donner à Dieu que par l'acte qui suppose la plus complète absence d'une contrainte quelconque, par un acte de foi ? Y a-t-il en nous, en d'autres termes, une sorte d'absolu, de principe intérieur d'où tout en nous dépend, et qui ne dépend de rien ? Et si ce principe existe, faudra-t-il donc avoir recours aux recherches obscures de la réflexion philosophique pour le faire saisir et le mettre en lumière ? Non, Messieurs ; rien n'est plus simple, au contraire, rien ne nous est à tous plus familier et plus présent. Ce qui nous le cache, c'est l'habitude que nous avons de considérer à part nos pensées, nos idées, nos désirs, nos passions, nos joies et nos douleurs comme une série d'états se déroulant en nous, pour ainsi dire sans nous ; c'est cela qui est abstrait, qui est convention pure, et qui est illusion : nos états intérieurs ne sont pas en nous comme ils sont dans un livre, comme ils seront dans l'histoire ; mais ce qui les fait vivre, c'est la pensée présente, l'acte indéfinissable, mais très réel pourtant, par lequel ils sont nôtres, par lequel ils sont tour à tour notre conscience vivante : c'est l'acte qui les pense, et qui, les dominant et les soutenant en nous, fait qu'ils sont *nos* pensées, et non pas *des* pensées, *nos* joies et *nos* souffrances et non pas simplement *des* joies et *des* souffrances. Par son essence même, cet acte est supérieur à ce que j'appelais tout à l'heure nos états ; chaque fois il en est la cause, et il s'en affranchit ; l'homme qui pense est plus haut que sa propre pensée ; sa pensée est par lui, non lui par sa pensée ; et chaque acte de pensée, même le plus ordinaire et le plus insignifiant, mais surtout le plus haut et le plus réfléchi, est une libération et un affranchissement. Et c'est pourquoi la science, pour celui qui la fait, est comme un exercice constant de sa liberté : on ne le croit pas d'ordinaire : la nécessité des lois physiques, la nécessité plus étroite encore, s'il est possible, des théorèmes de la géométrie, exerce, semble-t-il, une contrainte sur l'esprit : comment serait-il libre, en face de ces lois et de ces théorèmes ? C'est qu'on imagine toujours, Messieurs, une vérité toute faite en dehors de l'esprit ; on ne laisse à l'esprit que le soin de la recevoir ou de la retrouver ; mais c'est là qu'est l'erreur ? Où donc est aujourd'hui la vérité de demain ? Où donc était hier la vérité d'aujourd'hui ? Où donc était la loi avant qu'elle fût conçue ? Où donc le théorème avant le géomètre ? La vérité est que c'est le géomètre qui a, par un effort souverain de sa pensée, *inventé* le théorème, qui a fait être un jour ce qui auparavant n'existait pas encore, qui a projeté devant lui et dans son œuvre cette nécessité que nous appelons logique, mais qu'il a fait jaillir de sa liberté même. Nécessité dans l'œuvre, mais non dans l'ouvrier, voilà ce qui est vrai ; et ainsi la science même est un hommage rendu à notre liberté.

S'il n'y a pas, avant la liberté, de science qui nous enchaîne, dans le même sens on peut dire qu'avant l'action morale il n'y a pas non plus de bien qui nous contraigne. Le bien est une suite ; il est dans nos actions ; mais la loi véritable est celle que, par un acte d'invention morale, nous nous donnons chaque fois qu'il faut agir. Si en toute occasion nous savions nos devoirs, nous les accomplirions à peu près à coup sûr ; mais nous ne les savons pas : et c'est notre mérite, dans une décision qui est une création, et qui n'est sérieuse qu'autant qu'elle s'exécute, de les déterminer. En l'absence de toute loi écrite ou exprimable, nous nous donnons la loi ; et c'est cette décision, incessamment renouvelée, qui fait la vie morale, et qui prépare les codes de la moralité, comme l'effort renouvelé du savant fait la science. L'absolu, en un mot, n'est pas dans cet ensemble de règles accumulées, si respectables soient-elles, qui sont le résidu de nos actions morales : il est dans la conscience, dans ce for intérieur où se prennent les décisions, et qui, dans l'absolu de notre volonté, défie toutes les attaques du scepticisme moral, que ne défient point les règles. L'absolu, c'est le vouloir : et le vouloir n'apparaît dans toute sa plénitude que dans l'affranchissement et dans la création. La règle est trop étroite, la règle est trop abstraite ; elle ne prévoit jamais que les cas généraux ; elle n'est qu'une notion ; et même la volonté qui s'inspire de la règle, si elle est volonté, la dépasse et y ajoute quelque chose de soi, quelque chose d'analogue à une inspiration, tant il est vrai que la moralité n'est jamais habitude ou répétition pure d'actes traditionnels. Qui, même soumis aux règles, ne remonte pas plus haut, jusqu'à la source de tout affranchissement, jusqu'à l'acte ineffable qui décide de tout, et dont rien ne décide, jusqu'à la volonté supérieure aux préceptes, comme elle l'est aux désirs, et aux joies et aux peines, accomplit des actions qui ne sont point les siennes, est *agi*, selon la forte expression de Malebranche, mais est hors de l'action et demeure étranger à la moralité. Et ainsi se suspend à la volonté pure, à une volonté affranchie de toute loi, puisqu'elle se donne la loi, le bien que nous croyions lui être supérieur, par une intelligence incomplète du problème.

IV

Est-ce dire, Messieurs, que notre volonté nous détache de tout, que pour obtenir d'elle qu'elle nous libère en bas, nous ayons à l'élever jusqu'aux tours sereines, où elle risquerait fort d'être le pur caprice, la pure indifférence, une liberté sans doute, mais une liberté détachée de tout savoir et de toute discipline ? Pour prononcer des paroles très claires, prêcher aux hommes ce nouvel Évangile de la volonté pure, n'est-ce pas dans tous les sens leur prêcher la révolte, révolte contre Dieu, si, dans l'acte moral de ce retour sur soi, ce n'est pas Dieu qu'ils rencontrent ni même la raison, et si c'est au contraire la pure indifférence et le pur néant ; révolte contre les règles et contre les préceptes, contre les enseignements des grands révélateurs, contre le dépôt sacré des traditions morales, si, s'élevant au-dessus de toutes les croyances reçues, de toutes les lois établies, l'individu humain prétendait ne s'affranchir qu'en s'en affranchissant et en les méprisant ? Non, Messieurs, si le vouloir, si l'absolu que nous sentons en nous n'est pas plus séparable des actes accomplis que les actes ne le sont de la pensée qui les pense, du vouloir qui les veut. L'action humaine est telle qu'elle ne peut se déprendre des actions antérieures, des expériences passées, lointaines et prochaines, des faits accumulés, ramassés en notions, disciplines et préceptes ; mais elle est telle aussi qu'elle n'est pas tout entière en ces choses passées, en ces faits abolis, en ces notions abstraites, et que si elle n'y ajoute quelque chose d'elle-même, quelque chose de sa vie, un esprit qui les reprend et qui les renouvelle, c'est à la mort qu'elle va et à la stagnation, non à la vie morale et à l'affranchissement. Entre ces deux extrêmes, il n'y a pas de milieu : ou l'homme ne prétend vivre que dans le cercle étroit des pratiques habituelles, des traditions courantes, des usages établis, et le fait est qu'alors il les laisse déchoir, les appauvrit sans cesse, les dessèche faute de sève et de vie intérieure ; telles ces pratiques sans foi, stériles et machinales, qui font le désespoir et qui sont le poids mort de toute vraie religion ; ou au contraire tout acte de soumission à l'ordre et à la loi, aux préceptes établis, aux disciplines reçues, est pour lui l'occasion de les revivre en esprit, d'y acquiescer de cœur, et comme de renouveler l'acte de foi primitif qui les introduisit dans la pratique humaine ; et ce renouvellement est tel qu'il renouvelle non seulement l'homme lui-même, mais qu'il fait sur la tige des traditions anciennes reverdir le rameau des préceptes de vie, qu'il l'accroît et le nourrit, et qu'il prépare ainsi par une poussée de sève, lente, mais continue, les moissons abondantes des expériences nouvelles.

L'équilibre et l'arrêt sont des états limites que ne connaît point la vie ; et il est vrai des peuples comme des individus qu'ils avancent ou reculent, qu'ils ajoutent sans cesse au patrimoine acquis, ou que, par lassitude et abandon de soi, ils dissipent et gaspillent la richesse des ancêtres.

La volonté, Messieurs, n'est point chose stérile : c'est elle qui dans la science fait les grandes inventions, et la science a aussi ses petits et ses humbles ; or, ce qui fait la vie des petits et des humbles, ce n'est pas qu'ils apprennent et redisent machinalement les enseignements des génies surhumains ; c'est que, par un effort de leur intelligence, ils entendent et *comprennent* ; c'est qu'ils maîtrisent, par un acte intérieur d'énergie et de vouloir, l'enseignement transmis, et qu'ils y mettent peut-être, en le pensant à leur tour, un germe qui lèvera en eux-mêmes ou en d'autres. Ce n'est point dans les livres, où elle est consignée, que la science progresse : c'est lorsqu'on la dépose dans des âmes multiples, qu'elle fait vivre sans doute, mais aussi qui la font vivre. Et de même en est-il de la moralité ; elle aussi se renouvelle et progresse sans cesse, par les grands inventeurs et les initiateurs qui font renoncer les hommes aux routines établies, par les petits et les humbles, qui reprennent en esprit l'œuvre des inventeurs.

Et ce renouvellement n'est point bouleversement, ou ne l'est qu'en apparence. La vision du Christ n'a été qu'en un sens l'abolition des morales antiques : elle les abolissait, puisqu'elle les remplaçait ; mais en un autre sens elle les faisait revivre puisqu'elle les reprenait dans l'œuvre supérieure de la morale chrétienne, où nous les retrouvons, bien que transfigurées par une pensée divine. Ainsi en est-il, Messieurs, dans le détail le plus humble de l'action quotidienne, comme dans les renouvellements des morales séculaires : sur l'expérience passée, sur le précepte aride, sur la lettre qui tue si nous ne gagnons rien, si nous n'ajoutons rien de notre initiative, si nous n'engageons point notre pure volonté, la volonté qui crée et s'affranchit de tout, même quand elle se soumet et quand elle obéit, nous n'aurons de la vertu que les vaines apparences, et nous ne vivrons point de la vie de l'esprit.

V

Ainsi l'affranchissement n'est point le détachement absolu de l'esprit ; de ce côté déjà il n'y a rien à craindre : ce n'est pas en rompant avec toute tradition, en répudiant ces fruits des efforts du passé que nous appelons les lois et les institutions, les règles et les préceptes, que se dégage en nous l'acte pur du vouloir. Mais d'où vient cependant la vertu singulière de ce retour sur soi, de ce détachement où il entre pourtant quelque chose d'absolu ? D'où vient la vertu propre de cette volonté, de cette liberté qui, si restreintes que soient ses bornes dans l'expérience, dans le champ où elle s'exerce ne connaît pas de bornes ? Nul ne peut dire d'avance ce que sera tout à l'heure une décision quelconque ; nul même n'énumérerait, fût-il en possession d'une analyse parfaite, toutes les décisions possibles ; être libre, ce n'est pas simplement faire un choix : c'est introduire dans l'acte un facteur de nature nettement imprévisible ; qui nie cela, nie, qu'il le veuille ou non, la liberté humaine. Vouloir, c'est plus que choisir, c'est vouloir en s'élevant au-dessus de tout motif, et, en un certain sens, c'est vouloir sans motif.

Mais n'est-ce point mettre dans le vide, Messieurs, cette volonté souveraine? Kant l'a identifiée avec la raison; il l'a appelée indifféremment volonté pure, ou raison pure, volonté identique en tous les êtres raisonnables. Comment est-ce possible, si son essence même est de se déterminer sans motif, c'est-à-dire sans raison? Nous touchons ici, il faut bien le dire, au point le plus délicat, mais aussi le plus profond du problème moral.

Pour le résoudre, songeons qu'un motif ou une raison d'agir est toujours une donnée de l'expérience, un fait, une action passée, un plaisir ou une peine, une joie entrevue, un intérêt prévu; mais ce ne sont pas eux qui font la décision, ou bien, s'ils la faisaient, elle ne serait point morale, elle serait l'œuvre des choses et le plus souvent même des choses extérieures; elle ne serait point notre œuvre. Pour qu'elle soit notre œuvre, il faut qu'intervienne ce par quoi nous pensons, et par quoi nous voulons, — cette Raison supérieure à la vérité même, en tout cas à la science, puisqu'elle est ce par quoi se constitue la science, — cette liberté première par rapport à l'action et à toutes les données de l'expérience morale, puisqu'elle est ce par quoi s'est constituée jadis et se prolonge maintenant l'expérience morale. Et en vain tenterait-on de demander à la science ou à la connaissance ce qu'est cette Raison, puisqu'elle est supérieure à toute connaissance, et qu'il n'y a de connaissance qu'en deçà de la Raison. Il est donc bien certain que nous ne pouvons rien en dire, non pas qu'elle ne soit rien, mais parce qu'il faudrait prendre les termes de l'expérience pour parler de cette chose qui dépasse l'expérience. Ce qui fait qu'à l'esprit elle paraît si vide, ce n'est pas qu'elle soit vide, c'est qu'elle est supérieure aux notions et aux mots, car c'est elle qui les fait, qui lentement les pénètre du contenu fragmentaire, du sens partiel et provisoire qu'ils acquièrent peu à peu; et c'est pourquoi nos notions et nos mots, notre entendement logique et nos langues imparfaites se tournent vers la Raison comme vers leur principe, mais sont comme d'un degré plus bas et ne peuvent étreindre, ne peuvent exprimer la Raison, laquelle est d'un autre ordre. Et dès lors par ce retour à ce qu'il y a en moi de plus intime, je m'interdis sans doute de retrouver une loi qui me soit étrangère, un commandement qui me commande pour ainsi dire du dehors, et qui me fasse l'esclave, et non point le sujet libre de la moralité ; mais ce que j'y rencontre, bien qu'il réside en moi, dépasse pourtant tout ce qu'il y a en moi d'exclusivement et d'étroitement mien ; la Loi que je m'y donne, dégagée de tout trait qui me soit particulier, est une Loi éternelle, une Loi universelle ; et ce qui parle en moi, au plus profond de moi, à mon cœur qui l'entend quand l'esprit ne l'entend pas, est la Raison qui vaut, comme disait Kant, pour tous les êtres raisonnables, et qui n'a d'autre nom que la Raison divine : Raison la même en tous, et qui est toute en tous, Raison qui ne connaît point toutes nos lois numériques, ni nos lois scientifiques, et qui s'en affranchit parce qu'elle est au-dessus d'elles. La Raison qui commande, même si elle est Dieu, la volonté qui obéit, même si elle est nous, ne seraient deux choses distinctes que si le nombre *deux* avait encore un sens pour ce qui est situé au-dessus de la connaissance ; mais il n'en a aucun, et notre arithmétique ou notre géométrie, notre Science, en un mot, n'est pas autorisée à troubler l'unité essentielle des deux termes opposés de la moralité.

L'obéissance dans l'homme et le commandement en Dieu, si on les faisait *deux*, si on les divisait en deux êtres distincts, iraient toujours se rejoindre, comme dans le médiateur, homme et Dieu tout ensemble, de la pensée chrétienne, sur qui toute la valeur de nos bonnes actions et tous nos mérites sont fondés. Ou bien encore, comme chez Spinoza, l'unité panthéistique d'un Dieu substantiel aurait pour avantage d'écarter du système le dualisme moral. Mais le panthéisme est faux : et il l'est, parce qu'il résout en termes mathématiques et quasi scientifiques le problème moral : laissant aux nombres *deux* et *un* leur valeur mathématique, c'est à l'arithmétique qu'il soumet en fin de compte le rapport de la raison à l'homme et à l'action ; mais ni quand je prétends atteindre Dieu en moi, ni quand je me distingue de Dieu ou de la raison, je ne distingue comme deux ces termes corrélatifs ou ne les confonds en un ; et c'est d'une dualité ici toute morale, laquelle est une *union*, que nous voulons parler, comme dans l'obéissance volontaire et plénière, comme dans le don gratuit et complet de soi-même, d'un mot, comme dans l'amour qui de deux fait un seul, de deux cœurs un seul cœur, de deux âmes une seule âme !

Si ces vues étaient justes, Messieurs, comment nous étonner de la fécondité de ce retour sur soi, où les grands moralistes ont vu dans tous les temps la source par excellence de toute vie morale et de toute vie religieuse ? « Dieu sensible au cœur », telle est bien la formule suprême de la raison : Dieu qui ne se donne à nous qu'autant que nous le cherchions ; Dieu qui nous affranchit d'une part et qui nous sauve, et dont le règne d'autre part se réalise en nous et par nous dans le monde.

Ainsi la liberté ou la volonté pure n'est point cette chose en l'air qu'une vue incomplète, trop éprise d'expérience, craignait de libérer de toute loi supérieure en la voyant s'abstraire de tout motif intellectuel, ou de tout mobile sensible. Mais cette abstraction même la ramène à sa loi, laquelle est une loi d'inspiration intime et toujours présente : inspiration du savant et de l'artiste, inspiration des génies scientifiques et des génies moraux, inspiration des petits et des humbles, qui revivent les idées des esprits supérieurs, les créations de l'art, et, avant tout, dans leurs actes quotidiens, les règles et les préceptes, les pratiques et les exemples, les lois et les usages de la tradition ; inspiration où nous revenons dans tout effort profond d'action ou de pensée ; présence de Dieu en nous, cherchée et retrouvée, comme notre bien unique et notre unique consolation, dans les grandes douleurs ou les grandes crises morales ! Quand nous revenons à lui par la volonté pure, c'est lui qui nous sauve et qui nous affranchit.

Ainsi s'explique enfin, Messieurs, le peu que nous pouvons dire, du moins en toute sûreté, de cette Loi supérieure, et la richesse si pleine de ses applications. Kant disait du Devoir qu'il est purement *formel* ; et il l'est en effet puisque de la Raison ou de la Loi morale nous ne pouvons rien dire en langage empirique. La seule chose qu'il commande, c'est d'être raisonnable : c'est de renoncer en nous à ce qui n'est que pour nous, à ce qui n'a d'autre fin que notre individu, d'un mot à l'égoïsme, ce vice qui résume à lui seul tous les vices. Revenir dans l'individuel même, la douleur ou le plaisir, la joie ou la souffrance, la passion ou l'amour, à ce qu'il y a d'universel, à ce par quoi un homme est identique à l'homme, à ce qu'il y a en un mot d'humanité en nous, cette formule à elle seule renferme tous nos devoirs. Et cette négation est plus riche que toutes les affirmations : en nous tournant vers l'homme, elle nous tourne vers les hommes ; en nous prescrivant de nous moins aimer nous-même, elle nous prescrit de les aimer davantage ; charité et justice, Aristote l'avait vu, entrent par là dans la conscience humaine, plus sûrement que par les lois ou les coutumes sociales, s'il est vrai que « l'amitié », cette vertu antique, nous en dispenserait parce qu'elle y suppléerait.

Se renoncer à soi consiste donc déjà à se donner aux autres : s'ensuit-il que par là on s'appauvrisse d'autant ? Nullement, et c'est le secret de la renonciation morale de mettre en pleine valeur l'être humain tout entier : renonciation n'est point mutilation : Spinoza sur ce point dépasse les stoïciens : mieux qu'eux il comprenait la double orientation de la passion humaine, vers les choses qui en sont les objets extérieurs, vers nous qui les soutenons et qui les faisons vivre. Les extirper de nous, comme le recommandait le rigorisme antique, ce ne serait ni plus ni moins qu'une entreprise absurde : elle serait équivalente à une abolition de tous nos états sensibles, de toutes nos connaissances, de toute notre conscience, pour ne laisser subsister que cette chose abstraite, un moi pur sans états, une pensée sans pensées, un vouloir sans action ni occasion d'agir. Vue incomplète des choses, purement superficielle, et au fond très dangereuse : la seule chose à remarquer c'est qu'absorbée dans ses objets extérieurs, objets de désir ou de crainte, de joie ou de souffrance, d'envie, d'amour, de haine ou d'ambition, la passion nous dissipe sur des choses multiples, divise les hommes entre eux, et l'homme contre lui-même ; mais c'est qu'elle est maîtresse, et non point maîtrisée ; c'est que l'*état* prédomine sur l'*effort* intérieur ; c'est que la fascination de l'objet de la passion est d'autant plus puissante que l'effort est plus faible, l'abandon de soi plus grand, et l'homme moins vraiment homme. Qu'au contraire celui-ci rentre en lui-même, qu'il reprenne la maîtrise et la direction de soi, qu'il ramène à ce qu'il y a d'universel en lui, d'humain et de raisonnable, la passion déchaînée dans le mouvement qui la pousse vers des biens extérieurs ; et la modération fera suite au tumulte, l'unité harmonieuse à la dissipation, la plénitude du contentement intérieur aux désirs toujours déçus, aux joies toujours troublées, et au déchirement que ne manque jamais de produire en nous-même la recherche désordonnée de biens toujours fuyants.

VI

Ne craignons donc pas trop, Messieurs, les formules négatives : si elles sont négatives, c'est qu'ici elles nous reportent vers ce qu'il y a d'universel en nous, vers ce qui avant l'acte est la loi ineffable, vers ce qui dans l'action fait qu'elle est une action, savoir la liberté et la bonne volonté. Quant à ceux qui se plaignent qu'elles soient négatives, qu'ils trouvent parmi les autres une formule qui remplace cette loi négative, « renonce-toi à toi-même », et qui ait fait sortir de notre humilité un sentiment plus haut de notre vraie grandeur. Elle est tout au contraire ce qu'il y a de plus positif, mais sans nul doute aussi de plus difficile au monde : et soyons convaincus que ce qui nous manque le plus, dans notre état actuel de détresse morale, si ce n'est point la critique c'est l'effort qui rendrait la critique féconde, si ce n'est point un appel à toutes les libertés, c'est la liberté vraie, appliquée tout d'abord à la maîtrise de soi.

Veulerie et lâcheté, faiblesse sous toutes les formes, n'étaient-ce point les traits qu'accusaient tout à l'heure dans notre état moral et les mœurs d'en bas, de ces déchets sociaux, qui sont les délinquants, et les mœurs d'en haut, des juges qui condamnent, des électeurs qui votent, des élus qui pérorent, des bourgeois qui jouissent, et de nous tous, qui que nous soyons, qui laissons se dissocier nos consciences personnelles, faute d'avoir le courage de nous reprendre nous-mêmes, et de redemander à ce qui le donne toujours, à la bonne volonté, l'idéal disparu. A ceux qui font appel à la bonne volonté, on oppose d'ordinaire cette étrange objection qu'ils seraient bien incapables, quand tant de choses nous séparent, tant d'opinions sociales, politiques ou religieuses, d'offrir à nos efforts un objet défini, qui puisse nous réunir dans une pensée commune. Et il est vrai, Messieurs, qu'ils en seraient incapables ; mais c'est qu'aussi ils songent aux conditions premières du problème proposé : si le savant manque à la science, ils s'en rendent bien compte, l'unité de la science ne se fera point toute seule ; et de même en sera-t-il de la moralité : si l'homme manque à l'action, ce n'est point le mécanisme de ses actes ordinaires qui lui refera l'idéal de sa vie de demain.

Ainsi c'est du dedans, et non point du dehors, qu'il faut nous relever ; c'est en rétablissant au centre de notre être l'énergie et l'effort, le sentiment de notre initiative et de notre responsabilité, non en traçant des plans de religions nouvelles, de sociétés futures ou de chimériques cités, que nous nous rapprocherons les uns des autres et que nous

nous renouvellerons. Tout divise les hommes, sans la bonne volonté ; tout, au contraire, avec elle et par elle, les réunit et les rapproche. Quant à lui demander ce qu'elle fera demain, cela est aussi absurde qu'il l'eût été de demander à Newton, avant sa découverte de la gravitation universelle, la formule précise que poursuivaient ses recherches !

Confions-lui donc, Messieurs, l'idéal de demain ; et quant à nous, travaillons-y de la seule manière qui soit en notre pouvoir, et qui soit efficace : en nous redonnant à nous-mêmes une vie intérieure, en y retrouvant le sens de l'effort, et en réunissant, comme en une seule pensée et en une seule inspiration, toutes nos bonnes volontés.

Félix ALCAN, éditeur, 108, boulevard Saint-Germain, Paris, 6ᵉ.

BIBLIOTHÈQUE
DE
PHILOSOPHIE CONTEMPORAINE

Extrait du Catalogue

HISTOIRE ET SYSTÈMES PHILOSOPHIQUES

ADAM (Ch.), recteur de l'Académie de Nancy. — **La philosophie en France** (*première moitié du XIXᵉ siècle*). 1 vol. in-8 . . . . 7 fr. 50
ALLIER (Raoul), agrégé de philosophie. — **La philosophie d'Ernest Renan**, 3ᵉ édit. 1 vol. in-16. . . . . 2 fr. 50
BARZELOTTI, professeur d'histoire de la philosophie à l'Université de Rome. — **La philosophie de Taine.** 1 vol. in-8 . . . . 7 fr. 50
BOUTROUX (G.), de l'Institut. — **Études d'histoire de la philosophie**, 2ᵉ édit. 1 vol. in-8 . . . . 7 fr. 50
BRUNSCHWICG (E.), professeur au lycée Henri IV, docteur ès lettres. — **Spinoza**. 2ᵉ édit. 1 vol. in-8 . . . . 3 fr. 75
COLLINS (H.). — **Résumé de la philosophie de Herbert Spencer**, avec préface de Herbert Spencer, traduction de H. de Varigny, 4ᵉ édit. 1 vol. in-8 . . . . 10 fr.
CRESSON (A.), docteur ès lettres. — **Les bases de la philosophie naturaliste.** 1 vol. in-16. . . . . 2 fr. 50
DELVOLVÉ (J.). — **Religion, critique et philosophie positive chez Pierre Bayle.** 1 vol. in-8 . . . . 7 fr. 50
DUPROIX (P.), doyen de la Faculté des lettres de l'Université de Genève. — **Kant et Fichte et le problème de l'éducation.** 2ᵉ édit., 1 vol. in-8. (*Couronné par l'Académie française*) . . . . 5 fr.
FERRI (L.), professeur à l'Université de Rome. — **Histoire critique de la psychologie de l'association, depuis Hobbes jusqu'à nos jours.** 1 vol. in-8 . . . . 7 fr. 50
FOUILLÉE (Alf.), de l'Institut. — **La morale, l'art et la religion d'après Guyau.** 6ᵉ édit. 1 vol. in-8 . . . . 3 fr. 75
— **Le mouvement idéaliste et la réaction contre la science positive.** 2ᵉ édit. 1 vol. in-8 . . . . 7 fr. 50
— **Le mouvement positiviste et la conception sociologique du monde**, 2ᵉ édit. 1 vol. in-8 . . . . 7 fr. 50
— **Nietzsche et l'immoralisme.** 2ᵉ édit. 1 vol. in-8 . . . . 5 fr.
HALÉVY (Elie), docteur ès lettres. — **La formation du radicalisme philosophique en Angleterre.** I. *La jeunesse de Bentham.* 1 vol. in-8 . 7 fr. 50
II. *L'évolution de la doctrine utilitaire (1789-1815).* 1 vol. in-8. 7 fr. 50
III. *La formation du radicalisme philosophique.* 1 vol. in-8 . . . 7 fr. 50
HÉMON (C.). — **La philosophie de M. Sully Prudhomme**, préface de M. Sully Prudhomme. 1 vol. in-8 . . . . 7 fr. 50
HOFFDING (H.), professeur à l'Université de Copenhague. — **Histoire de la philosophie moderne**, traduit de l'allemand. 2 vol. in-8 . . . . 20 fr.
— **Philosophes contemporains**, traduit de l'allemand. 1 vol. in-8. 3 fr. 75
JANET (Paul), de l'Institut. — **La philosophie de Lamennais.** 1 vol. in-16. . . . . 2 fr. 50
— **Œuvres philosophiques de Leibnitz.** 2ᵉ édit. 2 vol. in-8 . . . . 20 fr.
LÉON (Xavier), directeur de la *Revue de métaphysique et de morale*. — **La philosophie de Fichte et ses rapports avec la conscience contemporaine.** 1 vol. in-8 (*Couronné par l'Institut*) . . . . 10 fr.

ENVOI FRANCO CONTRE MANDAT OU TIMBRES-POSTE

Felix ALCAN, éditeur, 108, boulevard Saint-Germain, Paris, 6e.

LEVY-BRUHL (L.), professeur à la Sorbonne. — **La philosophie de Jacobi.** 1 vol. in-8 . . . . 5 fr.
— **La philosophie d'Auguste Comte.** 2e édit. 1 vol. in-8 . . . . . 7 fr. 50
LIARD, de l'Institut, vice-recteur de l'Académie de Paris. — **Descartes.** 2e édit. 1 vol. in-8 . . . . 5 fr.
LICHTENBERGER (H.), professeur à la Sorbonne. — **La philosophie de Nietzsche.** 11e édit. 1 vol. in-16 . . . . 2 fr. 50
— **Aphorismes et fragments choisis de Nietzsche.** 4e édit. 1 vol. in-16 . . . . 2 fr. 50
LYON (Georges), recteur de l'Université de Lille. — **L'idéalisme en Angleterre au XVIIIe siècle.** 1 fort vol. in-8 . . . . 7 fr. 50
— **La philosophie de Hobbes.** 1 vol. in-16 . . . . 2 fr. 50
NAVILLE. — **Les philosophies négatives.** 1 vol. in-8 . . . . . . 5 fr.
OLDENBERG (H.), professeur à l'Université de Kiel. — **Le Bouddha.** *Sa vie, sa doctrine, sa communauté.* Traduit par P. Foucher, maître de conférences à l'École des hautes études, préface de Sylvain Lévy, professeur au Collège de France. 2e édit. 1 vol. in-8 . . . . 7 fr. 50
— **La religion du Veda**, trad. par V. Henry, professeur à la Sorbonne. 1 vol. in-8 . . . . 10 fr.
OSSIP-LOURIÉ. — **La philosophie de Tolstoï.** 3e édit. 1 vol. in-16 (*Couronné par l'Institut*) . . . . 2 fr. 50
— **Pensées de Tolstoï.** 2e édit. 1 vol. in-16 . . . . 2 fr. 50
— **Nouvelles pensées de Tolstoï.** 1 vol. in-16 . . . . 2 fr. 50
— **La philosophie sociale dans le théâtre d'Ibsen.** 1 vol. in-16 . 2 fr. 50
— **La philosophie russe contemporaine.** 2e édit. 1 vol. in-8 . . . 5 fr.
— **La psychologie des romanciers russes au XIXe siècle.** In-8 . . 7 fr. 50
OUVRÉ, professeur à l'Université de Bordeaux. — **Les formes littéraires de la pensée grecque.** 1 vol. in-8 (*Couronné par l'Académie française*). . . . . 10 fr.
PAULHAN (F.). — **Joseph de Maistre et sa philosophie.** 1 volume in-16 . . . . 2 fr. 50
PICAVET, docteur ès lettres, chargé de cours à la Sorbonne. — **Les idéologues.** 1 vol. in-8 (*Couronné par l'Académie française*). . . . . 10 fr.
PILLON (F.). — **L'année philosophique.** 17 années parues (1890, 1891, 1892, 1893 (*épuisée*), 1894, 1895, 1896, 1897, 1898, 1899, 1900, 1901, 1902, 1903, 1904, 1905, 1906). Volumes in-8, chaque année. . . . . 5 fr.
— **La philosophie de Charles Secrétan.** 1 vol. in-8 . . . . . . 2 fr. 50
RAGEOT (G.). — **Les savants et la philosophie.** 1 vol. in-16 . . . 2 fr. 50
RENOUVIER (Ch.), de l'Institut. — **Critique de la doctrine de Kant.** 1 vol. in-8 . . . . 7 fr. 50
RIBOT (Th.), de l'Institut, professeur honoraire au Collège de France. — **La philosophie de Schopenhauer.** 11e édit. 1 vol. in-18 . . . 2 fr. 50
— **La psychologie anglaise contemporaine.** 3e édit. 1 vol. in-8 . 7 fr. 50
— **La psychologie allemande contemporaine** (école expérimentale). 6e édit. 1 vol. in-8 . . . . 7 fr. 50
SCHOPENHAUER (A.). — **Philosophie et philosophes**, traduit de l'allemand. 1 vol. in-16 . . . . 2 fr.
SÉAILLES (G.), professeur à la Sorbonne. — **La philosophie de Ch. Renouvier.** *Introduction à l'étude du néo-criticisme.* 1 vol. in-8 . . . 7 fr. 50
STUART MILL. — **Mes Mémoires.** *Histoire de ma vie et de mes idées*, traduit de l'anglais par M. Cazelles. 3e édit. 1 vol. in-8 . . . . 5 fr.
— **Auguste Comte et la philosophie positive.** 8e édit. 1 vol. in-16 . 2 fr. 50
— **Lettres inédites à Auguste Comte** *et réponses d'Auguste Comte*, publiées et précédées d'une introduction par L. Lévy-Bruhl. 1 vol. in-8 . . . 10 fr.
THOMAS (P.-F.), professeur agrégé de philosophie, docteur ès lettres. — **Pierre Leroux.** 1 vol. in-8 . . . . 5 fr.

ENVOI FRANCO CONTRE MANDAT OU TIMBRES-POSTE.

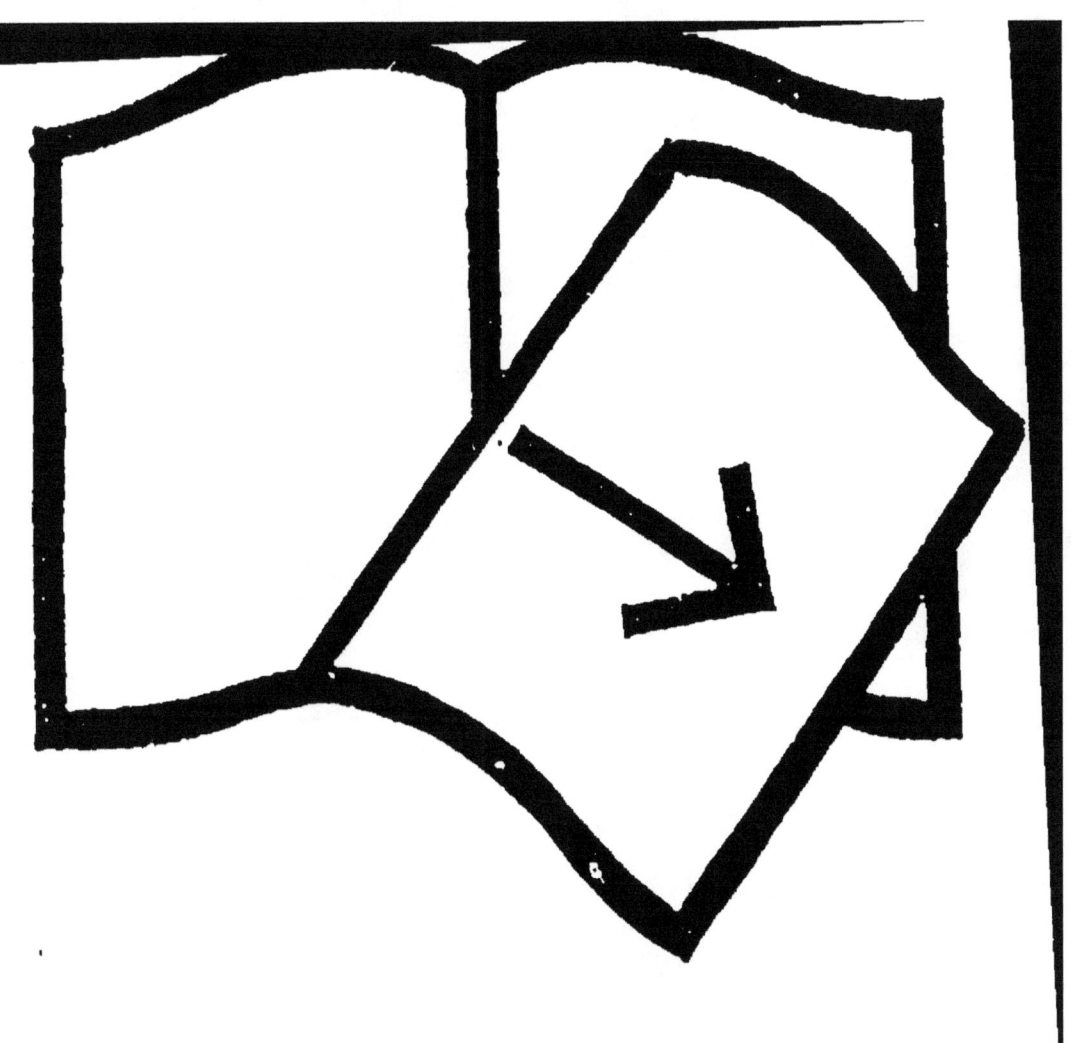

Documents manquants (pages, cahiers...)
NF Z 43-120-13

www.ingramcontent.com/pod-product-compliance
Lightning Source LLC
Chambersburg PA
CBHW072008150426
43194CB00008B/1035